西北大学"双一流"建设项目资助

Sponsored by First-class Universities and Academic Programs of Northwest University

新媒体环境下博物馆知识共享法律保障机制研究

张曼 ◎ 著

中国社会科学出版社

图书在版编目（CIP）数据

新媒体环境下博物馆知识共享法律保障机制研究 / 张曼著. —北京：中国社会科学出版社，2021.5

ISBN 978 - 7 - 5203 - 8188 - 8

Ⅰ.①新… Ⅱ.①张… Ⅲ.①博物馆—资源共享—知识产权法—研究—中国 Ⅳ.①D923.404

中国版本图书馆 CIP 数据核字（2021）第 056957 号

出 版 人　赵剑英
责任编辑　刘　艳
责任校对　陈　晨
责任印制　戴　宽

出　　版　中国社会科学出版社
社　　址　北京鼓楼西大街甲 158 号
邮　　编　100720
网　　址　http://www.csspw.cn
发 行 部　010 - 84083685
门 市 部　010 - 84029450
经　　销　新华书店及其他书店

印刷装订　三河弘翰印务有限公司
版　　次　2021 年 5 月第 1 版
印　　次　2021 年 5 月第 1 次印刷

开　　本　710 × 1000　1/16
印　　张　14.25
插　　页　2
字　　数　201 千字
定　　价　78.00 元

凡购买中国社会科学出版社图书，如有质量问题请与本社营销中心联系调换
电话：010 - 84083683

前　言

本书全面梳理了新媒体时代以来，我国博物馆在秉持其特有属性基础之上，糅合现代传媒技术，使信息、知识和文化在不同主体之间流动和增值的客观事实，认为博物馆知识共享机制的建立具有极大的必要性和可行性。通过调查我国博物馆在新媒体技术应用、知识产权保护和管理模式创新等方面的现状，结合国外著名博物馆的先进经验，归纳出我国博物馆在新媒体技术推动下知识共享机制建立的法律保障措施和具体路径。

现阶段，新媒体技术不仅拓展了博物馆传统功能，将其延伸到信息和娱乐领域，借助新媒体技术的东风，博物馆知识共享还可以在非物质文化遗产、跨区域博物馆馆际联盟和智能化方面进行可持续发展。然而，215 例博物馆知识产权侵权案件已经说明，馆藏资源及其衍生品之间的利益分配尚未清晰化。为解决上述难题，博物馆知识共享的公平与效率特性，有助于缓解私权与知识产品公共性的紧张关系；博物馆知识共享的价值选择多样化，有利于社会总福利的实现；而博物馆知识共享的主体和目的的设定则证明了“人 + 物并重”的新博物馆学观念。反观国外博物馆，其在馆藏资源及其衍生品的著作权许可、商标注册和域名管理方面均有很高的参考价值。同时，国外博物馆、图书馆、档案馆三馆馆际合作中技术、法律、资金、组织和风险都是应重视的关键要素。除此之外，国际组织在博物馆管理和评估中发挥了重要的作用。

为更好地引导博物馆建立知识共享机制，需要从两个方面进行，一是对知识产权保护进行必要限制。权利的扩张、边界的模糊以及对公共利益的保护，都说明了在公众、博物馆和知识产权权利人三者之间保持利益平衡的重要性。二是从资源优化配置、技术研发和共享框架三个方面提出博物馆知识共享的最佳模式，以及构建中国特色文化事业和增强中国软实力的基本方向和科学管理、整合资源和服务大众的基本目标。最后，依据知识产权制度理顺博物馆的基本权利义务，利用新媒体技术加快博物馆知识共享实现，以及坚持创新理念规范博物馆知识共享的管理与评估。

目　录

第一章　新媒体环境下博物馆的创新与发展

早在1967年，“新媒体”的概念就已被提出，[①] 但是直到现在，关于新媒体的概念仍众说纷纭，国内外存在诸多观点。[②] 新媒体的特征可以概括为：交互性与即时性，海量性与共享性，多媒体与超文本，个性化与社群化。简言之，新媒体环境就是以用户为中心、以数字技术为基础、以网络技术为载体的新兴载体传播环境。在人类文明进程中，博物馆通过对文明成果的收藏与展示，传播科学文化知识，启迪人类的进一步创造，推动社会变革和发展。但是在新媒体环境下，随着数字虚拟现实、三维建模、互联网+、移动互联、云计算、大数据等新技术应用的大量涌现，博物馆面临着前所未有的挑战。人类社会已经从工业经济逐步向知识经济嬗变和转型，知识信息和科学技术的深入发展，使知识共享与知识产权保护成为当代信息领域的两大世界性潮流。但是知识产权制度的信息专有和知识共享下的信息对称却是一对不可调和的矛盾，要解决这一冲突并把两者协同作用利益最大化，就必须确保知识共享与知识产权保护协调发展，并建立相应

---

① 在1967年，美国哥伦比亚电视网技术研究所所长高尔德·马克发表了一份关于开发电子录像商品的计划，首次提出了“新媒体”的概念。

② 这些定义中，较有代表性的观点包括联合国教科文组织对新媒体的定义：以数字技术为基础，以网络为载体进行信息传播的媒介；清华大学新媒体研究中心主任熊澄宇提出的观点：在计算机信息处理技术的基础上产生和影响的媒体形态，包括在线的网络媒体和离线的其他数字媒体形式；美国《连线》杂志对新媒体的定义：所有人对所有人的传播。

的利益平衡机制。[①] 为顺应新媒体的潮流，博物馆需要做出变革，接纳新媒体带来的新技术，在新技术的驱动下建设“以人为本”理念的数字化、信息化、网络化、智能化的新博物馆。

第一节　我国博物馆演变历史和馆藏资源的保护

现代社会中，博物馆作为社会文化公共机构在现代文明建设中发挥的作用愈发凸显。一方面，博物馆继续承担着文化遗产收藏、保护和研究的任务；另一方面，博物馆又成为社会教育与信息传播的重要载体，是现代社会发展建设中不可或缺的组成部分。据国家文物局统计，截至2019年底，全国等级备案的博物馆共有5535个，年参观人数达12.27亿人次。从地区分布来看，整体上GDP水平高的地区博物馆数量偏多，但各地博物馆均有分布，类别众多、内容丰富；[②] 从博物馆等级划分来看，全国有一级博物馆130家，二级博物馆286家，三级博物馆439家，博物馆等级竞争激烈，博物馆的等级时有变动；从博物馆类别来看，我国博物馆类别众多，各类别博物馆的分布交错，在各自所在地区形成一个社会文化体系。[③]

一　近现代博物馆建设和发展的脉络与特点

如前所述，要把握清楚我国博物馆演变历史，必须追根溯源，探寻博物馆诞生、发展和变革的时间线索，梳理其中发生的关键性事件，总结其对社会、经济和文化等方面的影响，进而概括出近现代博

---

① 吴才唤：《信息不对称：现代组织知识共享障碍与知识产权保护》，《图书馆界》2009年第3期。

② 国家统计局：《中华人民共和国2018年国民经济和社会发展统计公报》，《人民日报》2019年3月1日第10版。

③ 博物馆按照馆藏资源可以分为：综合类历史博物馆、自然类博物馆、科技类博物馆、艺术类博物馆、遗址类博物馆、民族宗教类博物馆、专题类博物馆、革命纪念馆、名人纪念馆等。

物馆建设进程中的一般规律和特点。

（一）国外博物馆的近现代发展概况

近现代博物馆发轫于英国资产阶级革命，并在工业革命的推动下经历了若干发展的高潮，然后逐步形成现代博物馆体系。就世界范围而言，博物馆的发端可以追溯到古埃及和古希腊时期。西方博物馆学者普遍认为，世界上最早的博物馆是始建于公元前290年左右的亚历山大博物馆，而第一座具有现代意义的博物馆则是诞生于1753年的大英博物馆，由此开始了在世界范围内的扩张与发展。① 目前世界上最大的四个博物馆则当数大英博物馆（英国）、卢浮宫博物馆（法国）、大都会艺术博物馆（美国）以及艾尔米塔什博物馆（俄罗斯），这四大博物馆无论规模还是展览水平，抑或是现代化程度，都是世界最顶尖的博物馆。

世界博物馆的发展脉络呈现出多元化的特点，不同地区博物馆的发展受到内外条件的影响。但是，不难看出，在世界各地的博物馆，其发展存在共同特点：第一，必要的物质基础。博物馆的产生是资产阶级革命和发展的产物，只有在具备充分的物质基础的前提下，人们才有追求精神满足的动机和动力，博物馆的发展史充分说明了这一点。第二，重要的科技平台。在近现代史中，博物馆一直作为科技进步的重要展示平台，科技发展的历代成果都在博物馆中得以保存和展示。第三，突出的同步性。博物馆的成长和社会经济状况步调一致，当世界经济处于低谷时，博物馆的发展也停滞不前，反之亦然。

（二）我国近现代博物馆的产生与发展

工业的进步带动了文化进步的需求。在我国近现代历史中，民族命运曲折、经济始终落后，掣肘了我国博物馆的发展，导致我国博物馆始终落后于欧美国家。我国近现代博物馆开始于清末民初的实业救国时期，如1868年由法国人建立的震旦博物院，1905年早期实业家

---

① 姜涛，俄军：《博物馆学概论》，兰州大学出版社2014年版，第57—64页。

张謇创办了我国第一座博物馆——南通博物苑。① 直到新中国建立以及改革开放后，我国经济文化水平大幅度提升，博物馆发展也开始走上具有中国特色的道路。当前我国的众多博物馆当中，故宫博物院藏品最多、规模最大。从陈列水平、研究深度和服务质量上来说，上海博物院无疑名列前茅，国家文物局主办的国内博物馆评分连续三年全国第一。② 虽然我国博物馆的发展存在先天不足，但是经过长期摸索和学习，我国博物馆除了具备世界博物馆发展经历的一般特点，也形成了自己的特色。表现在：第一，我国博物馆发展肇始于清末民初，经历了长期向西方学习的阶段，早期作用也从文化殖民发展为社会文化传播；③ 第二，博物馆并非资产阶级特有的产物，我国的博物馆体系也如同我国社会主义制度一样经历了长期的探索，并形成了具有中国特色的博物馆体系；第三，在救亡图存的近代史中，博物馆建设始终受到重视，其文化保存、传播以及社会教育等功能一直都是民族文化发展的重要方式；第四，博物馆是现代科技与文化积淀交汇的场所，我国现代博物馆体系有十分深厚的文化底蕴，在现代科技支撑下也有了新发展。

二　博物馆在现代社会中承担的角色和功能

脱胎于“收藏所”的“博物馆”，初期的首要功能是“收藏”，在这一概念内涵下，收藏了大量来源于王室、贵族、教会以及科学家的奇珍异宝、艺术作品、工艺物件、动植物及矿物标本，也继承了与之对应反映包罗万象的宇宙景观的理想。因此，收藏功能使得博物馆蕴含着研究的功能，蕴含于“收藏”功能的研究在博物馆社会化发展中得以上升，并在陈列空间秩序化这一事件中得以确立，体现出对

① 姜涛，俄军：《博物馆学概论》，兰州大学出版社2014年版，第79—83页。

② 王思：《中国博物馆的发展历史和中国国家博物馆的新发展》，《中国文物报》2011年5月4日第6版。

③ 陈春晓：《近代中国博物馆的移植与发展》，《河南教育学院学报》（哲学社会科学版）2009年第5期。

博物馆本身的研究，而后又拓及博物馆公众研究。同时，由于近代科学与工业革命的带动，自然科学类博物馆获得进一步发展，博物馆的研究功能又得以强化。19 世纪，欧洲工业化运动的兴起刺激了对技术工人的需求，逐渐成型的初代工业社会急迫需要进行科技普及，随之而来的就是社会教育迅速发展，博物馆的教育功能也在这样的情况下开始被激发。① 所以，现代意义上的博物馆可以归纳为有三个功能，即收藏、研究和教育。

（一）博物馆在现代社会中的一般职能

在现代博物馆体系形成之后，关于博物馆的社会职能也开始有了不同的声音，国外博物馆学界有学者认为博物馆的功能为三项：调查研究（Investigation）、教育（Instruction）和激励（Inspirator）。当然也有不少国外学者认为博物馆的职能可以用“三 E”原则概括，即教育民众（Educate）、供给娱乐（Entertain）和充实人生（Enrich）。② 之后，美国博物馆学者约瑟夫·V. 诺布尔在《博物馆宣言》中进一步梳理了博物馆的职能，根据诺布尔的观点，博物馆具有收藏（collect）、研究（study）、保存（conserve）、解释（interpret）和展览（exhibit）五大职能。这种观点也曾一度受到广泛的认同。直到 20 世纪 80 年代，荷兰博物馆学家彼得·冯·门施重新将这五种功能合并为三种：保藏（preserve）、研究（study）和传播（communicate），才形成了现代国际博物馆学界对博物馆功用的基本共识。③ 其实，在美国和日本，也有类似的观点。美国纽约自然历史博物馆早就将“教育（Education）、探索（Expedition）、研究（Research）”作为自己的职能写在了馆徽上。④ 日本博物馆学界则把“收集和保管”“调查和研究”以及“公开和教育”作为其固有职能，而把“文化的继承和创

① 吕建昌：《博物馆与当代社会若干问题的研究》，上海辞书出版社 2005 年版，第 164 页。

② 姜涛，俄军：《博物馆学概论》，兰州大学出版社 2014 年版，第 36—37 页。

③ 严建强：《博物馆的理论与实践》，浙江教育出版社 1998 年版，第 40 页。

④ 杨钟健：《记纽约自然历史博物馆》，《博物馆》1984 年第 1 期。

造”“将学术研究成果还给社会”和“教育的效果”作为其实际职能。[①]

归纳国内外学者们关于博物馆在现代社会中的职能可以发现，博物馆的基本功能可以归纳为四个：收藏、教育、研究、传播。这一点，在2007年国际博物馆协会（以下简称国际博协）的章程[②]中也进行了明确的表示。而今天，博物馆作为重要的社会文化机构，必然要回应社会的城市化、全球化、信息化变革，并重新进行角色定位，从而紧跟时代的发展潮流，记录下人类文明发展新时代的足迹，保护好人类文明的精粹。博物馆的职能变化的内因是其核心价值的变迁，从博物馆出现伊始到现在，其核心价值从最初的保护文物藏品到保护人类文明的文化遗产，再延伸至服务于社会，最终参与到推动社会变革当中。并在以推动社会变革为内核，以为社会发展服务的目标下，逐步拓展自身的职能，这包括了教育、收藏、研究、保存、游览、创造、经济、展示、宣传、休闲、娱乐等方面。

（二）教育功能开始成为现代博物馆的核心功能

2007年国际博协修订了博物馆职能的条款，“教育”功能被调整到首位，“研究”功能不再是博物馆的首要功能，这一调整反映出国际博物馆界开始更加重视博物馆的社会责任，也关注到博物馆产生的社会效益和对公众的服务能力。

博物馆的教育功能集中展现在传播文化知识、主题文化展示和提高公众科学文化素质三个方面。现代博物馆已经不再是早期通过开放附带地提供社会教育，而是在发展过程中不断重视这一功能。当博物馆从社会藏品集中所转变为社会服务机构时，博物馆便开始主动地向社会不特定的群体提供社会教育；在现代博物馆体系建成后，民众开

① ［日］伊藤寿朗、森田恒之编著：《博物馆概论》，吉林省博物馆学会译，吉林教育出版社1986年版，第5—7、219—232页。

② 国家文物局：《国际博物馆协会章程》，2015年5月12日，http://www.ncha.gov.cn/avt/2015/5/12/avt_2303_42828.html，2020年5月10日。

始意识到“物”背后蕴含的历史和文化价值，开始主动寻求博物馆教育；[①] 同时在现代社会，博物馆的教育功能因其公共属性扩张而愈发显得重要，美国的博物馆甚至将教育功能视为一切工作开展的出发点和落脚点，也是博物馆可持续发展的科学路径。正如美国博物馆协会首席执行官小爱德华·埃博提出的观点：博物馆的首要功能应是教育，并将博物馆教育功能作为博物馆提供服务的“基石”。

博物馆的教育功能在现代社会中展示出丰富的多样性。第一，它的教育方式引领了时代潮流。它是以藏品实物为基础，通过对藏品进行科学研究展示藏品的内涵，通过举办各种陈列展览展示藏品的外在，让游览者围绕着实物这个中心，通过观察、阅读、听讲或者触摸及操作等活动接受、加工和记忆信息的认识过程[②]。第二，教育内容和教育形式多样。这包括陈列展览及宣传工作，普及文物文化知识导览工作，展示博物馆藏品文化工作，举办讲座、报告会的学术研究工作，配合学校开展第二课堂教育工作，编辑出版文博读物工作等。第三，它已经是社会教育最重要的方式。显然，许多博物馆将其教育职能视为其实现社会价值的首要选择，在美国 STEM（Science，Technology，Engineering，Mathematics）教育中承担了重要角色。[③]

（三）收藏、保护功能在新技术下得以拓展

最初，博物馆的收藏、保护功能针对的是藏品，随着对藏品研究功能的拓展而逐渐将收藏保护功能发展到物和物的关联，藏品的历史与文遗价值都被挖掘出来。电子技术在新时代兴起，现代博物馆则将收藏这一功能系统化、信息化。现代博物馆不仅将收藏、保护的范围拓展至人类历史上所有具有历史价值、科学价值和艺术价值的文化和自然遗产，也通过信息化的方式，将原本无法进行保存的非物质文化

---

① 单霁翔：《博物馆的社会责任与社会教育》，《东南文化》2010 年第 6 期。

② 吴学婷：《关于创新博物馆教育工作的几点思考》，《人力资源管理》2015 年第 9 期。

③ ［英］大卫·安德森等：《从 STEM 教育到 STEAM 教育——大卫·安德森与季娇关于博物馆教育的对话》，《华东师范大学学报》（教育科学版）2017 年第 4 期。

遗产进行一定的处理后将其保存在博物馆当中。

近年来，博物馆不但关注藏品的物质结构和功能作用，而且把更多的注意力投向藏品的“记录性”信息和藏品之间的“联系性”信息。[①] 2011 年 5 月，大英博物馆收藏了英国当代女诗人温蒂·柯普所有的电子邮件，总数量超过了 1 万封，成为迄今为止全球范围内最大规模的博物馆数字化收藏，这也被视为数字化收藏的里程碑。[②] 南京博物院目前已经开设了非遗馆，非遗馆的活态展主要是“技艺”类项目的活态展和“表演”类项目的活态展。“技艺”类项目活态展演，主要分布在“江苏省非物质文化遗产概览”展厅和附属的大师工坊，由传承人对该项目的制作步骤进行现场操作演示。[③]

（四）高层次休闲娱乐成为博物馆新功能

现代博物馆发展初期，人类的精神生活尚不丰富，欣赏博物馆藏品是一项“高雅而有趣”的娱乐活动，正如我国古代文人喜欢收集金石文玩一般。但是随着人类社会的进步和科学技术的发展，丰富的精神生活已然让博物馆的休闲娱乐功能失去其存在的价值。进入信息化时代，博物馆不再只是人类文明的记录者，而是成为先进科技的聚集地。正是这样的变化，让博物馆的休闲娱乐功能重新焕发了活力。以敦煌研究院的“数字敦煌”为例，在 2003 年提出建设“数字敦煌”项目的初衷是为了便于更深入地研究敦煌文化遗产，之后随着各种数字影像技术的应用，“数字敦煌”成为敦煌研究院最引人关注的展览，吸引了大量游览者前去参观、欣赏。

博物馆的高层次休闲娱乐功能是将精神享受与体验乐趣结合在一起，而不是单纯的因为博物馆藏品的知识传播、文化教育、专业研究

---

① 安来顺：《再谈当代博物馆的信息收藏与共享》，《中国博物馆》2012 年第 1 期。

② 安来顺：《当代博物馆教育中值得关注的几个问题》，2015 年 8 月 24 日，http://blog.sina.com.cn/s/blog_6714b0330102vqnn.html，2019 年 5 月 10 日。

③ 谢小娟：《博物馆与非物质文化遗产展示——以南京博物院非遗馆为例》，《东南文化》2015 年第 5 期。

带来的精神生活提升，毕竟这无法广泛实现。[①] 所以，博物馆开始认识到转变休闲娱乐功能现状的急切性，例如，比利时滑铁卢纪念馆重新复原了当年“滑铁卢战役”的古代战场，游览者可以身临其境游览其中，看到曾经作为英军统帅威灵顿司令部的古堡，坐在曾是拿破仑战争指挥部的小石头房。

（五）博物馆信息集散中心的新定位

博物馆数字化的结果就是大量的藏品资料形成信息化数据库，然而该数据库的信息量巨大，将其中的数据进行串联和整理需要更加先进的技术支持。恰逢云计算技术的兴起，加快了博物馆的数字化进程。云计算技术在博物馆数字化过程的应用让其具备了信息处理能力，使数字化博物馆和数字化档案馆、数字化图书馆并列成为当今的三大信息中心之一，公众通过互联网可以搜索到数以百万计的博物馆方面的信息。[②] 人们足不出户就可以浏览世界上那些著名的和不著名的博物馆的各种信息。

譬如，澳大利亚国家博物馆拥有一个全球范围内较为先进的信息系统，但这些信息并未因为该信息系统而衔接在一起，因为缺少信息集散技术作为支撑，同一系统内的信息却出现“孤岛效应”，所以仅关注博物馆信息系统的体量而忽视其信息集散能力的建设最终会导致信息存储位置被隔离而不能相互访问。[③] 所以，澳大利亚国家博物馆正在努力尝试整合其信息系统，将博物馆内部信息系统化，并逐步实现传播化、社会化。

三　博物馆馆藏资源的利用、开发和保护

立足于我国博物馆发展现状，博物馆馆藏资源的利用、开发和保

① 郭宜章：《休闲娱乐：现代博物馆的新职能》，《创作与评论》2008 年第 3 期。

② 史吉祥：《博物馆在现代社会中的功能》，《中国文化遗产》2005 年第 4 期。

③ ［澳大利亚］达伦·皮考克等：《博物馆里的信息革命》，《故宫学刊》2013 年第 2 期。

护就是博物馆馆藏资源的社会化以及馆藏资源利用的社会化。2015年国务院颁布的《博物馆条例》第2条规定，博物馆的性质是依法登记的非营利组织，主要从事藏品的收藏、保护以及展示工作，运营目的是社会教育、藏品研究以及欣赏。

在我国，博物馆可依据性质不同划分为国有和非国有两种类型。与非国有博物馆相比，国有博物馆的设立基础是国有资产，具备更明显的社会公益性质，更好地体现了收藏、教育等功能和非营利等属性，因此本书所称的博物馆仅指国有博物馆。而所谓博物馆资源，是指博物馆中具备考古、历史、科学、艺术或商业价值，能创造物质和非物质财富，发挥博物馆社会服务功能的有形及无形资源的总称，主要包括藏品、藏品复仿制品、藏品数字化、藏品衍生品以及博物馆相关资源等类型。其中，藏品数字化通过计算机信息技术将有形的物质文化遗产的各方面信息进行整合加工，以图片、图文、音频、视频、三维模型、虚拟参观、数据库、手机应用等多种形式呈现于网络，使社会公众对博物馆的参观突破了时间、空间以及访问人数的限制，能够实现馆藏文物的永久保存和广泛传播，是目前文物保护和传播的新趋势。

（一）博物馆馆藏资源的利用

一般意义上的博物馆馆藏资源利用是指对馆藏“物”的利用，并且局限在收藏、研究和展览三个方面。其中收藏是利用的基础，研究是传统利用的拓展，展览是将馆藏资源利用社会化的集中表现。长期以来，展览一直都在博物馆与社会民众之间发挥着交流纽带的作用。在社会经济与现代科技发展的推动下，博物馆数字化进程加快，新兴科学技术被引入博物馆当中，博物馆的社会职能也开始拓展，博物馆的馆藏资源范围也一步步扩大。在数字技术和网络技术的支持下，馆藏资源利用得到延伸，收藏、研究、展览包含的内容增加。在收藏方面，更多的馆藏资源被纳入，许多非物质资源通过数字化的方式被博物馆收藏；在研究方面，随着3D技术的兴起，三维模型开始被研究应用，也拓展到了3D打印等方面，对馆藏资源的保护也有了新的发展；在展览方面，实体展览业已无法满足观众的需要，数字虚拟展览开始被广泛利用，关于展览的影像资料也开始受到重视。[①] 在产学研政策的支持下，博物馆馆藏资源被教育系统利用，相关专业的学生和教师能够借助博物馆丰富的馆藏资源进行更为深刻的科学研究，而科研工作者的研究成果也逐渐受到博物馆重视，其研究成果也在博物馆馆藏资源的收藏、研究中得以体现。

在未来，传统的博物馆会向智能博物馆迈进，博物馆对馆藏资源的利用将更为广泛和系统。在交互式展览模式下，馆藏资源的利用将会集中在大数据与云计算的层面，所有的馆藏资源需要通过融合成为大数据，再通过云计算和5G传播渠道，以新的“展览”方式与观众见面。

（二）博物馆馆藏资源的开发

一般而言，针对博物馆馆藏资源的开发是基于博物馆社会职能开展的。一方面，在经济效益这一延伸功能下，馆藏资源开始向文创产业方向开发，与馆藏资源相关的文创产品、主题活动日益增加。在博物馆公益性逐渐显著的情况下，政府对博物馆自身的“造血功能”十分重视，也正是在这样的情况下，博物馆馆藏资源的开发得到重视。[②] 所以，以遗址、名胜为主体的博物馆开始开发主体旅游活动，积极吸引游客进行文化展示与休闲娱乐相结合的商业活动。例如故宫博物院，其不仅开发了众多的周边纪念品，也积极开展各式各样的主题旅游活动，吸引了大量的游客。另外，藏品琳琅的博物馆则通过主题式的商业展览活动吸引游客。[③]

另一方面，随着博物馆信息中心这一社会职能的发展，博物馆向

---

① 刘连香：《美国博物馆教育资源的利用》，《东南文化》2014年第3期。

② 骆土泉：《论博物馆资源利用社会化》，《中国博物馆》2003年第4期。

③ 蒋菡：《博物馆文创产品开发的实践与思考》，江苏省博物馆学会2014年度论文研讨会，江苏淮安，2014年10月，第5页。

虚拟化与数字化发展的趋势明显，并且信息中心正在逐渐形成。这是由于博物馆之间信息交流深入，以及数字化进程加快，以馆藏资源为基础的博物馆信息云正在形成，各地博物馆都在积极进行着数字化的馆藏资源开发，并希望通过博物馆之间的合作形成信息上的优势，对市场可以进行商业交流，对社会可以进行教育活动。这样的馆藏资源开发不仅是博物馆未来发展的趋势，也是当前博物馆正在进行的开发活动。

（三）博物馆馆藏资源的保护

传统意义上对于博物馆馆藏资源的保护分为两个方面。一是对馆藏资源本身的保护，涉及的内容是文物修复、保存技术、安全保障等方面；二是对馆藏资源开发的保护，按照我国物权法“一物一权”原则，博物馆馆藏资源本身并无太多知识产权问题。但是随着对博物馆馆藏资源利用的深入，文创产业的快速发展以及数字化科研的开展，制度与权利成为博物馆馆藏资源保护需要讨论的内容。因此，对博物馆馆藏资源的保护可以分三个层面讨论：技术保护、制度保护和权利保护。

第一，技术保护。因为馆藏资源的差异，不同类型的博物馆采取了不同的保护技术。例如，历史遗址博物馆的保护技术主要是通过整体环境的防护实现对遗址资源的保护，涉及的技术和环境保护息息相关；历史文物博物馆的技术保护重心是妥善收藏文物，避免文物被毁坏，涉及的技术主要是文物的储存、文物的修复等；自然博物馆是博物馆与自然生态环境的结合，保护技术涉及生态环境保护、物种资源保护等。

第二，权利保护。当前，博物馆正处在快速发展的黄金时期，在博物馆社会职能扩张与馆藏资源丰富的推动下，博物馆的权利保护愈发地受到重视。不同于早期博物馆馆藏资源权属归于国家，相关知识产权也鲜有谈及的情况，现代博物馆的发展潮流要求博物馆作为独立的社会非营利组织参与各种社会活动。我国国有博物馆正在剥离类似于“事业单位”的属性，尽力实现经费上的自给自足，而非国有博物馆也在经历诸多摸索和改革。但是，“造血功能不足”的难题仍然阻碍着我国博物馆的持续发展，解决这一问题需要博物馆重视馆藏资源的权利保护，且集中在知识产权的保护方面。

第三，制度保护。一般来说，立法是保护博物馆馆藏资源的常见方式，目前我国已经陆续颁布了一系列的法律法规保护博物馆馆藏资源，包括：《中华人民共和国文物保护法》《中华人民共和国文物保护法实施条例》《博物馆管理办法》《博物馆藏品管理办法》，当然，保护也仅限于文物。然而，仅通过立法保护博物馆馆藏资源存在一定的缺陷。第一，现行法律保护的出发点是保护公共利益，这样的保护方式更侧重于管理，因而很难全方位地对博物馆馆藏资源进行保护，尤其是缺乏对文物的衍生品、创意产品的约束与规范。第二，保护的主体具有广泛性，从而导致保护规范的滞后性更加明显，在兼顾全国超过5000所博物馆主体的情形下，很难实现全方位的保护，同时，地方政府规章又因为其约束力不足，减弱了法律的保护效果。第三，相比于私法，侧重于管理的法律表现出更强的地域性。馆藏资源的保护一般表现为各种法律法规与管理制度，会因为国别的不同产生较大的差异，也缺乏认同，很难实现跨国保护。

第二节　新媒体技术对博物馆传统定位的突破和挑战

如前所述，本书研究的新媒体技术包括但不限于大数据、云计算、交互式技术和移动互联网，它们的出现与发展推动着博物馆的传统定位，从“静态”的信息储存、教育和研究向“动态”和“即时”的沟通和学习转变。同时，也由博物馆“单方”向公众传播变为博物馆与公众之间“双方”按照供需的要求进行交流。这就对博物馆的角色和自我认知提出了极大的挑战，需要博物馆及时清醒地认识。

一　大数据和云计算对馆藏资源的大规模数字化

从1999年起，我国博物馆数字信息化已经走过了20多年的历程，从基础的馆藏资源数据信息化到升级的馆藏资源数据数字化的动态管理，从展厅多媒体辅助展示到新媒体技术的多维度应用，博物馆信息化建设经历了由简到繁、由静态到动态、由内到外、由管理到展示的诸多演变。[①] 在大数据、云计算等新媒体技术的推动下，信息化技术应如何更好地为博物馆建设服务，使博物馆成为公众生活不可缺少的文化需要，实现“教育互动，知识共享”的博物馆使命，成为各个新博物馆数字信息化的重要问题。

（一）博物馆已经具备了大数据的基础条件

博物馆馆藏资源的大规模数字化只是虚实结合的开始，而大数据和云计算技术则是博物馆未来智能化发展的基础。目前，博物馆馆藏资源的数字化已经初步完善，互联网的发展尤其是社交网络的兴起更是丰富了博物馆馆藏资源的数字化信息。

第一，馆藏资源信息化已经初步完善。我国博物馆进行的数字化实践从最初的藏品资料信息化到后来的图片、音频数据收集，再到后来的视频资料储存，而现在藏品的3D图形、全景影像、5R数据等也被视为博物馆数字化的重要数据，这些资料构成了博物馆信息化的数据库，成为博物馆实现数字化发展的重要支撑。同时，已有不少博物馆认识到建立数字博物馆的重要性，故宫博物院甚至在其微信公众号中建立了移动端的数字博物馆。据本书统计，在130家国家一级博物馆中有超过100家建立了数字博物馆（包括官网上的数字博物馆建设、现实中的数字博物馆建设等）。

第二，来源于观众行为的大量数据可以被采集。初步的博物馆馆藏资源信息化已经基本完成，在观众本位的趋势下，观众行为形成的

---

① 冯乃恩：《博物馆数字化建设理念与实践综述——以数字故宫社区为例》，《故宫博物院院刊》2017年第1期。

数据开始发挥重要作用。在博物馆数字化建设工程的实施过程中，社交平台和新媒体带来了传播方式革新，博物馆纷纷建立自己的社交平台账号，参与到新媒体传播当中。通过这些方式，博物馆进行互动式宣传与文化传播，因而大大增进了博物馆与观众之间的互动与交流。在这个互动过程中，借助大数据工具对数量庞大且能有效反映观众行为的非结构化数据进行整合，而未来智能化博物馆建设的重要参照指标就是前述这类非结构化数据，即计算、统筹和模拟观众的行为，包括观众在博物馆参与的活动、观众的活动习惯、观众的参与兴趣点等，以便在智能化博物馆中为公众提供更为人性化和个性化的服务。

第三，社交网络为博物馆带来新的数据。自中国博物馆界“微博元年”（2010 年）以来，已经有 101 家国家一级博物馆开通了新浪微博，125 家国家一级博物馆建立了微信公众号。[①] 博物馆在借助微博这一平台进行博物馆文化宣传、线上主题文化策划的同时，也会通过微博的评论系统与用户进行信息互动，因此博物馆可以收获大量非结构化数据。虽然这些基数庞大的数据价值密度较低，但有赖于云计算、大数据等先进科技的快速发展，经过处理的数据价值远高于传统的抽样调查等方式所收集的数据。[②]

虽然现代博物馆已经通过这三个方向积累了大量的数据资料，但是，这些数据并没有完成整合，信息孤岛仍然存在，数据应用仍然处于空白阶段，海量的数据需要经过整合才能形成大数据。目前这一任务没有完成，体现在两个方面：一是馆内数据没有完成整合。国内大部分的博物馆并没有建设数据中心专门处理这三类数据。可以说，虽然博物馆已经储存或者收集了大量的数据，但是这些数据并没有完成筛选，也并没有将数据处理，形成数据的反馈。二是馆际之间也未出现进行数据交流的平台。这是由于馆内都未建设数据平台，更遑论馆际之间的交流。因此，当务之急是首先建立博物馆馆内数据平台，再

---

① 张妍等：《微博元年：我们在路上》，《中国传媒科技》2010 年第 9 期。

② 吴宁宁：《“大数据”对博物馆的启示》，《中国文物报》2013 年 9 月 4 日第 6 版。

通过对各个平台的整合形成“馆际联盟”才是整合的发展方向，也是实现博物馆大数据的方法。

（二）大数据对博物馆馆藏资源的整合

大数据技术为博物馆将浩如烟海的文物资料整合为数字资源提供了可能，也是博物馆后续知识共享与联盟建设的数据基础。大数据的来源多种多样，包括参观博物馆的观众、博物馆中的藏品、环境和设施等。海量的网络信息也是其中之一，如微博、博客、短视频等。大数据的类型可分为结构化数据和半结构化数据，以及非结构化数据。除此之外，大数据还可以帮助智能博物馆快速分析观众行为、偏好，同时还可处理经年累月的数据从而挖掘出其中有价值的信息。

例如，上海博物馆建设的可视化数字中心以多模态感知“数据”替代数字博物馆的集中式静态采集“数字”，并以此为基础，建立更加全面、深入和广泛的互联互通，消除信息孤岛，使人与人、人与物、物与物之间形成系统化的协同工作方式，从而形成更为深入的智能化博物馆运行体系。① 另外，广东省博物馆则采取建立观众管理系统的方式进行大数据升级，基于对博物馆的数据采集积累，了解到对票务管理、个性化服务、展览预约等实际需求，借助新兴科技的力量，构建观众数字化管理中心，实现博物馆服务的线上与线下的深度融合，建立观众服务评价体系。②

（三）云计算带动博物馆知识共享发展

云计算是实现博物馆知识共享向物联网形态发展的技术基础，无论是数字和现实的整合还是数据的共享、交流，都需要云计算作为支撑。目前，我国博物馆的数字化已经进入末期，但是信息割裂的现状仍然没有消除，云计算可以为博物馆馆藏资源实现共享打破信息渠道上的壁垒。博物馆之间可以共同构筑信息共享空间，参加合作的博物

---

① 宋新潮：《关于智慧博物馆体系建设的思考》，《中国博物馆》2015 年第 2 期。

② 张茜茜：《用“智慧”打造“未来博物馆”》，《中国文物报》2015 年 6 月 26 日第 10 版。

馆可以分享连接在一起的基础设施，不必更新相关的硬件，在降低博物馆运行成本的同时，服务效率也有所提高。[①] 合作的博物馆之间通过云计算实现信息资源的传递，降低了文献信息传递的延迟，使各博物馆的需求得到了最大限度的满足。[②]

2015 年底，苏州博物馆正式建成云计算数据中心，随着云计算和大数据技术的不断提升，博物馆工作也逐渐进入了大数据时代。云计算数据中心项目在网络规划、操作系统以及业务系统等各个层次上做了防攻击、防病毒等一系列安全措施，有效地为苏州博物馆提供了安全保障；利用云计算数据中心技术，组建了高效、自动、精简的云计算网络，为苏州博物馆数字化、信息化注入了新的活力。

二 交互式体验下 3D 和 VR 场景模拟的嵌入

根据李世国、顾振宇在 2012 年出版的《交互设计》一书中提出的概念，交互设计是两个以上个体之间进行互动从而使其能够互相交流配合共同行动以完成某一特定目的。交互设计贯彻以人为本的理念、注重人与产品之间的互动、提升人的服务满意度。[③] 所以，交互式体验简单来说就是从用户需求出发，为需求产品设计出恰当的交互行为，达到人与产品之间的信息交互目的。

在这样的概念维度下，传统意义上的数字展览和 3D 技术并不是交互式体验要求下的新技术。交互式体验重在“交互”这一过程，实现这一过程的用户体验重点就是实现信息的交流互动。博物馆今后的发展方向是智能化博物馆，但就目前而言，目标是交互功能下的智能化初级体验，3D 技术和 VR 技术的嵌入让博物馆能够摆脱传统展示的弊端，开始实现交互式的体验模式，而这源于 3D 技术和 VR 技

---

① 卢民：《基于云计算的数字博物馆信息化建设研究》，《博物馆研究》2012 年第 1 期。

② 叶萌：《物联网、云计算与智慧博物馆的实现》，《首都博物馆论丛》2015 年第 00 期。

③ 李世国等：《交互设计》，中国水利水电出版社 2012 年版，第 15—16 页。

术的兴起。

（一）国内博物馆对3D和VR等新技术的应用

我国数字博物馆的发展呈现出高起点、发展迅速的特点，在中国数字博物馆的元年1999年，中科院计算机网络信息中心就依托中科院数据库信息资源建立了我国第一个虚拟博物馆群——中国科普博览。在之后的几年，中国科普博览发展迅猛，虚拟博物馆的数量从最初的4个增长到了70余个，形成了基于网络的虚拟博物馆群。同一时期，故宫博物院、敦煌研究院也开启了基于3D技术的数字化之路。2008年我国数字博物馆进入全新的发展阶段，三维技术、高清摄像、图文音三位一体等技术已经无法满足数字博物馆的发展需求，[①] 适逢VR、AR、MR、ER、VRG等新技术兴起，博物馆的数字化发展也转向对这些新技术的应用。发展到现在，敦煌研究院耗时多年建设的“数字敦煌”让业内外瞩目，成为最受关注的数字博物馆，而故宫博物院则经过近20年的经营，建立了全国范围内规模最大的数字博物馆，其无论是形式还是内容都十分丰富。具体言之，可以分为三个方面：

第一，在提升游客参观体验方面，国内应用交互式3D和VR技术的博物馆越来越多。近年来具有代表性的有北京故宫博物院的3D视觉游客导览系统、台北故宫博物院的文物3D展示、内蒙古博物馆的“3D自动成像系统”、南京博物院的“虚拟私塾”、中国园林博物馆的“看见‘圆明园’”，等等。2011年，台北故宫博物院在官方网站上推出3D全景藏品展示，游览者不仅可以全角度欣赏数字虚拟化的文物，甚至可以通过鼠标调整观赏角度，查看虚拟文物的各种细节。同年，“3D自动成像系统”又让内蒙古博物馆成为博物馆爱好者关注的焦点，该系统可以通过扫描过的文物获得3D展示动画，相比于台湾故宫博物院的数字技术又更进一步。2012年，南京博物院筹建了一个“虚拟私塾”，通过3D投影技术将《三字经》《千字文》

① 杨逸、李培：《博物馆3D时代：让国宝“活”起来》，《南方日报》2012年12月2日第9版。

等经典国学故事生动地展示出来，并配合专业的讲解，使游览者获得良好的体验。曾经被称为“万园之园”的圆明园被付之一炬，令人扼腕，文物界对重建圆明园的呼声仍未绝于耳。2016 年“数字圆明园”项目被正式推出，该项目集合了 5R 技术①的成果，让游览者可以穿梭于“圆明园”之中，通过视觉、听觉、触觉感受“万园之园”的魅力，还可以成为古代角色中的一个，实现交互式体验。

第二，在拓展研究、保护馆藏资源方面，新技术带来的变革十分深刻。2012 年底，河南洛阳博物馆的文博专家通过三维扫描等数字技术，建立了文物的数字化档案，并在动态摄像、混合现实、动态三维、虚拟现实等技术的支撑下建立起一批数字博物馆项目，包括数字展陈、考古遗址虚拟漫游、文物虚拟修复、文物高精度复制等。2016 年，耗时多年的“数字敦煌”终于问世，敦煌研究院的“数字敦煌”最初是利用信息技术获取敦煌洞窟的高清图片，随着全景摄像、虚拟现实等技术的发展，“数字敦煌”已经建立起一批洞窟全景漫游、虚拟化数字洞窟项目，让游览者可以身临其境地观赏敦煌丰富的历史文化遗产。

第三，高新技术企业也参与到了数字博物馆的建设当中，并且在技术革新与应用中发挥着关键作用。2008 年，北京故宫博物院联合美国 IBM 公司开发了一套 3D 视觉游客导览系统，游览者可以通过计算机设备使用该系统进行虚拟参观，不仅可以身临其境般地游览故宫博物院，还能够通过该系统选择成为古代大臣、妃子的角色和其他游览者一起进行虚拟游览。2012 年，百度公司推出“百科博物馆计划”，利用 3D 全景、虚拟现实等新兴科技将博物馆展览向虚拟端移植。截至 2019 年 4 月，“百科博物馆计划”已经上线 252 家虚拟博物馆，浏览人次超过 1 亿。2014 年，专注于 VR 技术应用于三维互动技术开发的北京指触传媒集团与国内多家博物馆联合推出独具特色的馆

---

① 5R 技术是指 VR 虚拟现实技术、MR 混合现实技术、AR 增强现实技术、ER 感应现实技术、ARG 交互现实游戏技术。

藏文物 VR 卡片，实现了虚拟的“活态”观赏。

虽然我国目前已经有一些博物馆开始尝试引入交互式 3D 技术和 VR 虚拟现实技术，赢得了广泛的好评，但是通过本书对全国 130 家博物馆的统计发现：第一，引入 VR 技术的博物馆只有 3 家，在其网站上开设 VR 虚拟展览版块的博物馆也只有 7 家，大约有一半的博物馆在其网站上引入了虚拟漫游或者数字博物馆，但是大部分并非采用交互设计，只是单纯的观赏 + 背景音乐。第二，仅有 13 家博物馆官网上投放了馆藏资源的 3D 图像。但遗憾的是，所有博物馆的 3D 展示均只是简单的 3D 图像，没有采用交互式体验的方式。第三，现有的 VR 技术也只是在原有数字展馆或者虚拟漫游的基础上升级的，并没有实现交互体验的高级形式——沉浸式体验。因此，我国博物馆在交互式体验要求下 3D 和 VR 场景模拟的嵌入方面仍然处于初级阶段，和国外著名博物馆相比存在较大的差距。

（二）欧美国家博物馆新技术应用考察

国外著名博物馆与大型公司合作开始应用交互式 3D 和 VR 技术更早。譬如，2000 年美国 IBM 公司开始发力数字技术，先后参与了多个虚拟现实博物馆的建设。2004 年 IBM 公司与埃及合作完成的“永远的埃及”项目，3D 与虚拟现实技术在项目中吸引了众多的关注。2001 年加拿大遗产信息网络 CHIN 与境内各大博物馆合作建立了加拿大虚拟博物馆，2004 年法国卢浮宫建成三维虚拟参观项目，2008 年，“欧洲虚拟博物馆”正式对外开放。现在许多大型博物馆已经形成体系化地使用这些先进技术。

进入 2012 年，3D 与 VR 等新技术在数字博物馆中的应用更加深入，国外许多著名博物馆都将新科技项目作为博物馆对外宣传的噱头。之后国外许多著名的博物馆都开始尝试使用新技术来改善博物馆的游览体验。2013 年，莫斯科的犹太人宽容博物馆进行了 3D 技术尝试，为到来的每一位游览者提供 3D 眼镜，博物馆将馆内虚拟场景与可触摸的大屏幕有机地结合在一起，游览者不仅可以感受通过 3D 技术展示的生活在俄罗斯的犹太人历史场景，还能够在观览的同时通过触摸屏幕查阅相关的历史资料。法国的卢浮宫是国外较早开始进行博物馆科技革新的博物馆，自 2004 年起卢浮宫在其官网上投放了馆内 3.5 万件藏品和 13 万件绘画作品的 3D 虚拟作品，在 2013 年又联合任天堂游戏公司开发了 3D 掌上导游系统，该系统使用了 3D 与交互技术，通过一个可以实现实时定位的全景虚拟地图为游览者提供实时方位，并通过交互系统为游览者提供导览服务，可以将游览者直接引导至想要欣赏的展品前。①

2015 年，大英博物馆开始尝试虚拟现实展览，参观者可以带上 Gear VR 回到青铜时代。2017 年 5 月，大英博物馆又宣布与 Oculus合作，推出全新的虚拟现实之旅，使用任何电脑或者移动设备均可以为用户提供出色的数字体验，而使用 VR 则为用户提供充分的沉浸感。2016 年，美国富兰克林博物馆建成世界上最大的虚拟现实社区。在 VR 体验区内，博物馆使用了 HTC Vive 和 Oculus Rift 头显将游客带进被称为“全息甲板”的展馆中，在该展馆中有轮换出现的各种科学内容，供游客在房间大小的空间进行全沉浸式体验。

上述事实说明：第一，3D 交互模型与 3D 实景体验被广泛应用，博物馆已经开始通过高科技实现与公众的交互式体验；第二，3D 交互技术已经逐渐成熟，并已经从 3D 技术开始升级为裸眼 3D 技术，交互式体验越来越优秀；第三，VR 虚拟现实展览已经成为现实，游客已经可以体验沉浸式的 VR 观赏，进一步升级了交互式体验的效果；② 第四，博物馆的交互式体验正在向移动互联方向发展，基于 3D 和 VR 技术的移动虚拟现实展览很快会成为新的游览方式。

---

① 夏溦：《海外智慧博物馆巡礼 2——采用各种新技术，以娱乐的方式传递文化内涵》，《新经济导刊》2015 年第 3 期。

② 王金坪：《VR + 机器人 + 3D 打印，博物馆迎来黑科技元年》，《收藏》2016 年第 12 期。

三 移动互联网+博物馆App的应用与影响

截至2020年6月，我国的手机网民已达到9.40亿，相比2020年3月增长了3625万人。[①] 其中，网民使用手机上网的比例达到98.6%。很显然，中国社会已经开始全面步入移动互联时代，传统的传播方式已经被蓬勃发展的新媒体改变。

2012年由中国博物馆协会发布的《国家一级博物馆运行评估指标体系》将互联网、手机、博客、微博等新媒体和新手段的传播方式纳入定性评估体系当中，占总权重值的1%。[②] 博物馆的移动互联网+发展集中体现为三个方面：一是博物馆网站的建设，这方面的发展开始较早，在移动互联普及的潮流下，博物馆网站建设也随之过渡到了移动互联方向；二是博物馆新媒体发展，博物馆主要借助微博、微信等社交平台开展；三是博物馆智能手机应用程序发展，博物馆通过开发应用程序直接与观众进行交流。

（一）博物馆官网建设

本书通过对130家一级博物馆进行考察，发现其中122家博物馆均建设了功能较为齐全的官方网站。本书通过藏品展示、数字博物馆建设、网站评价、排名与浏览量、新科技应用5个指标对所有的网站进行评价，结果如下。

具体而言：第一，藏品展示。绝大多数博物馆都进行了藏品展示，但是展示水平不尽相同，故宫博物院不仅有图片展示，还有3D展示、VR展示等，敦煌研究院的网站则只有一些图片展示。第二，数字博物馆建设。有21家博物馆进行了网上数字博物馆建设，完成这些建设的博物馆集中在北上广等地区，其他地方的博物馆大多并未

---

① CNNIC：《2020年第46次中国互联网络发展状况统计报告》，2020年9月29日，http：//www.gov.cn/xinwen/2020－09/29/content_5548175.htm，2020年12月27日。

② 2012年中国博物馆协会：《国家一级博物馆运行评估指标体系》，“有效运用互联网、手机等新媒体和博客、微博等新型手段传播博物馆文化”。

建设。第三，网站评价。通过百度搜索引擎特有的网页评价体系来看，其结果取决于博物馆的浏览量，例如，邯郸博物馆几乎没有网友关注，其网页没有出现网友评价，有评价的网站获得的评价也参差不齐，主要是对于其内容丰富程度的评价。第四，排名与浏览量（见表1－1）。根据 alexa. cn 网站提供的数据，在 130 家一级博物馆中 76 家有排名数据，中国在全球网站排名最高的为第 368 位的中国科学技术馆，排名最低的为第 17731474 位的云南民族博物馆，而浏览量与网站排名大约成正比，排名高的，网站浏览量也较多。第五，新科技应用。在这里主要是指 3D 技术、全景技术、VR 技术等，但是应用这些技术的网站并不多，应用 3D 技术的有 12 家，应用全景技术的有 39 家，采用 VR 技术的有 6 家。

表 1－1　国内部分一级博物馆全球排名与浏览量排名

序号	博物馆名称	全球排名（PV Rank）	访客排名（UV Rank）
1	故宫博物院	30679	34009
2	中国国家博物馆	72645	84676
3	首都博物馆	236596	289432
4	河北博物院	970251	1103079
5	山西博物院	252273	2733866
6	辽宁省博物馆	876507	1125392
7	吉林省博物院（东北抗日联军纪念馆）	15602621	14499917
8	上海博物馆	202350	233656
9	南京博物院	286054	308560
10	浙江省博物馆	701569	618333
11	安徽博物院	893388	1194812
12	河南博物院	687014	715427
13	广东省博物馆	277562	326550
14	四川博物院	1143660	1423216
15	云南省博物馆	2566978	2899317
16	西藏博物馆	701643	579936

续表

序号	博物馆名称	全球排名（PV Rank）	访客排名（UV Rank）
17	陕西历史博物馆	278139	335285
18	秦始皇帝陵博物院	573662	705949
19	甘肃省博物馆	1203064	1531659
20	广西壮族自治区博物馆	2679490	2201953

数据来源：本书调查。

（二）博物馆社交新媒体

截至2020年4月，全国130家一级博物馆中101家开通了官方微博，125家开通了微信公众平台，但是关注人数差异巨大，故宫博物院微博关注人数超过654万人，其他博物馆难以企及，如南京市博物总馆的微博仅有2.73万人关注。在推送内容方面，各博物馆均表现出较高的重视程度，不仅推出展览信息，也推送文化周边等相关信息。此外，虽然所有博物馆的微信公众平台基础功能都已经建设完成，但是对于微信平台的应用程度差异巨大。一般的平台只是提供博物馆相关信息，是其官网内容向移动端的移植，建设较好的只有故宫博物院、上海博物馆等15家，不仅基础功能完备，而且将全景游览、智能服务等融入其中。

在101家一级博物馆的官方微博中，故宫博物院的官微最受青睐，开博17天便获得了超过158万的关注，相当于故宫博物院32天的游客数量（根据故宫博物院2019年公布的日平均访客量计算）。故宫博物院官方微博不仅时常更新故宫的藏品介绍、游览攻略、活动预告、信息服务等，也与游客进行互动，为游客答疑解惑。而故宫博物院运营的公众号“微故宫”2019年4月一天发布的文章阅读量就超过了10万，可见其受关注的程度。“微故宫”除了藏品介绍、游览攻略、活动预告、信息咨询等服务外，还提供数字展览、全景游览等功能。

（三）博物馆智能终端 App

通过对 iOS 平台的观察，130 家一级博物馆中有 38 家拥有自己的 App，但是这些 App 的评价、功能差异巨大。故宫博物院、上海博物馆等知名博物馆不仅内容丰富，而且评价良好。但是，如内蒙古博物馆、山西博物院等内容简陋，评价很低。在 38 家博物馆的 App 建设中，故宫博物院表现最好，推出的“每日故宫”“故宫展览”“故宫陶瓷馆”“故宫社区”等一系列移动端软件，为游客提供了掌上观览、电子导览、互动交流、游览预约等服务，还授权网易公司开发了“绘真·妙笔千山”等推广故宫文化的游戏。

第三节　知识共享视野下博物馆可持续发展的新模式

知识共享是现阶段以及未来博物馆应承担的新兴社会责任，这是博物馆除研究、教育和收藏基本功能之外增加的又一新内容。在知识共享的概念下，时间和空间没有限制，公众在信息海洋中自由遨游。正因如此，知识共享下博物馆的建设方向应秉持科技优先、重视文化、区域拓展的原则，运用最先进的技术保存最急需的文化，突破信息孤岛，建立可持续发展的新模式。

一　博物馆与非物质文化遗产之间的互动和融合

博物馆为非物质文化遗产的保护带来了新的发展机遇与平台，博物馆经过两千余年的发展已经形成了一套成熟的制度来保护和管理物质形态的藏品，而以技艺、声音等为载体的非物质文化遗产依赖于传承者的口传身教。将非物质文化遗产融入博物馆内可以丰富博物馆藏品展示的形式，拓展博物馆收藏功能的内容，非物质文化遗产有了博物馆提供的场馆支持，获得了一个更好的展示平台，且博物馆具备的成熟管理制度可以应用到非物质文化遗产的保护中。①

（一）博物馆与非物质文化遗产的关系

第一，保护非物质文化遗产是博物馆的新责任。伴随着现代博物馆功能的不断拓展，“文物保护”“文化传承”“信息记载”等都被吸纳到“文化遗产保护”职能当中。而在互联网浪潮的冲击下，记录信息、传承文化在高新科技的推动下能够实现对非物质信息、文化的固化，而非物质文化遗产也并非只能通过传承人再现文化的魅力。所以，虽然长久以来博物馆都致力于保护物质文化遗产，但是成熟的管理制度、丰富的职能经验、先进的媒体科技都成为博物馆从物质文化遗产保护向非物质文化遗产保护方向发展的助力。②

第二，非物质文化遗产的发展需要博物馆大力配合。联合国教科文组织对“非物质文化遗产保护”（以下简称“非遗保护”）的大力倡导带动了国内社会的保护热度，但是也应当看到持续走热的“非遗保护”存在的问题。一方面，“非遗保护”成为带动地方经济发展的招牌，忽视了“非遗保护”本身，“经济搭台、文化唱戏”的戏码屡屡上演。虽然旅游产业裹挟下的非物质文化遗产也获得了一定的利益，但是当热度褪去，非物质文化遗产仍然会回到过去的状态。更有甚者，功利性的非物质文化遗产申请、保护完全与“非遗保护”的活态化要求背道而驰。另一方面，依靠市场调节“非遗保护”加速了非物质文化遗产的消亡。根据目前《中华人民共和国非物质文化遗产法》（以下简称为《非遗法》）的相关规定，一旦非物质文化遗产失去生命力，那么其也就会被除名，这些非物质文化遗产作为人类文明进程中积累下来的文化瑰宝却并非会被时代广泛接纳，毕竟人类的价值观总是会随着文明进程不断变化，因而不能依靠市场机制进行“非遗保护”调节。

因此，通过发展旅游等相关产业来保护非物质文化遗产缺乏稳定

① 张满：《探索非物质文化遗产的博物馆保护模式》，《文物鉴定与鉴赏》2017 年第 8 期。

② 莫德格：《如何提高博物馆公众文化服务》，《祖国》2016 年第 14 期。

性，艺术形式难以引起广泛兴趣的非物质文化遗产甚至都无法形成良性的经济效应。所以，将非物质文化遗产引入到博物馆当中进行保护，效果可能会更加明显。博物馆作为非营利性社会团体，并不以经济收益为目的，其价值与职能有利于“非遗保护”。此外，非物质文化遗产的“活态”丰富了博物馆展示的方式。从长远来看，缺乏市场价值的非物质文化遗产难以长久地进行活态保护，但是博物馆正在向智能化方向发展，3D 技术、虚拟现实技术、人工交互技术等的应用可能会成为代替活态保护的最佳方式。

最后，民俗博物馆成为两者交流的纽带。作为民间“非遗保护”的重要社会团体，民俗博物馆具有博物馆的普遍特征，但同时又具有自己的特色。其内部藏品主要是反映该地区的代表性民间文物，而对文物的收藏、保护、展示、研究、宣传都是基于保留某一特定的民俗文化。不同于其他类别的博物馆，民俗博物馆的藏品属于这一民俗文化体系，具备系统性。这一点与非物质文化遗产的保护十分相似，非物质文化遗产也是基于某一文化体系，区别就在于是否可以通过物质形式进行文化表达。所以，从博物馆到民俗博物馆再到非物质文化遗产，经历了从文化积淀的广泛保护到系统保护再到去物质化的文化保护。在这样的情况下，民俗博物馆成为博物馆与非物质文化遗产交流的纽带，将非物质文化遗产保护与博物馆结合起来成为可能。与此同时，民俗博物馆比其他博物馆拥有更专业、更权威的展览模式和技术，可以利用更专业的人力资源和设备来保护非物质文化遗产。

（二）非物质文化遗产博物馆的发展

博物馆是历史文化遗产和传统文化保护与传承的重要载体。近年来，随着我国综合国力的不断增强与人民文化意识的日趋成熟，博物馆事业迎来了大发展与大繁荣。与传统博物馆“静态”展现的服务相比，非遗博物馆（以下简称为“非遗馆”）呈现出“动态为主，静态为补”的全新展现模式，非物质文化遗产的“活态”传承与发展获得了良好的传播空间。

第一，在收藏方面，非遗馆的收藏范围更广。除了传统价值概念意义上的收藏品外，非遗馆当然也收藏了一些极具艺术及经济价值的手工艺产品，但是总的来说，非遗馆所典藏的文物是以收藏“文化脉络”为导向，相关文化脉络至少有两个方面：一是文物与文物之间的脉络，即相关的一组伴存文物通常应该尽可能一起记录、收藏、保存；二是文物原始的社会文化意义，在收藏时应加以调查研究。[①]

第二，在研究方面，非遗馆除了对文物进行研究外，更重视田野调查。传统博物馆较强调对“物”的研究，关注对其类型、断代以及文物艺术特征和工艺水平等的分析研究（虽然在新博物馆学思潮的影响下，传统博物馆逐渐关注与“物”相关的历史、社会及“社区”和“人”的关系，但终究还是相对偏重对“物”本身的研究）。

第三，在展示方面，非遗馆展示出多样的陈列方式。非遗馆不仅可以进行文物的展示，借助 3D 和虚拟现实技术进行数字展示，还可以通过非遗传承人对非物质文化遗产进行情景再现，甚至可以采用先进科技进行场景、人文风俗、自然环境等的重现。

第四，在教育方面，不论非遗馆还是传统博物馆都极为重视教育功能，但是非遗馆的侧重点不同于传统博物馆。非遗的实践和传承载体始终在“人”的身上，所以非物质文化遗产无法与“社区”脱离关系。由此，非遗馆在建设规划之初，直至对外正式开放运营，都特别强调社区教育功能的发挥。

二　跨区域博物馆馆际知识共享和联盟建设

现代博物馆在发展过程中一直都在进行着实现馆际协作、打破信息壁垒、交换资源优势的尝试，20 世纪末主要采取博物馆之间签订合作协议的方式实现馆际合作。但是随着信息技术的迅速发展，博物馆馆藏资源的数字化成为必然，加之博物馆、图书馆和档案馆对历史

① 李志勇：《非物质文化遗产博物馆建设理念初探——以南京博物院非遗馆为例》，《东南文化》2015 年第 5 期。

文化和遗产的保护作用重大且职能上交叉重叠，各国开始进行更广泛的馆际合作尝试，并在知识共享的理念下以信息技术作为基础建立了博物馆、图书馆、档案馆等多馆之间的数字化协作框架（即 D-LAM）。欧美发达国家主要通过建立专业组织和颁布相关法律规范两种方式来积极推动博物馆、图书馆、档案馆等的馆际协作，例如，2000 年英国成立的博物馆、图书馆和档案馆理事会（MLA-Resource），2001 年德国成立的欧洲图书馆、档案馆、博物馆联盟（EUBAM），同年西班牙成立了西班牙档案学、图书馆学、文献学和博物馆学协会联盟（FESABID）；2003 年美国修改了《博物馆图书馆服务法》（MLSA），2004 年加拿大颁布了《加拿大图书档案馆法令》（LAC），等等。[①] 虽然国际图联（IFLA）一直都在努力推动 LAM 数字化协作框架的发展，[②] 但是却一直无法解决 LAM 数字化协作面临的数字资源整合技术标准不统一、LAM 之间信任缺失以及数字资源的知识产权归属等问题。[③] 这些问题成为博物馆、图书馆、档案馆之间深度协作的鸿沟，而跨区域博物馆馆际联盟建设的提出则为信息共享开辟了新思路。这是因为博物馆之间一般采用同样的数字化技术标准，且组织机构类型相同，馆藏资源及其数字化的知识产权归属明确，博物馆进行协作时不会因为管理、产权等问题产生信任危机。所以，我国的博物馆开始更倾向于采用博物馆联盟的方式实现信息与资源共享。

（一）跨区域博物馆馆际联盟的概念界定

跨区域博物馆馆际联盟建设虽然都是在近几年才开始，但是也分为两个阶段。最初的跨区域博物馆馆际联盟是以某一目的、主题为中

---

① 郎宇洁等：《图博档三馆数字资源移动服务的融合化需求模式实证分析》，《山西档案》2017 年第 5 期。

② 郝世博等：《LAM 数字化融合服务中动态信任评估研究》，《图书情报工作》2014 年第 15 期。

③ 王海荣等：《图书馆、档案馆、博物馆合作研究进展分析——基于 IFLA 会议主题及我国国家级、省部级课题的分析》，《现代情报》2016 年第 8 期。

心，集中各个博物馆的资源优势解决某一问题的协作。例如，2012年在上海交通大学成立的全国高校博物馆育人联盟是全国71所高校博物馆形成的联盟，发起的初衷是因为高校博物馆作为大学生教育的重要资源库并未得到充分的利用，71所高校的博物馆秉着深入挖掘高校博物馆的教育资源、整合优势馆藏资源、扩大博物馆影响的主旨，成立了全国高校博物馆育人联盟。

进入知识共享时代，一方面博物馆的信息化进一步加深，博物馆开始承担信息集散中心的新职能，数字博物馆向智能博物馆转变；另一方面博物馆开发出高层次的休闲娱乐功能，博物馆文化旅游热潮逐步兴起，包含文化内容相同或者相关的博物馆也慢慢向集群化方向发展。在这两方面的影响下，跨区域博物馆馆际联盟也突破了其原本的含义，其内涵被大大丰富。一般来说，当前的跨区域博物馆馆际联盟是指不同的博物馆之间资源和数据的高度共享，并通过云计算进行大数据的综合理论分析，充分发挥各自的资源优势，并通过资源与数据的共享，积极开展各种形式的深度合作，统一活动主题，规范巡展流程，加强交流、合作、研究，全面提升公共文化服务体系建设水平，促进博物馆事业发展，提高学术研究能力的新型协作方式。

（二）跨区域博物馆馆际联盟的建设情况

各地博物馆建设跨区域馆际联盟的初衷是希望能够通过馆际联盟的建设达到资源共享、信息共享、经验共享、人才交流等目的。这些已经建成的博物馆馆际联盟或者建设中的馆际联盟种类甚多，既有地级市内的、省内的、全国范围内的跨地区馆际联盟，也有某一类别博物馆组建的馆际联盟，还有为实现某一目标的馆际联盟，甚至博物馆学学术意义上的馆际联盟。诚然，在信息时代各种各样的馆际联盟建设必备的目标就是整合馆藏资源和信息资源，消除信息孤岛，实现馆际信息共享。①

① 鹿继敏：《大数据时代下博物馆联盟机制建设研究》，《创新科技》2016年第9期。

虽然跨区域博物馆馆际联盟建设的目标从整体上而言都是为了整合博物馆资源，实现馆际的资源共享，拓展博物馆的现有功能，使得现代博物馆能够进一步发展，更好地发挥博物馆在社会教育、文物保护、信息传递、学术研究、文化交流等方面的重要作用，提高博物馆的公共文化服务水平。但是，不同的馆际联盟在建设目标上仍然有一定的区别，这一差别可以大致地将我国现有的博物馆馆际联盟进行以下分类，如表1－2所示。

表1－2　**博物馆馆际联盟分类情况表**

类别	成立时间	联盟示例	博物馆联盟组成	博物馆联盟内容
商业经营博物馆联盟	2015.1	国际文化金融交易所联盟	—	以“交易提升文化价值，金融助推产业发展”为主题，以弘扬文化金融产业为主导，用创新模式率先完成国内外文化产权、商品、智慧和版权等多领域交易平台的联合，实现真正意义上的联合交易
	2016.1	国际文化艺术博物馆联盟	由国际文化金融交易所联盟与国内外50余家美术馆、艺术馆和博物馆组成	整合含非物质文化遗产、红色文化、出版、音乐、表演艺术、电影、电视和广播、软件、设计、艺术品、手工艺品等多品类文化产业资源，增强文化输出能力
文化传承博物馆联盟	—	中国体育博物馆联盟	由各地体育类博物馆，体育收藏、研究机构组成	以体育文化的研究、发展、宣传、交流、合作为目的，提升体育类博物馆的影响力
科教传播博物馆联盟	2015.11	北京高校博物馆联盟	北京高校博物馆	提升高校博物馆的研究能力，增强博物馆的展览实力，共同努力让高校博物馆走出校门
	2016.11	上海博物馆教育联盟	上海市青少年学生校外活动联席会议办公室和上海博物馆、嘉定博物馆、闵行博物馆、中国航海博物馆等博物馆	搭建教育合作平台，整合博物馆馆藏资源，增强博物馆和高校的联系

续表

类别	成立时间	联盟示例	博物馆联盟组成	博物馆联盟内容
展览陈列博物馆联盟	2014. 11	客家文化博物馆联盟	—	联盟将充分发挥联盟作用，在坚持有效保护的前提下，将整合联盟成员单位的资源，进行优势互补，举办高水平展览，强化学术研究，整体提高博物馆的公共文化服务水平和影响力
	2015. 5	湖北省博物馆展览联盟	湖北省博物馆、辛亥革命武昌起义纪念馆、湖北明代藩王博物馆、武汉博物馆、中南民大博物馆等28家博物馆	通过整合全省馆藏文物、人才、技术等资源，搭建全省博物馆陈列展览资源共享平台，推出更多特色主题展览，加强信息的交流与共享，积极开展对外文化传播
交流研究博物馆联盟	2017. 2	全国茶博物馆联盟	—	整合馆藏资源优势，构建茶文化联盟，充当建立全国性“茶旅”主题旅游的规划者
区域聚合博物馆联盟	2017. 5	青岛市市北区博物馆联盟	青岛市市北区博物馆单位	实现联盟内博物馆间资源和数据的高度共享，通过成员单位汇总后的大数据综合理论分析，达成对游客各种需求的直接掌握，引导各馆有根据、有条理地做出应对，不断丰富展品，完善展品体系

数据来源：本书调查。

当前各地都在进行区域聚合博物馆联盟的建设。例如，杭州博物馆联盟、内蒙古博物馆联盟等都是区域聚合博物馆联盟，其充分发挥了各自的资源优势，形成区域文化资源与信息的聚合，不仅可以让博物馆的馆藏资源能被更好地利用，也让博物馆逐步参与到各地正在进行的区域文化旅游产业体系当中。

（三）跨区域博物馆馆际联盟对信息共享的促进作用

第一，实现文物、藏品资源的信息化共享。从对博物馆功能的传统解读来看，不难看出作为信息载体的藏品和文物不仅内容丰富，而且具有丰富的自然和历史价值。一直以来，大多数博物馆都以独立模式运营，馆藏藏品不能全部展出，这与博物馆承担的社会责任相违背。因此，博物馆应努力分享所有文物和收藏资源。为了实现这一目的，单一博物馆的文物可以与本区域分离，进入跨区域博物馆馆际联盟的展区，真正发挥文化交流和文化载体的作用。这也是新制度下文化事业发展的新要求。

第二，实现展览资源的信息共享。展览是有效利用文物的主要形式，也是博物馆文化传播和教育的主要场所。博物馆的展览资源直接反映了博物馆的馆藏力量和研究水平。展览资源的共享以文物信息化为基础，为博物馆之间的交流与合作创造了有利条件。虽然传统单一博物馆的展览反映了博物馆自身的馆藏力量和研究能力，但人力、物力资源成本高，展览和拆解耗时，缺点日益突出。因此，只有大力促进展览资源信息共享，才能合理有效地利用区域博物馆之间的展览资源，减少人力、物力消耗，填补以往有限展览的空白。同时，博物馆的信息共享是双方进行合作的基础，而其渠道则是通过建立信息平台，如官方网站、社交平台或博物馆社会团体、电子杂志来交流信息、共同发展，为进一步沟通与合作创造良好空间。

第三，在知识经济时代，人力资源是博物馆发展和推广的重要因素。当前，绝大多数博物馆都或多或少地缺乏不同层次的专业人才。博物馆之间的人才交流与合作可以实现区域博物馆人才的资源整合，使人才流动成为可能。例如，在南京博物馆建立之初，区域博物馆的人力资源信息管理正是通过区域博物馆合作和信息共享解决人才短缺的问题的。这种方法很好地避免了当前博物馆人员配置与人员短缺之间的实际矛盾，克服了传统博物馆人事改革的困境。

三　智能化博物馆的战略思考和远景规划

随着数字技术的不断发展，数字博物馆面临新的机遇和挑战，即逐步迈向智能化博物馆。这就需要在“人”“物”“馆”三者之间建立良好的信息交流，进而消除博物馆内部信息孤岛，充分发挥各部门优势，最大化利用资源。

（一）智能博物馆的概念与内涵

中国博物馆协会理事长宋新潮认为，“智能博物馆是智能化的处理博物馆的核心业务，如涉及文物、建筑、遗址城市等在内的一个智能且生态的系统”①。智能博物馆将多种先进技术整合，让公众体验数字化预约、导览、讲解等功能，帮助博物馆在节能、控制、分析等方面实现智能科技。②

（二）智能博物馆发展的战略思考

在未来创新科技发展的条件下，人工智能会进一步减少交互上的信息不对称，更先进的信息计算技术会消除信息孤岛的存在，智能物联网能够让博物馆形成更高效的系统化协作方式。所以，智能博物馆的发展战略仍然是要鼓励博物馆研发和应用高新科技，更新博物馆的建设发展理念，并在高新技术的推动下完成自身以及集群化的改造。从最终的发展结果来看，智能博物馆将在未来呈现出更为丰富和更为深入的智能服务、更加先进和更加科学的智能保护以及更符合市场发展规律的智能管理体系。③

第一，智能服务。不同于博物馆的传统服务，智能化服务更具有针对性，在展示维度上也更加丰富。智能服务是以游览者本位为出发点，旨在为游览者提供定制化的服务，让游览者进行互动式观览体验。智能服务包含的内容考虑了博物馆职能之间的天然联系，即教育与研究、展示与体验、分享与传播、纪念与回忆。④ 首先，教育与研究。大数据能够尽可能地收集博物馆藏品的历史、发展、科学、艺

---

① 北京数字科普协会：《数字博物馆发展新趋势》，中国传媒大学出版社 2014 年版，第 274 页。

② 陈刚：《智慧博物馆——数字博物馆发展新趋势》，《中国博物馆》2013 年第 4 期。

③ 宋新潮：《关于智慧博物馆体系建设的思考》，《中国博物馆》2015 年第 2 期。

④ 宋新潮：《智慧博物馆的体系建设》，《中国文物报》2014 年 10 月 17 日第 5 版。

术、社会等方面的信息，并通过云计算整理收集到的数据，最终形成云端数据库。这些数据可以通过检索终端、展示终端调取，应用在文物研究、展览拓展、教育学习探索等方面。其次，展示与体验。智能服务带给博物馆展览的变化具有积极效应，以往静态的展览在虚拟现实、全景影像、传感交互、增强现实等技术的支撑下，变得形式多样且内容丰富，游览者也能够通过与展览的互动获得更好的体验，不仅能够面对面地欣赏藏品，还可以通过交互系统得到丰富的拓展资料。再次，分享与传播。在发达的社交媒体支持下，信息的交流、分享、传播变得迅捷、高效。而智能服务的介入，改变了以图片、视频为主的分享与传播方式，通过 VR 影像、3D 模型、虚拟参观、全景摄像等方式进行分享与传播。最后，纪念与回忆。智能服务能够将整个博物馆通过智能监控系统将游客的参观记录整理为影像资料甚至虚拟现实资料，让游览者能够通过智能服务系统回忆曾经参与的展览，保存具有纪念意义的资料。

第二，智能保护。博物馆的智能保护可以分为智能保护系统和智能保护联盟两个方面。从博物馆的智能保护系统建设来说，首先，基于 3D 技术对博物馆馆藏文物进行数据建模，并通过 3D 打印技术获取被还原的文物模型以方便研究；其次，基于无损检测技术确定藏品文物的保护基础，基于智能感知技术实现对藏品文物的实时监控，从而实现对藏品文物健康状况和影响因素进行综合定量分析，结合对大数据的深挖与处理，提前掌握文物的各项特征，防止突发情况对文物造成的毁灭性打击；最后，基于动态感应、智能互联等技术实时监测文物受到环境、温度、湿度等带来的影响，形成一套完整的“监测、评估、预警、防范、控制”智能化保护体系。

从博物馆的智能保护联盟发展来说，信息全球化消除了地域性带来的联合保护约束，全球博物馆数量庞大，即便是全球博物馆协会也无法完成跨区域的文物联合保护，但是在智能博物馆时代，这已经不再是阻碍联合保护的因素。可以通过互联网建立博物馆智能保护联盟，通过云计算、大数据等工具形成综合数据库，当某具体类型文物需要联合保护时，可以通过该联盟获取关联的博物馆，并通过视频会议系统进行联合保护的研究与探讨。

第三，智能管理。所谓智能管理是指借助先进的智能控制技术，优化传统博物馆工作方式和管理制度，在博物馆管理的方针、结构、领导、掌控等环节提供智能支持。内部管理侧重于通过智能化方式管理馆藏、人力、财产资源和组织架构。并且，以馆藏资源智能管理为核心内容，智能化监控注册、保存、流转等工作，并使用馆藏资源本体，对入站和出站，以及智能日常检查集合的实时定位和识别。因此，智能财产资源管理通过科学管理工具与大数据工具的结合，将博物馆的流动资金、固定资产、科研设备等资源进行优化分配，并通过资金优化减少不必要的财产消耗，让博物馆能够在可分配财产资源不足的现实情况下，拿出资源支持智能博物馆建设。此外，人力资源管理的智能化主要为人才梯队的科学管理和人员绩效提供决策支持。而外部管理则是通过将博物馆与外部的利益相关者加强联系，实现博物馆自身“造血能力”提升。通过收集和分析受众的知识、心理、行为和需求，提高展览质量和改善访问目标来支持管理决策。

（三）智能博物馆建设的实践尝试

以苏州“智能博物馆”建设为例，当前已经取得的阶段性成果可以分为三个方面：一是虚拟布展系统。以苏州博物馆现代艺术厅为虚拟环境，工作人员、艺术家或公众可以将自己的艺术作品和背后的故事上传至虚拟展厅，形成交流、学习、互动与展示的虚拟体验平台，从而打造出独具特色的数字展示方式，即“我在博物馆办展览”。二是智能导览系统。观众可以进入系统检索查阅博物馆临时展览、教育活动、讲座等信息，并通过活动界面进行活动预约和点评，在网上支付生成二维码门票，以及查看博物馆的藏品信息，并进行评论、分享和收藏，更可以获得由个人信息生成的参观路径导航。三是观众管理系统。该系统通过为完成观览的游览者创建信息档案，收集个人行为并以流量监控、游览热区、互动反馈等为目标进行计算和分析，做出更有针对性的决定并开展活动。

（四）智能博物馆发展的远景规划

智能博物馆建设的真正开端始于2012年，法国卢浮宫博物馆与美国IBM公司合作开始进行智能博物馆建设，涉及的内容包括：智能管理、互联网互动、Web 2.0互动、虚拟现实系统等。[①] 从全球范围博物馆进行的智能变革来看，智能博物馆仍然处于功能性探索阶段，只是将先进的科技对博物馆的某些职能进行革新。智能博物馆既没有被广泛认可的概念，也没有建立起体系化的长远规划，所以本书也是基于当前的研究结论，提出智能博物馆发展的远景规划。从目前的信息技术水平来看，智能博物馆是以"人的需求"为核心，以"人、物、数据"为信息交互渠道，以人工智能为技术核心，重新定义博物馆的各项职能内涵，在博物馆核心价值不变的情况下，着力改变单层次的博物馆职能发挥。智能博物馆发展道路的远景规划，可以借鉴智能技术探索较好的博物馆经验，梳理出以下思路。

第一，引导服务类智能博物馆建设。从引导服务方面进行智能博物馆探索是目前最广泛的一种，很多博物馆都从参观导览、展示引导等方面进行了智能化建设。在参观导览方面，长沙博物馆在2017年推出的智能导览系统属于国内博物馆第一次进行的智能导览服务探索，该系统分为导览笔、互动触屏和智能导览机三个部分，智能笔可以进行语音导览，还可以靠近藏品获取其详细信息；互动触屏其实是一个数字导航地图，可以根据游览者的需求定制观赏方案，提供游览建议；智能导览机则是前两者的结合体。而法国卢浮宫博物馆则是通过官方网站进行导览服务，其官方网站可以为公众提供三维互动地图，根据游览者的需求制定参观的路线。在展示引导方面，在博物馆的数字化进程中，许多博物馆都已经完成了藏品的数字化，但是英国

---

① 辛妍：《海外智慧博物馆巡礼1——智慧管理、丰富的网站和有效的应用》，《新经济导刊》2015年第3期。

的维多利亚与阿尔伯特博物馆则沿着这一路线进行智能化探索，作为世界上最大的装饰性艺术及设计类博物馆，在2010年时就独立于官方网站的藏品展示网站，收录了超过100万件藏品的资料。不仅如此，维多利亚与阿尔伯特博物馆还增加了“藏品检索”的功能，公众可以通过这个站内搜索引擎快速找到自己想要欣赏的藏品，并且在这一功能被使用的过程中，也将用户数据形成资料库，并为公众提供关联信息，如这类藏品的展览信息、这类藏品的专业频道等。①

第二，交互体验下的5R智能博物馆展示。虚拟现实、增强现实、混合现实等技术的应用极大地提升了博物馆的展示职能，不仅丰富了展示方式，还让游览者获得身临其境的真实体验，而交互信息的加入更是拓展了游览者的认知范围。例如，在上海世博会上所展示的动态《清明上河图》在仅仅4分钟的时间里就将北宋都市之繁华展现得淋漓尽致，虚拟现实、增强现实技术让北宋开封府真实地展现在观众面前。② 另外，湖北省博物馆对其镇馆之宝——曾侯乙编钟进行的互动式设计，该博物馆的多媒体小组首先通过3D打印技术对曾侯乙编钟进行了百分百还原，然后在展台上为其安装了多媒体声音系统还原乐器的真实声音，最后通过一个移动终端对声音系统进行控制，游览者可以通过触摸终端模拟编钟的敲击声。这套互动设计搭配上虚拟现实技术还原的古代场景，让游览者完美感受到人类文化积淀的魅力。

第三，鼓励智能博物馆移动终端展示的应用。这主要通过微信推送、二维码和移动终端App提供各种文化遗产相关信息，包括文字、图片、音频和视频。一些移动终端还可以实现角色扮演和游戏。譬如，故宫博物院推出的“3D紫禁城”iPad应用程序能够从虚拟主角的角度参观紫禁城。游客可以在虚拟紫禁城中拥有自己的化身，可以选择穿着清代不同服饰的九个不同角色，如格格、太监和守卫。游客

---

① 夏溦：《海外智慧博物馆巡礼2——采用各种新技术，以娱乐的方式传递文化内涵》，《新经济导刊》2015年第3期。

② 阮晓东：《寻找智慧博物馆》，《新经济导刊》2015年第3期。

可以选择他们感兴趣的区域并设置他们的行程，或者与其他虚拟访客一起成为众多导游中的一个。地图显示了访客的当前位置，以及虚拟世界中的路线图，并显示了有趣的地方。考虑到游客的心理感受以及对历史文化遗产的尊重和保护，虚拟宫殿是一次大胆的尝试。此外，世界著名的博物馆，如卢浮宫、美国自然历史博物馆、伦敦设计博物馆和雅典卫城博物馆也推出了自己的应用程序。这些移动应用包括文物展览、展览分发、地图和最受欢迎的徒步旅行。

第四，开发个性化的智能博物馆。在信息技术革命的推动下，高新科技呈现出百花齐放的状态，一些公司正在努力建立更加独特的博物馆，其中最具影响力的是搜索引擎巨头谷歌推出的“艺术计划”（艺术项目）。例如，人们可以在梵高的《星夜》中找到笔画之间的差距，观众可以仔细检查笔画和作品的细节，这突破了传统肉眼观察的效果。①

综上，智能博物馆是对传统博物馆时空限制的突破，其将集合云计算、大数据、3D、虚拟现实、全景技术、人机交互等先进科学技术的各种智能终端应用到博物馆的建设当中。这不仅应用在游览体验提升方面，还包括在为游览者提供服务方面。智能博物馆聚合了传统博物馆与虚拟博物馆的资源优势，并通过智能化技术打破了信息孤岛，连接了科技与文化，突出了博物馆的社会价值。

---

① 数字展览在线：《新时代博物馆的需求演进——智慧博物馆》，2016 年 7 月 28 日，http：//www. szzs360. com/news/2016/7/2016_ 1_ zs13166. htm，2020 年 5 月 10 日。

第二章　我国博物馆知识共享的现状和问题

如前所述，知识共享是新媒体时代我国博物馆开发的另一新兴社会责任，它大大改变了博物馆的传统角色定位和面貌，使其借助新媒体的东风在新领域不断拓展，表现在与非物质文化遗产的结合，跨区域博物馆馆际联盟建设以及智能化博物馆的战略规划。然而，无论采取怎样的形式，本书研究的中心一直未变，即如何实现博物馆知识共享，以及解决阻碍博物馆知识共享的现实问题。这是本章研究的出发点，也是最终目的。

第一节　博物馆知识共享机制的提出和发展

博物馆知识共享机制的提出，其目的就是研究、推动和实施博物馆在新时代的新功能，促使其积极参与知识和信息交流，从而焕发出新的活力。因此，必须首先了解知识共享的概念。所谓知识共享，是指特定的某一活动和过程的参与者通过自己的学习和理解得到新的重新构成该活动与过程中一环的理论或实践经验，并可以被他人理解和学习，为他人的进一步扩展提供基础的过程。① 然而，从不同的研究角度观察，知识共享的定义与作用又有一定的差别。

第一，经济角度。现阶段，我国大力发展社会主义市场经济，一

---

① Moustaghfir, Karim, G. Schiuma, "Knowledge, Learning, and Innovation: Research and Perspectives", *Journal of Knowledge Management*, Vol. 17, No. 4, 2013, pp. 495 - 510.

切生产方式、运用技术都与经济挂钩，知识和知识共享的社会经济性也就有其讨论的价值。董小英总结了在不同的情形下知识的运用过程，并指出知识共享是有用的经验和实践在各种情况下运用以扩宽知识的运用范围的过程，[①] 持类似观点的还有邓勇等学者，同样认为知识共享是一种提高知识产出的商品。[②] 第二，文化角度。从知识本身属性来看，知识主要为一种文化，而知识共享作为一种知识传播方法，从文化角度自然可以得出知识共享的定义。如上海交通大学的路琳教授认为，知识共享是在某一组织的活动中提供借鉴作用、基础信息并获得反作用的活动，有利于文化的交流，[③] 荷兰莱顿大学亨德克斯（Aart Hendriks）教授同样支持此观点。[④] 可以看出，文化角度上的知识共享是一种文化交流的方式。第三，作用角度。知识共享的目的是让知识在各个单位和各个主体之间传播，那么从最终的作用与效用角度也可以得出知识共享的定义。学者赵书松和徐扬都从知识共享的作用给其下了定义，指出知识共享是运用多种方式将知识进行迁徙，[⑤] 以达到提高知识运用的利益和效率的目的。[⑥] 第四，系统角度。这个角度注重知识共享的整体进程。[⑦] 何会涛认为，在企业内部，各参与者由于各种原因进行讨论和交流，在此过程中便对知识进行了交换和更新，并形成了企业内部的知识交换网络，这个过程便是在提高

---

① 董小英：《知识优势的理论基础与战略选择》，《北京大学学报》（哲学社会科学版）2004 年第 4 期。

② 李菁楠等：《国内外知识共享理论研究综述》，《图书馆学研究》（应用版）2010 年第 4 期。

③ 路琳等：《人际和谐取向对知识产权共享行为的影响研究》，《管理评价》2011 年第 1 期。

④ Hendriks P.，"Why Share Knowledge? The Influence of ICT on the Motivation for Knowledge Sharing"，*Knowledge and Process Management*，Vol. 6，No. 2，1999，pp. 91 – 100.

⑤ 赵书松等：《个体知识共享动机：国外研究综述与本土化的理论拓展》，《情报杂志》2010 年第 1 期。

⑥ 徐扬：《虚拟科研组织中的知识共享管理》，《科技进步与对策》2010 年第 5 期。

⑦ 谢卫红等：《知识共享国内研究综述》，《现代情报》2014 年第 4 期。

知识实践效益。[①] 可以看出，从系统角度看知识共享实际上就是研究知识共享的运行方式与要求。第五，管理角度。王广宇认为知识的交流交换能使不同种类的信息在不同层次的人员和组织间合理地进行配置，防止信息获取成本过度增加。[②] 同时，“知识共享是知识管理的一个分支，知识管理是知识服务产业生存、发展的关键。从知识的发现、检索、共享、创造与应用等知识管理活动考察，知识共享能够充分体现知识的价值”[③]。

综上，现有学者观点与研究结果从不同角度对知识共享进行了阐述，体现了知识共享的多重属性，本书对知识共享的定义主要集中在知识共享和知识的联系上，认为知识共享是对知识处理的一系列活动：首先，从知识转移看，是指知识的持有者将自身拥有的知识扩展到社会群体的知识性质的变化；其次，从知识学习看，是指某一主体向其他知识持有者模仿借鉴的过程；再次，从知识系统看，知识共享是最终的目的；最后，从具体的转变形式看，是隐性知识转为显性知识。[④]

一　构建博物馆知识共享机制的必要性和可行性

知识共享机制是为实现共享的一种内在的调整方法、进程、渠道。有学者指出，知识共享对于知识的开放程度、减少知识的交易成本和获取难度，是远大于知识具体内容和获取技术的难点的。[⑤] 由于知识共享机制是实现知识共享的一种方法，其跟知识共享的内容问题、技术问题的关系是相依相容、互不排斥的。整理分析近 10 年来

---

① 何会涛：《知识共享有效性研究：个体与组织导向的视角》，《科学学研究》2011 年第 3 期。

② 王广宇：《知识管理——冲击与改进战略研究》，清华大学出版社 2004 年版，第 21 页。

③ 吴玉玲：《高校图书馆学科服务体系构建研究》，《渭南师范学院学报》2017 年第 24 期。

④ 韩彦军：《知识服务产业的知识共享机制研究》，《图书馆学研究》2015 年第 9 期。

⑤ 宋艳等：《基于虚拟团队特性的知识转移机制研究》，《商业时代》2009 年第 3 期。

国内学者对知识共享影响因素的研究可以发现，目前，组织激励、知识类型、知识共享技术、文化、信任等是直接制约知识共享的原因。①因此，良好的知识共享机制一方面依托于组织内部上层的支持与组织内部结构的合理，以保证激励机制的运行与高度统一的文化归属；另一方面也需要客观环境的配合，即合理开放的交流平台、充足的技术等。

（一）博物馆知识共享机制存在的必要性

博物馆知识共享机制存在的必要性可以从比较角度进行研究，本书选取博物馆与企业和科研院所进行对比，进而得出博物馆知识共享机制存在的优点。区别于公众间较为随意的知识共享方式，目前知识共享机制的主要载体有企业和虚拟科研团体，在这二者中，知识共享机制构建目的较为直观，但实际上，在这二者中，知识共享发展却不尽如人意。

1. 企业和科研院所知识共享机制存在的弊端

一方面，以企业为核心的知识共享机制，其本质为供应链知识共享，因此很难避免“囚徒困境”。企业中的知识共享最终结果由参与知识共享成员的决策行为决定，但在某种程度上实际是供应链成员企业间的一种博弈，供应链成员在知识共享的过程中会更多地考虑个人的最大利益化，即使合作交流可以取得较为稳定的利益，仍然难以采用统一的战略安排，这就是所谓的“囚徒困境”。双方都可以自由选择“共享”或者“不共享”的战略，在理性约束下，如果一方采取“共享”战略，另一方采取了“不共享”方式，那么采取了“不共享”的一方便由于“免费”获得对方那部分的知识信息从而获得更多的利益。在这一对抗过程中，毫无疑问，双方都会倾向于选择“不共享”为最有利于个人的方式，也就使得各方均拒绝合作，均不进行共享。这是一种次优的均衡，在缺乏信任和有效保障的情况下，却是

① 蒋晴波等：《知识共享主要影响因素研究的文献综述》，《经营与管理》2017 年第 12 期。

唯一的选择。[①] 简言之，实际上在合作过程中，每个成员的努力程度直接关系到了整体的生产效率，因为他们所产生的最后结果和利益是整体的、不可简单分割的。因此，整体利益最大的供应链应该是以团队方式组织实行。

进入 21 世纪，为了应对全球经济一体化带来的国际竞争和“大企业病”问题，出现了虚拟企业模式。[②] 虚拟企业为了能够加快研发速度和完成市场机遇所赋予的任务而寻找知识合作者，此过程中，成员企业间能否进行有效的知识交流与共享对虚拟企业能否在市场角逐中获胜至关重要。但是在虚拟企业中，企业的“囚徒困境”并没有得到改善。[③] 此外，在虚拟组织中，技术占有极其重要的地位，极少数的企业由于掌握着较为主要的技术从而享有统领性的地位，其他企业作为辅助作用的添附，在合作中并没有交换的关键知识技术，知识共享无疑是难以进行的。因此，知识共享机制在企业中的进程并不科学，知识共享的生存和发展受到遏制。尽管有学者针对企业知识共享机制的困境提出若干对策，如选择更高效的合作伙伴、合理安排虚拟企业合作的战略架构等，但实际上这些对策也都停留在理论框架上，并无相应的实践印证。[④]

另一方面，以虚拟科研团队为核心的知识共享机制在实际运行中困难重重，尤其在信任和情感冲突方面。[⑤] 如今，虚拟科研团队是影响较大的科研团体模式，也是目前科研的重要形式。虽然信息技术为分布式的科研团队提供了一定的桥梁基础，但仍然未涉及各单位间的合作规范，知识共享的切实进行依然是目前最严重的问题之一。

---

① 安小风等：《供应链知识共享的囚徒困境及经济学的解决方法研究》，《管理世界》2008 年第 9 期。

② 汤清：《我国虚拟企业出现的成因及应用》，《发展研究》2004 年第 8 期。

③ 刘新学：《虚拟企业知识共享风险产生机理研究》，《商业研究》2006 年第 18 期。

④ 孙锐副、赵大丽：《虚拟企业知识共享困境及对策》，《商业时代》2008 年第 2 期。

⑤ 刘慧敏等：《虚拟科研团队中的信任、冲突与知识共享的关系研究》，《科学学与科学技术管理》2007 年第 6 期。

学者对虚拟科研团队中的重要形式——分布式科研团队的知识共享困境进行了分析，本书从中筛选出以下若干共性问题：第一，信任缺失。在虚拟科研团队中，信任的建设较其他团体中更难建立，因为虚拟科研主要是通过线上沟通，对于各成员除了科研知识以外的共同点要求较少，甚至部分虚拟科研团队中成员并没有见面交流过，成员间的了解程度远远不足以达到共享自己重要知识的地步。[①] 第二，团队成员知识获取程度不高。虚拟科研团队主要利用以文件形式呈现的显性知识，而作为团队进行科研创新关键的隐性知识则呈现较少，因为隐性知识自身所具有的特性，会由于文化、个人价值观、组织的结构等各种原因的不同而难以表达，相对于显性知识而言，隐性知识共享存在一定的困难。[②] 第三，子团队成为知识共享的瓶颈。子团队是虚拟科研团体中进行知识交流的主要渠道，如果知识流动量比较大，而子团队负责人的能力和态度出现偏差，就会导致知识积压，形成知识通道堵塞，进而影响跨团队之间的知识共享行为。[③]

与企业类似，也有学者针对虚拟科研团队知识共享体制构建存在的问题提出对策和建议，例如，构建互动的网络社区、[④] 考核激励机制[⑤]等，但均属于实施较为困难的情况。因此，知识共享机制在虚拟科研团体中运行亦不太顺利。

2. 博物馆知识共享机制的突出优点

如前所述，企业或科研院所的知识共享机制无法实现知识共享的目标和效果。究其根本，企业知识共享机制受阻的原因在于信任问

---

① 罗洪云等：《虚拟科研团队知识共享影响因素的实证研究》，《现代情报》2014 年第 11 期。

② 林向义等：《虚拟科研团队隐性知识共享效率的提高策略研究》，《情报杂志》2012 年第 12 期。

③ 殷姿：《基于社会网络视角的分布式科研团队知识共享困境与对策研究》，《知识管理》2015 年第 1 期。

④ 王欢等：《网络社区及其交往特点》，《北京邮电大学学报》（社会科学版）2003 年第 4 期。

⑤ 胡欣悦等：《任务导向的虚拟企业间续式结盟治理机制》，《系统工程理论与实践》2007 年第 11 期。

题，而在虚拟科研团队中，则是共享内容、共享激励和共享渠道方面的问题。因此，必须寻找新的发展载体，使知识共享迎来更加蓬勃广泛的发展。而博物馆，是知识共享发展的一个切实可行的立足点。

一方面，可以有效解决企业知识共享机制的囚徒困境。首先，博物馆缺乏知识垄断的动机与必要性。在狭义资源共享即博物馆本身对外展示本馆资源的共享上，博物馆资源共享可以更加融入社会，更加贴近群众、贴近生活、贴近实际，对博物馆本身的发展、博物馆整体事业的发展有很大帮助，① 博物馆的免费开放正是这一点的证明；在广义资源共享即馆际、不同地域之间的资源共享上，博物馆文物藏品的独特性，决定了博物馆知识共享只会促进博物馆内容的丰富多样与全面性，并不会造成知识共享后价值降低、产业链效益解体的问题。② 其次，博物馆以财政支撑为主，③ 没有拒绝知识共享的利益上的冲突。博物馆大多由国家支持建立，私人性质的博物馆由于建立博物馆的目的——开放、服务与共享，也没有拒绝知识共享的利益上的冲突，这一点，博物馆有着得天独厚的条件，即使同为三馆之一的图书馆，知识共享也存在利益问题。④ 最后，博物馆馆际联盟已然建立，并取得了迅速的发展，趋于成熟，实践情况足以说明企业知识共享的信任与垄断问题在博物馆中得到了很好的改善。

另一方面，有利于消除虚拟科研团体知识共享机制知识传递方式积极性缺失的问题。首先，博物馆主要是通过学术研讨会的方式进行科研。博物馆建立在现有文物藏品信息基础上的科学研究与方法探索要求采用学术研讨会的方式，面对面交流，不存在隐性知识无法正常传递的情况。⑤ 其次，博物馆研讨会有充足的经费保障。一般博物馆

① 乔庆功等：《浅谈免费开放与博物馆发展》，《科技咨询》2008 年第 27 期。

② 卢民等：《博物馆数字资源的管理与共享》，《中国博物馆》2015 年第 2 期。

③ 2006 年《博物馆管理办法》第 3 条：“县级以上人民政府应当将博物馆事业纳入本级国民经济和社会发展规划，事业经费列入本级财政预算。”

④ 李荣素等：《图书馆知识共享问题研究》，《现代情报》2004 年第 6 期。

⑤ 段雯娟：《2017 年矿物与博物馆研讨会召开》，《地球》2017 年第 8 期。

学术研讨会的参会人员的交通、饮食等问题均由国家财政进行支持与补贴，减少了个人经济负担。最后，在积极性缺失问题上，博物馆有悬赏等方式促进信息共享。如 2016 年 10 月开始的中国文字博物馆组织的甲骨文释读成果奖励计划，面向海内外公开征集优秀成果并予以奖励。①

综上所述，博物馆能够克服现存知识共享机制的弊病，可以在更好的平台上促进知识的传播与共享，这既符合博物馆自身的社会属性，也有利于大众接触和了解更多更新的信息和知识，因此博物馆与知识共享的结合必然是“双赢”的结果。

（二）博物馆知识共享机制运行的可行性

博物馆知识共享机制运行的可行性必须有丰富扎实的现实基础，这不仅仅是指物质条件，还必须具备深厚的文化积累。由此，本书从博物馆知识共享机制实际运行所需要的关键因素出发，对相关问题进行研究。

第一，丰富的文化底蕴。博物馆自建立开始，一直承担着文物收集与文化教育的任务。以北京故宫博物院为例，自 1925 年 10 月 10 日建立至今，尤其是 1949 年以后进一步丰富了馆藏。截至 2019 年 4 月 10 日，文物总数达到 1862690 件，其中珍贵文物 1684490 件、一般文物 115491 件，涵盖几乎整个古代中国文明发展史和几乎所有文物门类。② 可见博物馆文化底蕴悠久，对于文化有着极大的包容性，文化类型多样却互不冲突，是知识共享机制扎根的肥沃土壤。

第二，稳定的支持后盾。博物馆大多是国立的，其建立目的与作用就是收集和传播文化。早在 1997 年，国务院便发布了《关于加强和改善文物工作的通知》，重点要求建立与经济体制相适应，同时符

① 牛其昌：《已发现的甲骨文仅 2000 字被释读 中国文字博物馆悬赏：破译单字奖 10 万》，2017 年 7 月 21 日，https://www.jiemian.com/article/1489690.html，2020 年 5 月 12 日。

② 资料来源：故宫博物院官方网站，http://www.dpm.org.cn/Home.html，访问日期：2020 年 5 月 12 日。

合文物保护发展要求的文物保护体制，将文物保护纳入了当地的经济和社会发展规划之中，用政府工作的责任制度保护文物保护工作顺利进行。因此，博物馆坚强的后盾，对知识共享机制的发展有着强大的支撑力。

第三，健全的组织机构。我国目前根据博物馆的各方面统筹考虑，如社会影响力、面积大小、藏品类型和数量将博物馆进行划分，由不同层级的行政机关进行管理，这就是分级管理制。再由国务院有关部门通过各级行政单位的相关部门对各层次的博物馆工作进行指挥和领导；从内部来看，传统博物馆的机构设置受苏联影响，采取“保管部、陈列室、群工部”三部一室制。20 世纪末期经过改革后，省级博物馆开始设立独立的研究部，保管部分化出新的文物保护中心或科技部、文物征集部或征集研究部，群工部普遍改称社教部或宣教部。随着博物馆的进一步发展，原办公室下的行政人员数目不断增加，增设了如保卫处、财政处等细化的科室，信息化普及之后，还有部分博物馆成立了信息研究中心等专门的部门。[①] 由此可见，博物馆的组织结构完善，整体结构稳定，是知识共享机制立足并发展的有力支撑。

第四，良好的硬件条件。博物馆作为信息中心与教育中心，以开放的态度面向公众群体开放，建立并不断完善的交流系统是博物馆成立以来突出的优势与亮点，这也是博物馆开设的目的与传播文化的主要方式。随着新媒体 VR 技术发展趋于成熟，博物馆积极跟随时代的步伐，不断引进、完善保管和展览科技，大大提高了博物馆藏品的保护水平和受众的参观体验，如交互设计、全息投影等新媒体技术在博物馆中占据了越来越突出的地位。[②]

综上所述，博物馆具有知识共享机制建立与发展得天独厚的条

---

① 吴洁：《民族博物馆定义辨识》，http：//www. gxmuseum. cn/a/news/8/2012/05/1747. html，2012 年 5 月 12 日。

② 徐潇天等：《浅析新媒体技术下人与艺术的距离——以博物馆 VR 技术运用为例》，《艺术科学》2017 年第 1 期。

件，由于其本身已具有了较为完备的基础，知识共享体制建立并不会给博物馆的发展带来较大的额外损耗，或者说，知识共享体制对环境的苛刻的要求，在博物馆中会得到极大的缓和，知识共享机制的发展与完善离不开博物馆的土壤。

二　博物馆知识产权侵权纠纷日益严重

法律制度的不完善是博物馆知识共享受到限制的一个重要原因，知识产权保护的不足，使得博物馆缺少进行知识共享的有力支撑。为此，本书对博物馆知识产权侵权状况进行了调查和分析。

（一）统计分析

本书对中国裁判文书网、北大法意和 openlaw 中对 2012—2019 年博物馆知识产权侵权相关案例进行了查找和统计，共搜集相关案例 215 例，主要是博物馆作为被告侵权的情况。统计情况如图 2－1—图 2－8 所示：

1. 从年份和地域上来看

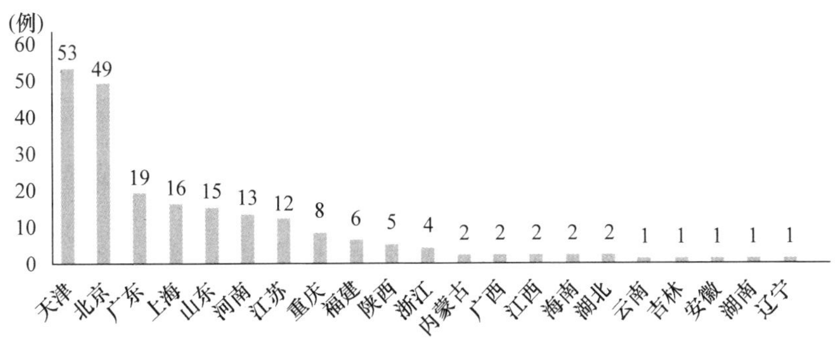

图 2－1　博物馆侵权案件地区统计

数据来源：本书调研。

由图 2－1 可以看出，天津市涉及博物馆知识产权侵权的案件最多，为 53 件，占总数的 24.5%；位居第二的是北京，为 49 件（占比 22.8%），云南、吉林、安徽、湖南、辽宁五省的博物馆侵权案例最少，仅各有一例。因此可以看出，首先，博物馆知识产权侵权在全国范围内分布广泛，仅就调研数据而言，涉案省份（21 个）占全国 34 个省级行政区的 61.8%；其次，在涉案省市中，经济较为发达的城市（天津 53 例、北京 49 例）涉案数目较多，明显高于经济较为落后的地区。对此本书进一步调查发现，2018 年度北京文创产业收入总值为 10703 亿元，占同年地区生产总值的 35.3%，① 而同年云南昆明市西山区文创产业总值仅占同地区生产总值的 9.2%。② 由此可见，经济水平和博物馆知识产权侵权纠纷状况成正比，因此，博物馆知识产权侵权纠纷主要集中于经济发达地区。

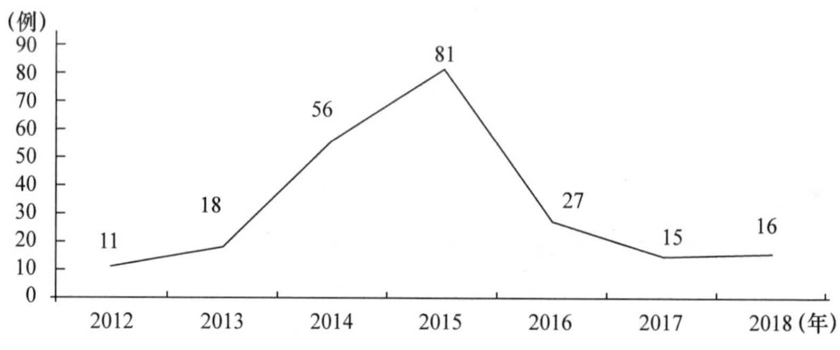

图 2 －2　博物馆侵权案件判例年份

数据来源：本书调研。

由图 2 －2 可知，一方面博物馆知识产权侵权案件数量起伏较大，从 2012 年（11 例）开始逐年增多，在 2015 年达到峰值（81 例），之后逐年下降。对于此现象，本书对近 5 年的政策进行了研究，发现

① 国家统计局北京调查总队：《地区生产总值》，2019 年 1 月 23 日，http：//tjj.beijing.gov.cn/tjsj_31433/yjdsj_31440/wh/2018/202002/t20200217_1645969.html，2019 年 5 月 10 日。

② 昆明市西山区政府：《昆明市西山区工业和信息化局 2018 年度部门整体支出绩效自评报告》，2018 年 8 月 14 日，http：//kmxs.gov.cn/c/2019 －09 －30/3662660.shtml，2019 年 5 月10 日。

在2015年2月国务院公布了《博物馆条例》（以下简称《条例》）。其中，《条例》第8条赋予了博物馆行业组织对博物馆指导监督的权力，为实现博物馆自律奠定了基础。而《条例》第31条则从各级政府文物主管部门和行业组织两个层面对博物馆陈列展览进行监督和指导，为进一步规范博物馆行为作出原则性规定。另外，《条例》第39条规定了博物馆的法律责任，即对藏品有瑕疵（来源不明、不合法）以及展览造成恶劣社会影响的，不仅承担行政罚款处罚，情节严重者甚至可能被撤销登记。[①] 此外，《条例》第8条、第31条、第38条对博物馆行业组织的作用给予了认可，并规定了其监督和评估的权力。《条例》是我国博物馆第一部全国性法规，对博物馆有着跨越式的影响，据此便可以理解2015年后博物馆知识产权侵权数为何减少。

2. 从纠纷类型上看

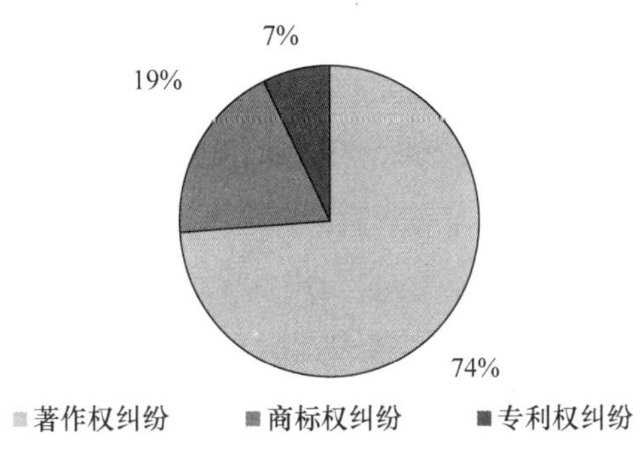

图2-3 博物馆侵权案件类型

数据来源：本书调研。

从图2-3可知，在涉及博物馆知识产权的215起法律纠纷中，著作权权属及侵权纠纷为158起，占到了取样总数的74%，同时，商标权侵权纠纷为41起，占比19%；专利权侵权纠纷为15起，占比7%。因此，

① 北京市文物局《关于贯彻执行〈博物馆条例〉的实施意见》，2015年4月1日，http：//wwj. beijing. gov. cn/bjww/362760/362767/556574/556580/bwgzhgl/556805/index. html，2019年5月10日。

进一步对著作权侵权案例中的客体进行观察和分析，统计得到图 2 -4：

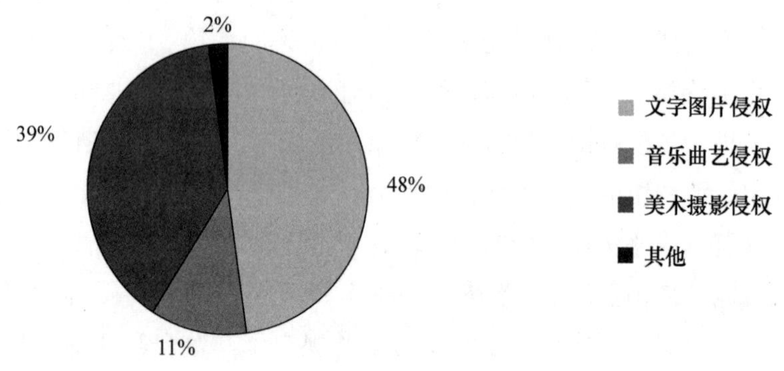

图 2 -4　博物馆著作权侵权案例客体

数据来源：本书调研。

从图 2 -4 可知，在与博物馆相关的著作权侵权案例中，文字图片的侵权数量为 76 起，占著作权侵权案例总数的 48%，如华盖创意（北京）图像技术有限公司与天津金融博物馆侵权纠纷（2016 津 01 民终 3755 号）一案中，未经许可在博物馆网站上使用他人享有著作权的图片等；美术摄影作品侵权数量为 61 起，占比达 39%，如任之恭与陕西省美术博物馆著作权侵权（2017 陕 01 民初 52 号）一案中，美术馆未经许可对他人美术作品的使用等；音乐曲艺作品侵权数量为 18 起，占比达 11%，此类侵权中主要是音乐博物馆等特殊博物馆作为被告人。

3. 从判决结果来看

据本书统计，博物馆为被告的知识产权侵权案件为 203 例，占所取样案例总数（215 例）的 94.4%，说明博物馆侵权现象严重，但并不意味着博物馆是故意侵权，博物馆知识产权权利界定不清晰，法律难以保护是造成这一现象的主要原因；在以博物馆为被告的案例中，法院判决结果大多为部分支持原告主张（83%），从博物馆角度，说明博物馆败诉率高，进一步说明了博物馆知识产权权利的不明确，司法上对其保护存在障碍。在此基础上，进一步对案件判赔额进行分析，排除败诉案件

25 例，共有案件 178 例，具体情况如图 2－5 所示（注：区间包含前段数值，不含后段数值；“以下”不含本数，“以上”含本数。）：

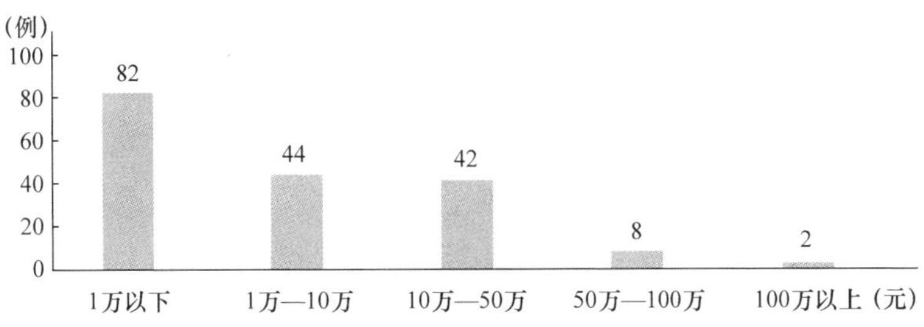

图 2－5　博物馆侵权案例判赔额情况

数据来源：本书调研。

从图 2－5 可以看出，在与博物馆相关的知识产权侵权案件中，法院最终的案件判赔额以 1 万元以下最多，为 82 例，占总数的 46.1%；判赔额为 1 万—10 万元和 10 万—50 万元的数目相近，分别为 44 例和 42 例，占总数的 24.7% 与 23.6%；100 万元以上的最少，仅有 2 例。由此可见，博物馆知识产权侵权的案例中，判处的侵权赔偿数额普遍较低，有超过 94% 的案件赔偿数额在 50 万元以下。为具体确定著作权、专利权和商标权不同种类知识产权侵权的案例索赔率，本书对三类案例的平均索赔额和平均判赔额进行了统计，并进行了索赔额支持率计算，作图 2－6、图 2－7、图 2－8 如下：

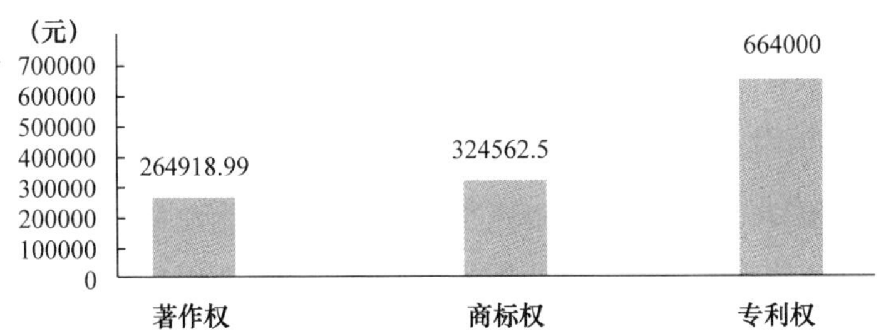

图 2－6　博物馆侵权案例平均索赔额

数据来源：本书调研。

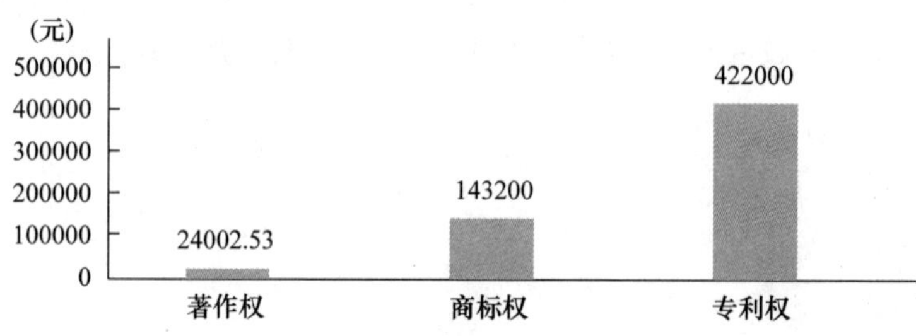

图 2－7　博物馆侵权案例平均判赔额

数据来源：本书调研。

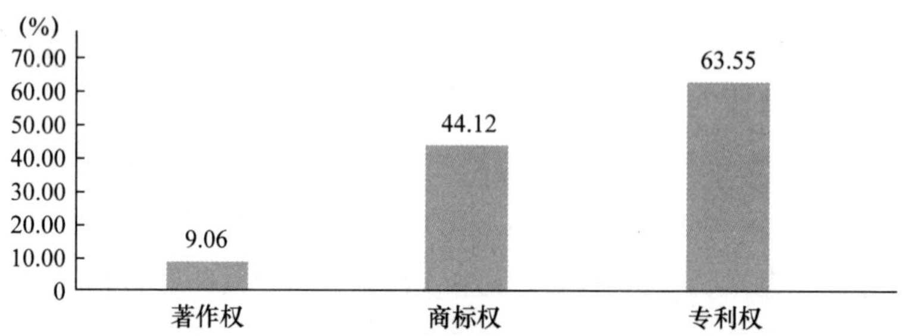

图 2－8　博物馆知识产权侵权案件赔偿平均支持比率

数据来源：本书调研。

从图 2－6 中可见，博物馆知识产权侵权案件中，索赔额方面，著作权侵权的平均索赔额是 264918.99 元，商标权和专利权侵权平均索赔额分别为 324562.5 元和 664000 元。可见，著作权、商标权和专利权侵权平均索赔额是依次递增的。从图 2－7 可知，针对法院判赔额，著作权侵权的平均判赔额为 24002.53 元，商标权和专利权侵权案件的平均判赔额分别为 143200 元和 422000 元，博物馆著作权、商标权和专利权侵权的法院判赔额同索赔额的变化相同，也是依次递增。通过计算出不同类型博物馆知识产权侵权案件的索赔额平均支持比率发现（见图 2－8），著作权侵权案例的索赔额平均支持比率为 9.06%，商标权和专利权侵权案件的索赔额平均支持比率分别为

44.12%和63.55%。由此可见，博物馆著作权、商标权、专利权侵权的索赔额的平均支持比率是依次递增的。

综合前文的数据分析，可以得到结论：博物馆知识产权侵权相关案件中，著作权侵权数量大，占总数比例高，但索赔数额得到支持的程度低，判处赔偿数额较低；专利权侵权案例最少，但数额最大，同时法院对索赔额的支持率高。

（二）典型案例分析

博物馆知识产权保护制度的不健全，助长了博物馆的侵权。譬如，周美和等与北京鲁迅博物馆著作权权属、侵权纠纷一案（2014二中民知初字第10697号）中，鲁迅博物馆出版的《鲁迅研究月刊》，在2012年第1期的第56页至第67页、封二、封三、封四分别刊载了周作人的35封书信、1首诗歌以及5幅手稿图片。周美和等15名作家认为鲁迅博物馆未经许可，擅自将周作人致张一渠的35封书信及相关诗歌、序文、书法作品刊载，侵害了他人的合法权益，法院最终判处鲁迅博物馆依法应当承担停止侵权、赔礼道歉和赔偿损失的法律责任。此外，以马珺与鄂豫皖苏区首府革命博物馆著作权权属、侵权纠纷案（2013信中法民初字第32号）为例，2013年起诉，2014年才开始审理，2015年仍然在进行再审的审查，耗时长，耗费财力物力多，收效微末。

博物馆的商标问题也一直是一个突出问题。在2010年北京知识产权法院审理的兰州瑞祥环保科技开发有限公司诉敦煌市阳关博物馆有限公司侵犯商标专用权纠纷（2010酒民三初字01号）一案中，兰州瑞祥环保科技开发有限公司申请注册了“敦煌阳关”加图形的商标，并据此起诉阳关博物馆在博物馆设施项目上使用的“敦煌阳关”商标侵权，虽然判决结果是因“阳关”二字具特殊意义的地理字样驳回了原告上诉，但其中表现出博物馆相关商标被公司企业注册的情况，并基于此，发生了博物馆“有苦难言”的侵权诉讼。此外，还有著名的击鼓说唱俑形象被抢注商标问题。2009年，在国家博物馆的一次调查中查明，四川省某一民营企业将其馆藏的一级文物击鼓说唱俑形象用作了商标并取得了商标权，该商标权的使用范围包括了博物馆本身经营服务所需要的类目，如古玩字画类等。

因此，自博物馆知识产权问题出现以来，博物馆知识产权问题严重，藏品知识产权界定模糊，法院判决缺乏强有力的法律支撑，使得博物馆知识产权问题始终得不到有效的解决。

三　博物馆数字化建设进程相对滞后

我国博物馆数字化程度低、范围窄、速度慢是制约博物馆数字化知识共享建设的又一个重要原因，为此需要对比发达国家博物馆、国内图书馆档案馆和社会公众需求，总结我国国内博物馆数字化建设现状。

（一）发展水平较低

网站门户是博物馆数字化的一个重要标志，是博物馆数字化真正开始的标志。因此，从网站建设入手，可以清楚地认识到国内外博物馆数字化建设程度的差别。[①] 比如，纽约大都会博物馆网页布局简明，内容清晰明了，极具文化感召力与感官震撼力，各个方面都展现出与实体博物馆的关系。导航栏、展示版块、收藏版块、学习版块等版块内容都考虑合理，具备了完备的信息，同时也认真考虑并遵照了多样受众的心理要求，建立了各种层次水平年龄的浏览页面并分别制作了资料信息。以大英博物馆网站为例，其内容主要基于其实体博物馆的宣传，通过搜索可以直接搜索到的藏品便有5000余件，如果通过数据库进行搜索，则可以获得超过200万件藏品的信息。这些信息不仅有藏品的基本信息，还包括相关的文献与资料。与纽约大都会相同，都针对不同受众有不同的学习版块，并采用音频、视频的方式展示博物馆内容。

① 李文昌：《发展中的中国数字化博物馆》，《国际博物馆》（中文版）2008年第Z1期。

总体而言，国外博物馆网站建设具有以下优点：首先，网站界面交互设计人性化，建立了数字藏品展示的全方位指示链接。而在我国，以西安博物院为例，其网页界面进行了文物鉴赏、景观、社教、动态新闻栏目分类，但并没有文物检索系统，仅能对栏目进行检索，并不能满足对特定具体对象进行检索的基本诉求，同时页面设计简单，更类似于新闻界面而并未凸显博物馆特征；其次，在展示方面，国外博物馆官网各种虚拟展示方式结合，同时注重虚拟展示的细节。同样与我国博物馆进行比较，陕西历史博物馆作为国家一级博物馆，官网建设较好，但对于文物的展示方式仅是对文物背景的简单介绍，如西周王都的遗迹遗物展示仅是从远景进行了整体拍摄，并没有对单个文物的鉴赏和说明；最后，国外博物馆注重教育传播职能，设计不同类型观众的学习、交流资源。[①] 相比较而言，如我国秦始皇帝陵博物院，虽然设计了学术研究栏目，但其中内容仅限于博物馆新闻、学者专著的书名排列和学者信息，并没有达到普通大众学习和交流的目的。因此，我国博物馆建设程度和国外相比，仍然水平较低。

（二）发展速度较慢

我国图书馆的数字化建设已经开始多年，并获得了不错的成就。数字化图书馆也紧随互联网的浪潮，迅速地从单一走向缤纷，如基于大数据的数字图书馆——通过大数据技术，简化搜索，提供专业性数字化服务，又如“互联网 +”的移动图书馆，自 20 世纪 90 年代电子图书第一次被提出至今，已经发展到相当高的程度。[②] 早在 1995 年，北京就成立了 IBM 中国研究中心以便与国内高校和科研组织对数字图书馆技术进行合作开发实践，寻找适合中国自身发展状况的数字图书馆模式；之后又与辽宁省图书馆合作，针对包括史典数字化、信息发

---

① 申继平：《基于互联网 + 的博物馆公共服务数字化建设》，《软件产业与工程》2015 年第 4 期。

② 许文路：《数字化图书馆在互联网发展过程中不同的表现形式》，《科技经济导刊》2017 年第 23 期。

布和新媒体运用三个版块的内容进行了重点开发；在其与复旦大学合作时，便已经做到了将历史和地图数字数据化展示。这些无一例外地说明了我国数字化图书馆的运用已经进行了较为深入的实践，建立了较为广泛的数字化图书馆发展模式。①

档案馆的数字化建设虽然刚起步，但建设思路清晰，国家扶持力度大。2000 年 5 月，“深圳数字档案馆系统工程的研究与开发”作为第一个研发项目瓜熟蒂落，青岛市于 2001 年启动“数字档案馆工程”。2002 年国家档案局的《全国档案信息化建设实施纲要》，2006 年的《全国档案事业发展“十一五”规划》，2010 年国家档案局的《数字档案馆建设指南》，一系列的政府政策推动数字化档案馆建设成为各级各类档案工作的重心。在大数据时代的机遇和挑战下，全国数字档案馆建设推进会的召开以及国家档案馆数字档案馆建设领导小组的成立等，为档案馆迅速发展提供了有力保障。② 截至 2018 年 1 月，国内 16 家数字档案馆水平达到了国家数字档案馆的基本要求，更有 4 家获得了数字化模范评价。在档案数字化数目上，全国数字化档案资源达到 2243 万 GB，数字化全文识别取得重要进展。③

而我国博物馆数字化进程却受到种种阻碍而进程缓慢。纪远新指出，我国博物馆建设存在着观念、科技、人才和经济水平等各个方面缺乏的问题，博物馆数字化仍然处于较低的层次，更多地仍关注办公自动化、局域网等非实质或者较为浅薄的区域。④ 对此，张腾也持有相同观点，认为我国博物馆数字化建设依然处于起步阶段，信息技术主要是用于博物馆的基础性工作。⑤

---

① 苏玉玲：《加快县级图书馆发展推进和谐社会建设》，《全国新书目》2008 年第 15 期。

② 刘婧：《论我国数字档案馆发展的四个阶段》，《档案天地》2015 年第 5 期。

③ 经济日报：《全国数字化档案资源达 2243 万》，2018 年 1 月 3 日，http://finance.sina.com.cn/roll/2018-01-03/doc-ifyqinzs7963222.shtml，2019 年 5 月 10 日。

④ 纪远新：《博物馆数字化建设》，《科技传播》2010 年第 21 期。

⑤ 张腾：《浅议当前数字化博物馆建设的实践思考》，《大众文化》2017 年第 12 期。

（三）发展范围较窄

本书对陕西历史博物馆的参观群体进行了问卷调查，取样数目为500例，从参观者年龄、学历、获取信息的方式与希望方式、期望的改进方面等方面进行了调研，调查发现，当前我国博物馆数字化与社会大众文化需求之间存在巨大差距，具体的调查情况如图2-9—图2-13所示。

1. 从参观年龄看

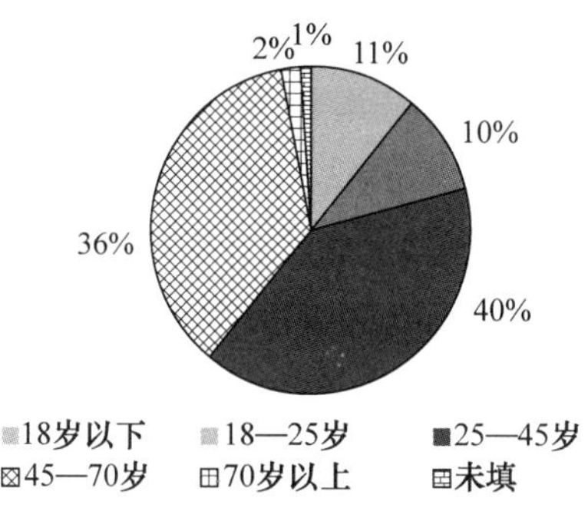

图2-9　博物馆参观年龄分布

数据来源：本书调研。

图2-9表明，博物馆参观最多的是25—45岁与45—70岁的群体，共占总数的76.63%。这说明博物馆参观者以成年人居多，年龄跨度大，从青年到老年都有所覆盖，因此，针对不同年龄阶段的观众，博物馆数字化建设应有不同的参观设置。图2-9的另一个信息点指出，未来博物馆应大力开发青少年群体，提高数字化程度，进而激发青少年对博物馆的参观兴趣。

2. 从参观学历上看

图2-10表明，在参观博物馆的观众中，学历方面，大学学历最多，占36%，具备中小学以上学历水平的群体仅占总数的22%，这表明大多数参观者都具备较为出色的文化素养和欣赏水平，即表明目前的博物馆建设更加符合具有较高文化素养的群体要求。这就要求博物馆一方面要拓宽文化传播路径，面向更多层次的群体；另一方面要加快数字化进程，

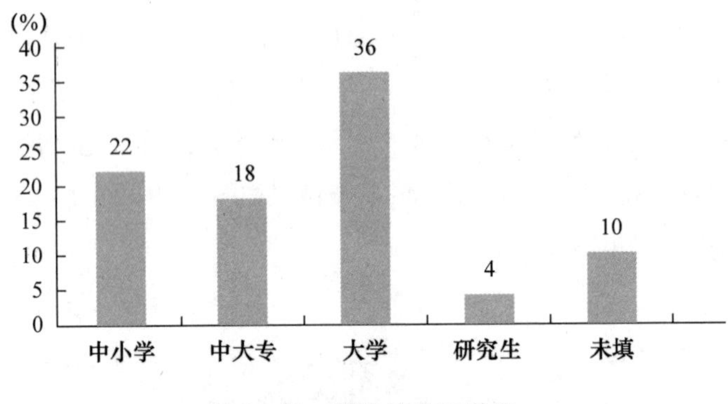

图 2－10　博物馆参观学历

数据来源：本书调研。

满足占较大比例的高文化水平参观人员更为细致的要求。

3. 从获得博物馆信息的途径上看

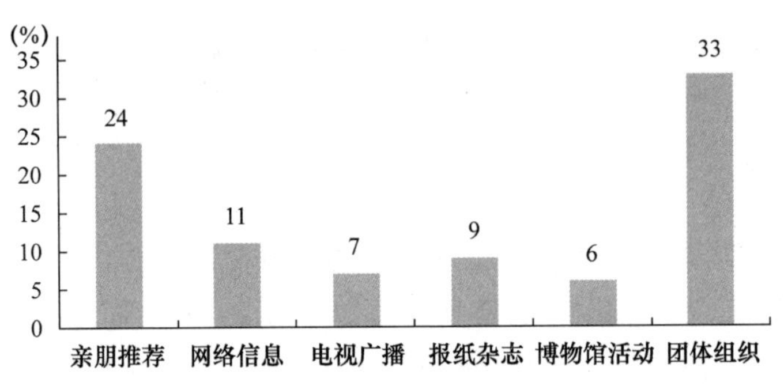

图 2－11　博物馆信息获取途径

数据来源：本书调研。

图 2－11 表明参观博物馆的动机主要依靠团体组织或亲朋推荐，这两部分占比达到 57%，说明我国博物馆参观人群依然以集体活动为主、个人欣赏为辅。此外，在互联网如此发达的时代，参观博物馆仍然靠口口相传，这种落后的宣传方式是博物馆数字化建设要改善的第一步。

4. 从希望获得信息的途径上看

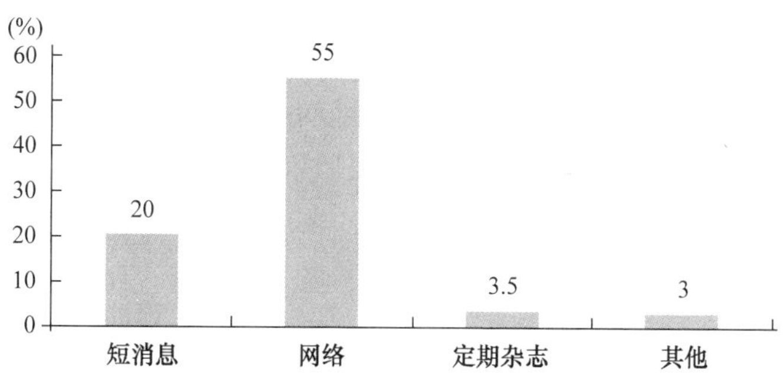

图 2－12　希望获得信息的途径

数据来源：本书调研。

图 2－12 表明，约有 55% 的参观者希望通过网络渠道获得博物馆信息，如果再加上手机短消息通知的，占比则达到 75%。这充分说明社会大众对博物馆信息即时性的渴求，只有不断更新博物馆信息，实时传播博物馆展览内容，以特色展出吸引观众，进而培养特定的粉丝群和爱好者，才能达到博物馆数字化建设的根本目的。

5. 从期望的展出方式来看

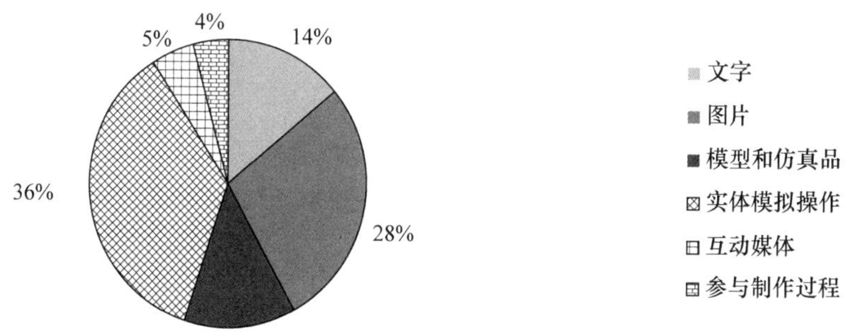

图 2－13　期望的展出方式

数据来源：博物馆调查报告分析。

图 2 – 13 则从另一方面更加具体地反映出博物馆参观者对数字化的期望。从调查结果来看，希望可以参与实物模拟操作的占比为 36%，互动媒体的期望值也达 5%，可以看出与博物馆馆藏文物“亲密接触”的互动性体验更能激发人们的兴趣；另外，对展出内容图片 28% 的需求，相较于文字描述 14% 的期望量与实物模拟操作 36% 的期望值，可以看出详细并且清晰的图片在现代依然不失为一种简单明了的信息传播渠道，这就要求博物馆不能好高骛远，在加强现场交互性体验的数字化建设同时，也需要注重文物图片化等传统便捷的信息传播方式。

综上所述，博物馆目前存在着吸引受众较狭隘，跨年龄普遍性不强；数字化程度低，宣传方式落后；图片性与互动性较差，体验程度不深的问题，这些问题共同体现了博物馆现有数字化程度与社会需求程度之间的矛盾，是我国博物馆数字化亟待解决的重要问题。

四　博物馆管理和评价标准尚未统一

目前我国博物馆各自为政，缺乏统一的管理和评价体系，是博物馆实现知识共享的又一障碍。在此，主要从管理标准和评价标准两个方面进行释明。

（一）管理标准问题

观察目前博物馆的实践，学者曲艳丽认为，虽然在文物保护法中明确提到了珍贵文物、一般文物等区分标准，但文物较为复杂，对于文物的功能和意义仍存在争议，造成管理中出现了诸多的模糊。藏品保存不够完善，文物藏品的管理制度以及法律规范制度还不够健全。[①] 游庆桥认为，各艺术类博物馆藏品管理处于“各自为政”的状态，特别是藏品登记信息的程序、项目、要求均不统一，无法进行汇总和统计。[②]

---

① 曲艳丽：《浅谈文物藏品的定级标准》，《黑龙江史志》2014 年第 3 期。

② 游庆桥：《全国美术馆藏品普查的标准与相关问题》，《美术》2014 年第 9 期。

本书对博物馆管理方面的国家相关法律文件进行了调查分析。2005 年，我国文化部公布的《博物馆管理办法》中，对博物馆的成立终止、藏品收藏和陈列原则进行了说明，但均是弹性规定，没有具体确定的规定标准。如第 19 条和第 25 条，均是以建议的方式提出博物馆的改进意见，尚无统一的标准。[①] 作为最新博物馆法律规定的《博物馆条例》（2015），其中也只是对博物馆管理进行了原则性规定，也并未涉及实体内容。

本书对各省市具体的博物馆管理方法进行了查阅，发现各省市对于文物管理的规定不尽相同，仅从文物征集管理方面来看，就有很大的不同。在此以烟台市、滁州市、马鞍山市、广元市的管理办法为例。

1. 征集程序

2015 年，内蒙古乌兰察布市文物局公布的《文物征集工作管理办法》中第三章规定其获取文物的方式主要有“定价收购、捐赠、收缴赃物”[②]，由市纪检监察部门、市财政部门、审计部门同时进行监督和检查，收购需获得市政府的批准。

2017 年安徽省岳西县人民政府颁布的《文物征集管理办法》第二项和第四项规定了文物征集的方式，采用“捐赠、暂存、购买、复制或仿制”的方式进行。同时，“征集办组织至少 3 名以上专家（含 3 名）对拟征集的文物进行鉴定和价值评估；单件文物价值在 3000 元以上，且总价值在 20000 元以上的，由文物征集领导小组负责审批购买”。[③]

---

① 《博物馆管理办法》（2005）第十九条：博物馆藏品的收藏、保护、研究、展示等，应当依法建立、健全相关规章制度，并报所在地市（县）级文物行政部门备案。《博物馆管理办法》（2005）第 25 条：博物馆应当以本馆藏品为基础，开展有关专业学科及应用技术的研究，提高业务活动的学术含量，促进专业人才的成长。在确保藏品安全的前提下，博物馆应当为馆外人员研究本馆藏品提供便利。

② 百度文库精选：《乌兰察布市文物征集工作管理办法》，2013 年 8 月 25 日，https：//zhidao. baidu. com/question/1052929331466823659. html，2019 年 5 月 10 日。

③ 岳西县人民政府法制办：《岳西县人民政府办公室关于印发岳西县文物征集管理办法的通知》，2017 年 11 月 3 日，http：//ahyx. gov. cn/html/news/zhgg/2017/11/258926_3. html，2019 年 5 月 10 日。

同为安徽省的马鞍山市博物馆所制定的《马鞍山市文物征集办法》第二项则规定："通常采取无偿捐献和有偿让售两种形式，对捐献者将颁发捐赠证书、奖状，并适当进行物质奖励。"[①] 可见，其是采用捐献与收购两种方式进行，同时给予物质奖励。

因此，各省甚至同省不同市县对于文物征集的方式均没有统一的标准，制定方式也是文物管理局和博物馆直接制定、自由选择，并没有统一的行为规范或者详细的行为章程，具有较大的任意性，缺乏统一的管理制度。

2. 征集范围

2015 年乌兰察布市文物局颁布的《乌兰察布市文物征集工作管理办法》中第三项规定的主要征集对象是："突出反映乌兰察布地域文化本质特征的各时期、各类型流散文物。此外，如遇其他方面的、特别重要的、具有一定典型意义的流散文物，在经费允许的前提下，亦可征集。"马鞍山征集"各时期存世较少濒将退出使用的生产工具和生活用具、各时期及各窑口陶瓷制品、碑刻、能反映中国手工艺水平的各类精品、反映民俗文化和发展历程的文物资料"。

2017 年岳西县政府《岳西县文物征集管理办法》中第一节对文物征集类型进行了规定，包括"古代史类、民俗类、革命史类与现代类"四个大类，同时，也对非遗进行征集。而滁州市征集的是"包括历史文物、民俗文物和革命文物的具较高历史价值的文物"，与岳西县相比，没有现代的代表性物品，对于文化的包容性也没有岳西县那么强烈。

因此，博物馆在管理标准上各自为政，各自有不同的行为规范，由各省市在较大范围上进行规则的自我制定与自我管理，跨省市间有较大分歧。

---

① 马鞍山市博物馆：《马鞍山市文物征集办法》，http：//www. mas-museum. com/static/wwzj. html，2019 年 5 月 10 日。

（二）评价标准问题

1. 评价标准不完善

2004 年国际博物馆协会发布了《博物馆职业道德准则》（以下简称《道德准则》），将“博物馆”性质进行了确定性的定义，并对其所从事工作和工作目的进行了明释，明确了博物馆通过历史藏品的收集保护研究，实现教育、娱乐和研究一体的目的。① 同时，为实现服务的目的提出了一系列的规范，侧重以博物馆的功能与社会服务的角度规定职业行为的道德准则，规范的对象从博物馆及博物馆专业人员拓展到主管机构，将收藏藏品与保存原始资料同服务社会相联系，特别提出“博物馆以合法方式运作”和“博物馆以专业方式运作”等新要求。②

在此，本书对照国际博物馆协会的《道德准则》，对我国 2015 年国务院发布的《博物馆条例》的不足之处进行说明。在《道德准则》第 1 部分“博物馆保护、解释和推广人类自然和文化遗产”中，规定了文物管理机构的身份法律认可性，并提出了对文物保险的适宜要求，这一点在我国的《博物馆条例》中并没有体现；《道德准则》第 2 部分“承担信托管理保护收藏品的责任”中，要求国家政策对未登记、保护和陈列的文物进行特别保护。同时，也严禁博物馆收集非法、非科学的物品和标本，这更多的是社会层面的要求。此外，还对博物馆注销文物进行了长达 6 条的规定，严格保护注销藏品，这些在我国的《博物馆条例》中也并没有体现，层次显得较为狭隘；《道德准则》第 3 部分为博物馆为公众保护、解释原始资料的特殊责任，这一部分特别提到了知识共享，要求专业人员知识共享，传播知识，我国的《博物馆条例》甚至博物馆的

① ［英］帕特里克·博伊兰主编：《经营博物馆》，黄静雅、韦清琦译，译林出版社 2010 年版，第 333 页。

② 张杰：《从国际博物馆协会〈博物馆职业道德准则〉的发展谈博物馆的使命》，《首都博物馆论丛》2013 年第 00 期。

所有相关法律文件中，均没有这方面的要求与规定；《道德准则》第8部分对博物馆从业人员进行了最低标准的限制规定，同时对标识进行了强调，表明了强烈的安全意识，这一点在我国的《博物馆条例》中并未出现。

不过，《博物馆条例》也在其他方面做了改进。如为确保博物馆的服务质量，指出了要保证开放时间、鼓励免费开放，同时对需要开放的内容和题材作出了规定；为使博物馆教育和研究功能得到体现，要求博物馆为不同层次和年龄的受众尤其是未成年人进行讲解，节假日更需要注重学生教育项目的开展，并且组织专业的理论与运用研究讨论。但对于社会服务的使命却没有像国际博物馆协会的《道德准则》中一般设立统一切实的规范标准，这就给博物馆建设和评价增加了难度。有学者如胡燕、胡未央、张中举等提出从公共博物馆文化影响力角度评价博物馆。他们在美国哈佛大学教授小约瑟夫奈（Joseph S. Nye Jr.）的国家文化影响力评价模型上进行了调整和修改，用于评价博物馆文化影响力，由此提出了博物馆文化影响力的评价模型，并以江苏省博物馆为例，进行了模型的合理性和可行性研究。① 此外，还有引入星级评定方式对博物馆进行评价，在开封市2017年出台的《开封市非国有博物馆扶持办法》中，对这一评价方式进行了一定的肯定，并已在开封市进行实践。② 遗憾的是，这些在我国博物馆评价相关的高层次法规政策中并没有进行考虑和规定。

2. 评价标准不统一

2012年，国家文物局颁布了《全国博物馆评估办法》，其中对博物馆管理标准和评分细则做了修订，对博物馆评级标准不规范情况有了一定程度的完善。但根据本书的调查，各省根据《全国博物馆评估

---

① 胡燕等：《公共博物馆文化影响力评价体系研究——基于江苏省统计数据的实证分析》，《艺术百家》2015年第3期。

② 《开封市人民政府办公室关于印发开封市非国有博物馆扶持办法的通知》，2016年11月22日，http://www.kaifeng.gov.cn/sitegroup/root/html/8a28897b42116313014211a651ef01b9/505bd5fd029b4e2fb362e23dd521ea93.html，2019年5月10日。

办法》依旧采用不同的评价定级标准。在此以山西省和福建省为例。

福建省福州市文物局2012年的《博物馆评价定级标准方案》包括的大项为综合管理、基础设施、藏品保护管理、科学研究、陈列展览、公共文化服务六个方面，相较浙江省的《博物馆评价定级标准方案》而言，其对于行政管理方面的评价并不是重点，其分值仅为总分值的十分之一，其他方面的分值占比也有所不同。①

综上所述，我国目前的博物馆管理和评价标准尚未统一、各自为政，造成了各地区博物馆制定发展方向的差异性，增加了知识共享和联系开发的难度。②

第二节　新媒体时代博物馆知识产权的保护难点

如前所述，博物馆知识共享机制的建设有其必要性和可行性，因此应寻求科学合理的路径尽早实现这一重要目标。在这一过程中，以博物馆为核心产生一系列的法律纠纷，限丁篇幅，这里主要研究知识产权问题。博物馆是保存、传播和教育的重要场所，是社会最优秀智力资源和文化作品的集中地，也是人类文明集大成者。因此，如何创造、保护、运用和管理好与智慧成果息息相关的知识产权就成为博物馆发展知识共享机制中必须要面对的一个问题。当前，涉及博物馆馆藏资源的复制仿制、博物馆馆藏资源的数字影像化及其归属以及文化创意产业推动下的博物馆文物衍生作品，乃至博物馆相关的商标、商业秘密、专利和域名等都亟待社会各界的重视和研究。

一　博物馆馆藏资源的著作权问题

虽然博物馆馆藏资源的范围十分广泛，涉及人们生活的方方面

---

①　福建省福州市文物局：《福建省博物馆评估定级评分细则计分表》，2012年6月26日，http：//www. docin. com/p－430450622. html，2019年5月10日。

②　成建正：《博物馆管理四题》，《碑林集刊》2001年第00期。

面，但是一般而言，常见的博物馆馆藏资源与著作权保护都有着十分紧密的关系，如书画作品、名人书信、电影胶片、音乐 CD 等。在保护、保存甚至开发利用这些藏品的过程中，难免涉及著作权问题。下面对上述问题一一展开叙述。

（一）博物馆馆藏资源的复制和仿制

1. 文物复制规定存在瑕疵

文物复制，是指运用模子等工具和方式，将文物原件进行翻印，得到与原物大小、残缺度等各方面完全相同的复制品。在博物馆是否可以复制藏品，以及如何界定文物复制权的问题上，我国相关立法没有给予明确回答。譬如，《中华人民共和国文物保护法》（2017 年修正）和《博物馆保护条例》（2015）中，仅有关于复制时不得损害文物的规定，并未对博物馆文物复制的权利进行规定，也没有复制权的相关认定。[①] 另外，在行政规章制度中，虽然规定博物馆可以对文物进行复制，但也没有明确赋权。例如，文化部颁布的《博物馆管理办法》（2005）第二十六条规定博物馆举办陈列展览时应以原件为主，可以使用复制品和仿制品。

与此相反，博物馆行政主管部门却对博物馆藏品复制给出了具体规定。例如，文物局颁布的《文物复制拓印管理办法》（2011）第九条[②]和第八条[③]规定。由此可见，依据《文物复制拓印管理办法》，博物馆享有文物藏品复制权，但这一点在《文物保护法》中并未规定。

虽然《文物复制拓印管理办法》明确了文物收藏单位复制权，但实践中除了博物馆之外，所谓文物收藏单位的范围并不十分明确，如收藏家协会、文物交易中心、文物公司、档案馆、图书馆等。因此，只要按照规定提交审批材料，任何与文物有关的单位均

---

① 李峰文：《关于文物复制、仿制行业的法律思考》，《文物鉴定与鉴赏》2016 年第 1 期。

② 明确文物收集与管理单位有权对文物进行复制。

③ “复制、拓印文物，应当依法履行审批手续”。

可进行文物复制。这就导致文物复制品的质量参差不齐，甚至出现文物被篡改的现象。这既严重损害了文物本身的历史文化价值和形象，又降低了博物馆馆藏珍贵文物的社会价值，出现“真假李逵”分不清的窘迫局面。

博物馆文物复制中的一个例外情况，是作者身份不明的文物藏品的复制。按照《著作权法实施条例》的相关规定，[①] 作者身份不明的文物藏品属于孤儿作品（藏品），此时博物馆是否享有复制权？如何行使复制权？以往一直遵循的做法是该种作品归国家所有，博物馆又从国家那里取得著作权。对此，有学者认为是没有法律依据的。[②] 同时，这种做法也会使可以行使国有资产权利的主体产生模糊。[③] 据此，博物馆从国家“继受取得”藏品及其复制权的过程便存有瑕疵。

2. 文物仿制问题缺乏法律依据

文物仿制，相比复制的规范准确、原样重现等特征，则具有更大的随意性。仿制原本是指在缺乏实物或者实物因为各种原因难以或不能复制的情况下，而采取其他可替代手段尽可能模拟原物制造出的作品，和原物存在着较为明显的差异，该种差异可以是色彩上的，也可以是材质等运用技术便可以检测出来的差异。[④] 虽然法律规定对于进入了公共领域的作品，任何人可以以不损害原著作权人人身权为限进行使用，但根据具体的文物保护法规和文博内部规范与多年的实际情况，除了收藏机构自身外的其他机构和个人想要进行文物的复制是极其复杂和困难的，因此采用“仿制”“高仿”等规避执法，导致出现

---

① 《著作权法实施条例》第十八条规定：“作者身份不明的作品，其著作权第十条第一款第五项至第十七项规定的权利的保护期截止于作品首次发表后第50年的12月31日，作者身份确立后，适用著作权法第二十一条的规定。”

② 赵锐：《论孤儿作品的版权利用——兼评〈著作权法〉（修改草案）第25条》，《知识产权》2012年第6期。

③ 赵力：《孤儿作品法理问题研究——中国视野下的西方经验》，《河北法学》2012年第5期。

④ 赵庆生：《文物复制仿制工艺刍议》，《文物世界》2006年第4期。

仿制远多于复制的情况。①

文物仿制如何界定的问题，现行著作权法并未规定，即使是在最新的《著作权法》（2020 修正）中，也并未有这方面的规定，且《文物复制拓印管理办法》第二条明确排除了仿制的适用。另外，文物的仿制还涉及原作品创作者精神权利的问题。对于作者身份明确的文物藏品，博物馆只享有文物藏品的所有权，并不享有精神权利，因此对于歪曲、篡改文物产品，破坏文物产品完整性的行为，博物馆无权进行起诉。而对于作者身份不明的文物藏品，如前文所述，《著作权法》（2020 修正）将身份不明的作品除署名权以外的著作权归属于所有权人，即归属博物馆所有。那么，博物馆享有该作品除署名权之外的所有精神权利，它有权对侵犯作品完整性、原本创作意图的行为进行追诉。

文物仿制的另外一个重要问题是文物仿制作品的独创性标准。这是因为只要符合独创性标准，文物仿制品就可以享有著作权。但是学者对独创性标准有所质疑，认为只要创作作品遵从法律的价值取向如正义、公正等，就可以获得著作权保护。② 此外，还有学者提出，考察文物的经济、社会价值，强调著作权法对人类文化繁荣和社会进步的推动作用，淡化“独创性”因素，也是规范仿制问题的一个方法。③ 因此，可以将文物仿制大体分为三类，④ 一为“准文物”的文物仿制品。这些仿制品的作用主要是替代博物馆中那些展览不方便或者不能展览的文物，并不进入市场。简而言之，便是博物馆自用，这些文物虽不是复制，但会更加趋向于复制，因为其需要承担正确的教育作用。二为作为“文物艺术品”的文物仿制品。这类仿制品不同于第一类仿制品，它们不承担博物馆文物

---

① 李峰：《关于文物复制、仿制行业的法律思考》，《文物鉴定与鉴赏》2016 年第 1 期。

② 赵林青：《浅议作品的独创性标准》，《理论导刊》2006 年第 9 期。

③ 赵锐：《作品独创性标准的反思与认知》，《知识产权》2011 年第 9 期。

④ 张珂：《文物仿制品著作权问题研究》，《北方工业大学学报》2014 年第 2 期。

的教育功能，它们主要发挥文化传播和欣赏功能，丰富人们的生活色彩，满足文化生活的需要。例如，唐寅的《柴门掩雪图》、康熙“海水异兽纹洗口瓶”、汉代“三足尊”，这些难得一见的传世精品如今都以“高仿”的形式渐渐走进寻常百姓的家庭，受到越来越多时尚人士的追捧。① 三为消极的文物“盗版”品。其制造目的便是恶意的，并不是传播文化，而是以假乱真以牟利，该种文物造成了文物市场的混乱。例如，市场上对甘肃省博物馆馆藏的国家一级文物“铜奔马”进行仿制，质量极差，同时也混淆了制作者，破坏了甘肃省博物馆的声誉，使得其馆文创产业受到了极大的影响。因此，对于第一类和第二类文物仿制品，法律法规应给予一定的保护，而应该重点打击第三类仿制品，以此规范文物仿制品市场。

（二）博物馆馆藏资源的数字化影像及其归属

数字影像化是指运用信息技术，将文物本身或者其信息，包括影像照片出土时间等进行集中，构建虚拟贮藏空间，结合新的科学技术，以数字化的方式（文字、图像、声音等）将无法用传统方式展示的藏品进行展示。具有采集加工流程对于最终摄影色彩可控，影像质量稳定，有效控制采集分辨率，满足不同类文物对采集密度的需求，有效提高拍摄成功率，更易保存和管理的优点。②

我国法律中有关于博物馆馆藏数字化的规定，如国务院2013年的《信息网络传播权保护条例》,③ 包括博物馆在内的文化机构已经获得以“陈列或保存文本为目的”对孤儿作品在内的馆藏作品数字

① 马晓雪等:《高仿文物，承载文化记忆的时尚新宠》,《哈尔滨日报》2008年6月1日第5期。

② 余宁川:《数字影像技术在博物馆工作中的应用》,《文博》2011年第6期。

③《信息网络传播权保护条例》第七条：“图书馆、档案馆、纪念馆、博物馆、美术馆等可以不经著作权人许可，通过信息网络向本馆馆舍内服务对象提供本馆收藏的合法出版的数字作品和依法为陈列或者保存版本的需要以数字化形式复制的作品，不向其支付报酬，但不得直接或者间接获得经济利益。当事人另有约定的除外。前款规定的为陈列或者保存版本需要以数字化形式复制的作品，应当是已经损毁或者濒临损毁、丢失或者失窃，或者其存储格式已经过时，并且在市场上无法购买或者只能以明显高于标定的价格购买的作品。”

化的权利。① 在实践中，通常判断是否是新的作品的依据在于是否加入了创新要素，在文物藏品的数字化上，如果在扫描和摄影过程中，进行了个人创造，便会构成一定程度上的创新，使得该最终成品满足了著作权法中关于原创作品的规定，受到法律的保护。反之，如果只是通过机器简单地进行调整，未达到人的主观创造程度，则不属于作品。在这种情况下，博物馆本身并不享有著作权，想要据此对他人歪曲原物的数字化影像作品进行著作权侵权追究也就无从谈起。因此，这里所讨论的馆藏资源数字化影像作品，是对文物进行的或文字、或影像、或三维处理的具有创造因素的制作，属于可以享有著作权的再创作。博物馆自身的数字化影像著作权取得主要分为三类：职务作品、合作作品和委托作品。②

职务作品，也就是工作完成的作品，是指自然人在完成本职工作或者组织要求的工作中所创造的作品，根据是否依赖组织的物质条件而分为一般职务作品和特殊职务作品。③ 博物馆馆藏资源影像化的职务作品即博物馆工作人员为完成博物馆任务所创作的作品。根据我国《著作权法》（2020 修正）第十八条的规定，博物馆工作人员为完成工作任务创作的作品，其著作权归属应由博物馆内部协商或以合同的方式完成。如果主要依赖博物馆的物质条件，则可以认定为特殊职务作品，博物馆享有除署名权以外的其他著作权。在博物馆制定的管理办法中也有类似规定，如故宫博物院制定的《影像资料管理办法》。④

合作作品是指 2 个以上的作者基于共同目的分别进行创作作品

① 陈兵等：《欧盟图书馆馆藏作品数字化版权问题研究》，《图书馆学研究》2017 年第 17 期。

② 侯珂：《国家博物馆文物藏品数字影像版权化初探》，《中国国家博物馆馆刊》2012 年第 5 期。

③ 周敏艳等：《知识产权法教程》，知识产权出版社 2001 年版，第 71 页。

④ 故宫博物院影像资料管理办法中规定：利用故宫博物院提供的摄影摄像器材、通过工作程序安排布置拍摄的故宫博物院的可移动和不可移动文物的影像资料均属于职务作品。作者本人仅享有作品发表时的署名权，著作权的其他权利归故宫博物院所有。

的一部分，最后合成一部完整的作品。[①] 如果博物馆与他人对某件作品有共同的合意与行为，该件作品的完整性是由多方贡献结合完成的，则多方均为合作作者。刘国林认为，对于未实际参与的，如果经过了创作人同意署名的，视为合作作品共同著作权人。[②] 这也就意味着若博物馆仅提供了某些便利条件而没有实际参与，则一般情况下不能成为合作作者，不享有著作权，另有约定的除外。同时，如果博物馆与其他合作方的作品紧密结合成一个整体，完全不能分割使用，则关于著作权的行使也应协商解决。[③]

委托作品，是指受托人按照委托人的特定要求创造的作品。根据《著作权法》（2020 修正），委托作品著作权由委托人和受托人约定，如果双方未对著作权归属进行约定，则著作权归受托人所有。有学者认为，我国现行法中对于法人作品和职务作品都认定为委托关系，使得具体雇佣创作关系难以判断。因此，在司法实践中，要完善委托创作关系和雇佣创作关系的判断标准。[④] 可以看出，关于博物馆馆藏资源数字化影像的归属问题，主要涉及著作权法中关于职务作品、合作作品和委托作品的规定，判断标准的重点是当事人约定，对于判定方法与判定结果，法律上均未给出具体的指导。

（三）文化创意产业推动下的博物馆文物衍生作品

文物是指在社会历史中，由人们所创造的与人类活动相关的具有历史文化意义的从古至今的物质文化遗存，而文物衍生品则是通过原本的文物转变而来的新的产品，[⑤] 对于文物藏品再创作的作品的著作

---

① 刘春田：《知识产权法》，高等教育出版社 2000 年版，第 70 页。

② 刘国林：《关于合作作品与职务作品（雇佣作品）的争鸣与评述》，《中南政法学院学报》1990 年第 1 期。

③ 付莹：《博物馆内“作品”的著作权（版权）归属及保护问题》，《中国文化遗产》2014 年第 5 期。

④ 陈明涛：《委托作品权利归属法律适用标准之探讨》，《社会科学》2015 年第 2 期。

⑤ 谢葵萍：《文物衍生品开发——中国文化遗产保护的方式与途径研究》，《艺术百家》2015 年第 S1 期。

权及其共有问题，常常会困扰博物馆对藏品的使用和开发。

在博物馆藏品再创作的衍生品授权开发中，主要的问题就在于藏品的著作权保护期间。如前文所述，藏品如果仍在著作权保护期间，而博物馆只是作为藏品的所有权人，无权直接就该藏品著作财产权进行使用，因此博物馆需要先征得著作权人的同意。如果藏品的著作权保护期限已经届满，则该藏品著作财产权丧失，进入了公共领域，任何第三人在不侵犯著作权人精神权利的前提下都可以自由使用该藏品，博物馆自然也就可以直接对该作品进行使用。由此，在藏品仍然处于著作权保护期内，且博物馆取得了著作财产权的情况下，可以对该藏品进行授权开发。毫无疑问，相较于博物馆基于自身所有权的使用范围，对外著作权授权开发无疑是局限较多。在现有理论和法律不足的情况下，只有在博物馆明确确定其为藏品的著作财产权人的情况下，如著作权保护期内的赠予等，将藏品交由其他文创产业公司进行合理的衍生品开发，该衍生品才会存在该公司和博物馆共有的情况。而在另一情况下，博物馆通过社会募捐的方式获得的藏品，且无法保证捐赠人便是著作权人，即使是著作权人也需要进一步明确关于著作财产权是否授权以及授权范围。因此，博物馆对藏品的衍生品进行开发，如 2010 年故宫博物院与中央电视台共同制作的纪录片《故宫》，又如与日本会社运用虚拟技术制作的《紫禁城——天子的宫殿》，均先明确了著作权的权属，并和著作权人达成了完善的约定，才确保了藏品衍生品开发的顺利进行。

二 博物馆的商标注册与侵权问题

依据我国商标法的规定，任何法人和个人都可以申请注册商标，博物馆也不例外。博物馆作为商标申请主体，其享有的权利和承担的法律义务也与其他主体一样，只是相比其他企业申请商标是为了让消费者识别并区分服务和商品的来源，博物馆商标申请和注册主要是为了保护其独有的 Logo，未来随着博物馆在文创产业的参与度增强，博物馆商标保护意识也应随之提高。

（一）文物藏品的商标申请和注册

截至2020年4月，本书通过对28个省区市的国家一级博物馆的调研并借助国家工商行政管理总局商标局在线“商标注册信息查询”系统，对这28个省市83家国家一级博物馆进行了初步的网上调查和数据统计（见表2-1）。①

表2-1　国家一级博物馆藏品的商标申请和注册情况

省份	注册数	省份	注册数	省份	注册数	省份	注册数	省份	注册数
北京	5	天津	1	河北	3	山西	0	浙江	1
吉林	1	黑龙江	1	上海	3	江苏	2	四川	1
辽宁	2	安徽	1	福建	1	江西	1	宁夏	0
贵州	1	云南	0	西藏	0	陕西	4	山东	1
重庆	1	广东	2	湖南	2	湖北	2		
新疆	0	河南	1	广西	0	内蒙古	0		

数据来源：本书调研。

如表2-1所示，83家博物馆中，仅有37家博物馆注册了商标，注册率为44.6%，不足一半。这表明一方面博物馆对于自身权益的维护意识较为薄弱，另一方面可能与商标注册的程序规范有关，对此进行了调查，得出目前博物馆商标注册的问题如下：

第一，商标注册的限制条件较少，申请与注册简单。现行《商标法》中对于商标权的授予更多地在于申请商标的办理机构、申请流程，对于申请人的资格并不存在特别的限制规定，自然人当然属于可

① 28个省区市为：北京市、天津市、河北省、山西省、内蒙古自治区、辽宁省、吉林省、黑龙江省、上海市、江苏省、浙江省、安徽省、福建省、江西省、山东省、河南省、湖北省、湖南省、广东省、广西壮族自治区、重庆市、四川省、贵州省、云南省、西藏自治区、陕西省、宁夏回族自治区、新疆维吾尔自治区。

以自由申请商标注册的群体。① 虽然2019年新修订的《商标法》第44条规定欺诈和不正当手段取得的注册无效，第49条规定在连续三年未使用的情况下商标权会被依法撤销。但是，这些限制并不涉及申请人资格和条件的限制。也就是说，《商标法》对申请人持较为开放的态度，这种态度从大层面上说是有利于市场繁荣的，但从博物馆角度来看，这种开放是博物馆商标被抢注的原因之一。从博物馆商标抢注者角度看，若申请博物馆商标，并不需要支付额外的费用或者成本，与申请其他商标的支出大体相当，却可以依托于博物馆的名声而使自己的商品有了更大的吸引力，或者进行转让与许可，也可以获得不菲的利润，再加上博物馆对这类问题大多束手无策，无疑助长了抢注风气的进一步扩大，而即使最终未获得授权或者被撤销，对自身的影响也并不严重，那么毫无疑问，进行博物馆商标的抢注是有较高期待值的投资。② 对于一些知名度较高的一级博物馆，这类问题更为严重，因为在可以获得更多利润的同时，博物馆本身也较少需要进行该方面的宣传。如2010年9月，“明孝陵”等商标被杭州一家制造公司注册并拍卖，又如“三星堆”商标抢注问题，民企老板胡启忠在国家商标局注册了14类目的“三星堆”商标，涵盖了过百商品，由于其本身注册过程是合法有效的，博物馆只能被迫让步。

第二，商标注册中地理名称的限制对博物馆的影响较大。将馆名注册为商标是博物馆商标注册的常见选择，由于博物馆大多是地域文物的集中者，因此带有地域色彩，部分博物馆甚至以地名、名人姓名作为馆名，在商标注册时，这些名称常常得不到《商标法》的支持。③ 很多耳熟能详的博物馆，如新疆克拉玛依展览馆申请的“博物

---

① 《中华人民共和国商标法》（2019年修订）第四条：自然人、法人或者其他组织在生产经营活动中，对其商品或者服务需要取得商标专用权的，应当向商标局申请商标注册。

② 腾锐：《商标抢注行为的概念界定及其矫正》，《重庆社会科学》2013年第1期。

③ 《中华人民共和国商标法》（2019年修订）第十条中规定：县级以上行政区划的地名或者公众知晓的外国地名，不得作为商标。但是，地名具有其他含义或者作为集体商标、证明商标组成部分的除外；已经注册的使用地名的商标继续有效。

馆 KLMY”，由于使用了地名作为馆名，使得其无法进行馆名的商标注册。

第三，博物馆商标法律规制存在问题，博物馆的先用权无法确定。对《商标法》中关于商标权和先用权的规定整理可以得出，申请注册的商标不能是他人已经使用并有一定影响力的商标，否则不予登记或者先用权人可以申请撤销。但对于博物馆商标的先用权如何确定仍存在疑问，例如，博物馆馆名和博物馆馆藏品的名称，须知在这些名称上，博物馆并非为了商标的识别和宣传品牌功能而使用，更多的是从历史文献中“发现”名称来对藏品进行释明而不是“创造”自身标识，如果据此断定博物馆当然地享有先用权而排除他人的注册无疑与商标的实质精神不符。浙江“十里红妆”商标争议正是这种模糊造成的典型案例之一，浙江省宁海县耗费大量资金组建的婚俗博物馆，与诸暨人骆栋围绕着“十里红妆”商标进行了长达 7 年的诉讼之争，虽然县政府所建立的婚俗博物馆被国家专业机构认定为国家级非物质文化遗产，但也不能就此认为对“十里红妆”构成了先用权，同时骆栋所建立的个人博物馆也是同一种藏品的博物馆，其采用藏品名申请商标完全合理，也并非是想混淆市场或借用县博物馆名声发展。因此，博物馆的先用权是否能被确认以及注册的商标是否侵犯了先用权便是博物馆商标相关争端的难点之一。

针对博物馆商标注册的三个问题，通过对相关法律的搜集与思考，本书认为博物馆馆名通常是博物馆商标注册的选择，可以类比于企业字号，可能是解决目前博物馆商标注册被频频抢注的一条出路。对企业而言，由于商标局与企业的登记机关并不同一，为了防范由于该种不同一造成的商标侵犯字号先用权的情况发生，我国商标法中对字号进行了间接保护。① 虽然目前我国博物馆属于非营利的社会团体，且多数为国有单位而并非企业性质，因此适用企业字号存在主体不适

① 付国华等:《在先知名字号的认定及其与商标冲突的处理》,《人民司法》2012 年第 8 期。

格的疑虑，但博物馆名称与企业字号有着诸多共同点，2015 年我国颁布的《博物馆条例》中也提出建立博物馆理事会制度，使博物馆自负盈亏，馆长负责，逐渐脱离行政管理，能够独立进入市场，博物馆和企业有了更多的共性。因此，未来博物馆是否可以申请企业字号保护其名称，有待学界和实务界进一步研究。

（二）衍生品开发和文化旅游中的商标侵权

博物馆衍生品开发是时代发展推动的产物，在法律上也已有所规定。在《博物馆条例》第 34 条中，第一次对博物馆经营性活动作出了许可性的规定，并支持博物馆相关的文创开发。不过，美中不足的是，该条例并未对博物馆衍生品开发中的商标等问题进行详细规定，导致博物馆衍生品开发缺乏有效的“保护伞”。2007 年世界知识产权组织发布的《博物馆知识产权管理指南》中对博物馆衍生品商标标识的合法性进行了确定，并明确了保护的标识类型，规定了博物馆衍生品的商标法律保护。鉴于我国是 WIPO 成员国，虽然《博物馆知识产权管理指南》并没有强制执行性，但仍可以作为我国未来对此问题修订法律的一个参考蓝本。

我国博物馆衍生品的商标同样没有得到规范性的保护。如故宫博物院，虽然申请注册了较多的商标，包含的注册类目也涉及市场估价、文娱活动和书籍等与衍生品开发的方面，但并不能遏制住其他企业和个人进行相关商标注册的行为。故宫博物院对市场上的商标进行过调查，发现包含“故宫”“紫禁城”字样的商标不下百种。这些商标为了避免诉讼和争议，与故宫博物院的商标有所区别，但同样具有混淆的可能。如四川故宫御窖酒业股份有限公司分别以“故宫”与“故宫安乐”注册了商标，用于酒业，采用了文字与图片相结合的方式，同时字体偏向古文形态；又如一个叫王伟的个人于 2017 年7 月申请了名为“故宫屠苏酒”的注册商标，为五个繁体黑字，申请已被驳回。这些注册商标申请与“故宫”本身所涉及的范围并不相同，但在商标中使用了标志性的文字，极易造成公众的误解，在出现问题时故宫博物院受到冲击在所难免。

三　博物馆的其他知识产权问题

（一）博物馆的商业秘密保护

商业秘密，是与知识产权有所联系但又相互区分的概念，在经营生产活动中采用的方式方法、工艺配方以及构图策略等，在不进行知识产权相关权利申请的情况下，这些均可能构成商业秘密，一旦出现泄露，便会对企业和机构自身的运行和经营造成极大的影响。对于博物馆而言，由于具有独特的与文物相关的技术手段，而大多并不能进行知识产权相关权利的申请保护，商业秘密便会广泛存在，包括文物的保管与修缮、藏品的展览与数据化等各个方面，其中比较突出的代表便是文物复制。2011 年国家文物局《文物复制拓印管理办法》规定，文物复制中需要尽可能地采用与原本技艺相同的方法与流程，对于复制品和原物的相似度要求极高，这就必须依托于博物馆详尽的资料来源以及历史还原，这些信息的获取整理无疑是困难的，视为商业秘密理所应当。①

博物馆商业秘密是切实需要保护的内容，这既是对博物馆自身发展的要求，也是保护文物完整真实性的要求。但在实际情况中，博物馆对这些商业秘密的保护却存有很大的问题。博物馆保护商业秘密存在的问题主要有三个方面：

第一，博物馆保护商业秘密的手段措施较差。在硬性的客观手段上，博物馆所采用的方法不外乎是通过电子监控、系统加密等方式，但由于博物馆较强的开放性，这种方式的采用并不如在其他密闭场所那么有效，仅是电子监控的观测和筛选便是一大问题。同时，博物馆资金在经过了保管和展览两个大项目的支出后，能用于这方面的成本并不容乐观。

第二，在与硬性的客观手段相对应的软性制度方面，博物馆目前

① 孙昊亮：《博物馆知识产权法律问题探析》，《科技与法律》2014 年第 6 期。

也缺乏有力的规章制度保证，不管是在内部员工的约束规章中，还是在与第三方的合作协议中，关于泄密的处罚大多不痛不痒，难以形成有效的遏制手段。有学者提出，对于技术秘密特别要注意协议的明确性，不管是本单位内部还是本单位的合作者，均需要保证保密协议的明确具体。① 毫无疑问，这一点，博物馆并不尽如人意。

第三，博物馆展览经营方式在运用数字技术、三维影像等新技术时，这些技术往往包含大量的商业秘密，由于场所的开放性、人流的大活动性、博物馆设备不健全、缺乏足够的能力去发现与防范新技术带来的秘密泄露。博物馆至今仍没有较好的保护商业秘密的方法。

（二）博物馆的专利保护

在博物馆的运行和经营过程中，并非所有的技术和手段都只能通过商业秘密的方法进行保护，在某些方面和某些技术上，同样可以采用专利申请的方式进行保护，如一些特别的修复手段、新的复制方法以及新科技的创新使用方法等。有了专利权，便可能会出现侵权纠纷，博物馆专利保护也不例外。

譬如，在故宫博物院与万邦公司的印刷技术争议一案中，本是由双方合作开发中国画仿真复制印刷技术。但万邦公司于 2004 年 5 月自行向国家专利机关进行了专利的申请，故宫博物院与该公司进行了协商，签订了《权利转移协议书》，约定最终专利权进行变更，由双方共同享有，该公司又公然拒绝履行，并将专利权完全转移给了第三方大唐万邦公司。在经过了两年两次审理后，北京第二中级人民法院发现了该公司与第三方公司的权利转移存在恶意串通，最终维护了故宫博物院的合法权利，判决万邦公司依法对专利权进行变更。

从上述案件可以看出两个事实：第一，博物馆在藏品的保管和展览方面创新的技术与方法可以进行专利的申请，由于其重要的文物科研性质，其进行与文物相关的科研活动有着较大的优势和更多的时

① 张媛媛：《为了明天，保护今天——浅谈博物馆知识产权保护》，《博物馆发展丛论》2017 年第 00 期。

间、精力，专利产品的出现并不少见；第二，博物馆开发专利必须要密切注意专利的保护，注重保密，防止权利被窃取与侵害，在专利的合作开发中，更要注意与合作方约定内容的详细具体，尽可能约定好权利的归属与权利使用规则，保护自身合法权益。

（三）博物馆的域名保护

网络作为现代信息交换最为便捷的方式，博物馆信息面的扩大以及知名度的提高必然需要与网络接轨，通过网络将博物馆的相关信息和藏品信息进行推广，是博物馆发展的契机。其中，域名是博物馆通过网络进行知识共享不可忽视的内容。正如 WIPO《博物馆知识产权管理指南》中所说，网络联通使得域名有不亚于商标的战略意义，博物馆不论影响力大小，均有必要对域名有所看重。

经过十几年的探索和研究，我国在域名保护法律方面有所建树，例如，2000 年北京市高级人民法院的《关于审理因域名注册、使用而引起的知识产权民事纠纷案件的若干指导意见》、2001 年最高人民法院的《最高人民法院关于审理涉及计算机网络域名民事纠纷案件适用法律若干问题的解释》等，均为域名保护提供了有力的法律支撑，形成了较为合理的域名保护体系。然而，博物馆域名依然存在很大的问题，主要有如下几个方面：

第一，与域名有关的法律体系过于粗糙，缺乏中心法。首先，立法上，关于域名的相关条约目前在诸多的法律规则中都有所涉及，包括在各种司法解释和实施办法、《商标法》和《反不正当竞争法》，却均简单一笔带过。[①] 最高法院的《关于审理涉及计算机网络域名民事纠纷案件适用法律若干问题的解释》虽然与域名直接相关，但司法解释法律层次不高，很多时候需要顺从于上位法并不健全的规定，同时其本身内容也仍有瑕疵，许多重点问题如域名与商标等的关系并未很好地说明。这种种事实显示目前尚没有具有统领地位可以通顺连接

---

① 张冬梅：《论互联网域名的法律保护》，《福建师范大学学报》（哲学社会科学版）2000 年第 3 期。

各部法律的专门性的法律，法律体系的框架构建模糊不清。[①] 其次，域名的很多方面内容在法律中并未进行说明，只能参照一些内容偏向倡导性的法律条文进行自由裁量，法律本身缺乏可操作性。[②] 实际中，知名博物馆大多以地理名称作为馆名，并进行简洁的域名注册，地理名称的抢注以及对馆名的抢注，影响了博物馆域名选择的最紧密性，也干扰了公众判断。最后，关于域名侵犯的救济措施也明显不能满足现实所需。目前按照《关于审理商标民事纠纷案件适用法律若干问题的解释》的规定，对于域名的起诉必须要有明确的相对人。也就是说，必须首先明确了域名的归属者，然而由于域名本身位于虚拟网络，对于身份信息的要求并不需要那么精确，域名的归属者大多数时候并不能查明，而网络运营者“避风港”原则的适用，又使其不能成为适格的应诉者，网络侵权便难以经过法律的审判。再加上 CNNIC 与现行法律存在的一些矛盾点，寻求救济的方式选择上缺乏明确的指导，导致大量的域名纠纷无法协调。[③]

第二，博物馆对域名注册的重视程度不足。截至 2020 年 4 月，本书对陕西评级的 37 所博物馆官网进行了调查，其中一级博物馆 8 所，[④] 二级博物馆 10 所，[⑤] 三级博物馆 19 所。[⑥] 对其有无官网进行调查，得到图 2 - 14。

---

① 李扬：《我国商标抢注法律界限之重新划定》，《法商研究》2012 年第 3 期。

② 杜小卫：《域名抢注及其法律规制》，《河北法学》2008 年第 6 期。

③ 侯伯彦：《首例注册域名侵犯鄂尔多斯商标专用权案——兼论互联网计算机域名侵权案件的法律救济》，中国民商法实务论坛，内蒙古呼和浩特，2005 年 7 月，第 587—590 页。

④ 陕西一级博物馆：陕西历史博物馆、秦始皇帝陵博物院、昭陵博物馆、汉阳陵博物馆、西安博物院、西安碑林博物馆、西安半坡博物馆、延安革命纪念馆。

⑤ 陕西二级博物馆：茂陵博物馆、乾陵博物馆、法门寺博物馆、西安事变纪念馆、八路军西安办事处纪念馆、宝鸡青铜器博物院、耀州窑博物馆、西安大唐西市博物馆、汉中市博物馆、咸阳博物院。

⑥ 陕西三级博物馆：西安市临潼区博物馆、西安唐皇城墙含光门遗址博物馆、三原县博物馆、凤翔县博物馆、扶风县博物馆、铜川市玉华博物馆、蒲城县博物馆、绥德县博物馆、勉县武侯祠博物馆、安康博物馆、旬阳县博物馆、商洛市博物馆、米脂县博物馆、洛川县博物馆、洛川会议纪念馆、延安新闻纪念馆、汉中民俗博物馆、韩城市博物馆。

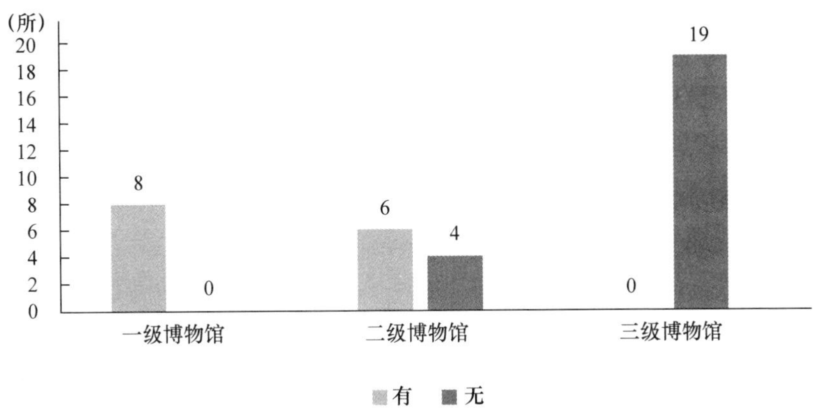

图2-14　陕西一、二、三级博物馆有无官网域名调查

数据来源：本书调研。

从图2-14中可以发现，一级博物馆均有自己的官网，二级博物馆中，茂陵博物馆、耀州窑博物馆、汉中市博物馆和咸阳博物院4所没有自己的官网，占二级博物馆总数的40%，三级博物馆则均没有自己独立的官网。说明一级博物馆比较重视自身的网站建设，对域名进行注册的程度高，但二级和三级博物馆的重视程度不足，尤其是三级博物馆，注册意识严重不足。

第三，域名形式多样，差别小，混淆程度高。本书通过中国万网（https：//wanwang. aliyun. com/）对“故宫”字样的域名进行了注册查询。首先，对中文的“故宫”二字进行域名查询，共显示域名9个，9个域名的区别仅是最后部分的顶级域名不同，[①] 如“故宫 . com”“故宫 . top”“故宫 . link”等，其中仅“故宫 . com”被注册，其余域名尚未注册且注册价格在4元到1280元不等（“故宫 . top”注册价格为4元，“故宫 . 网店”的注册价格为1280元）。其次，又对拼音的“gugong”域名进行了查询，与中文域名类似，共搜索到域名43个，其中

---

① 域名由三部分构成，从右向左分别为顶级域名或一级域名、二级域名、三级域名，以此类推。

“gugong. com”被名称科技有限公司注册,[①] 其余域名价格从 8 元到 2 万元不等，溢价域名有 7 个，价格全由市场拍卖竞价决定。由此可见，域名注册简单且形式多样，从公众角度难以区分。同时，域名价格由市场决定，也给博物馆商标注册带来了负担。

第三节　博物馆数字化建设中的技术与制度反思

新媒体时代，给博物馆带来的不仅是知识产权保护等法律上的挑战，数字化技术本身的适应程度与应用水平也是博物馆要关注的重点。数字技术，是目前高新技术的重要代表，在生活的各个方面都有所展现，博物馆也不例外。数字敦煌、虚拟故宫等都显示着数字化渗透的迅速和深入。为了发现博物馆数字化的基本模式，找到博物馆发展的技术层面的问题，有必要从博物馆数字化建设模式、发展方向上进行深入的讨论和认识。这里，主要对“互联网 +”非物质文化遗产与“馆际合作”等现代博物馆数字化建设的重点问题进行探讨。

一　“互联网 +”非遗博物馆数字化建设模式选择的困惑

“互联网 +”时代，传统的需要花费大量精力进行参观与游览的体验方式已然不是最佳选择，不论是博物馆机构还是非物质文化遗产本身，融入互联网是不可逃避的趋向。关于“非物质文化遗产”（以下简称非遗）的定义，近年来的发展尤为迅速，将其从最开始较为狭隘的范围扩大到了包含类目较多、形式更为多样的领域，无形遗产、非艺术遗产等均加入到了这一行列之中。在这种趋势下，传统的博物馆作为一个稳定的机构，无法随时更新换代。同时，对于无法收录的

---

① 资料来源：阿里云网站域名与网站域名信息查询系统，https：//whois. aliyun. com/whois/domain/gugong. com? spm = 5176. 8076989. 968347. 41. 23951838o6iw1r&file = gugong. com，2020 年 5 月 12 日。

无形遗产与展现互相具有关联性的文化内涵也有些力不从心。[①] 因此，“互联网 +”视野下的数字化博物馆才能承接遗产全范围拓展这个根本性的变革。

通过运用数字技术为非遗保护提供良好土壤的方法，在世界某些发达国家中已经看到成果。于 1972 年在加拿大成立的“遗产信息网络”便已经强调了数字化管理的重要性，一直致力于博物馆藏品的数字化研究，包括影像化技术、藏品数字化提取、文化推动交互等各个方面，主旨便是将本国的遗产信息尽可能地推广传播，为此特别注重博物馆的现代化展示方法的研究。[②] 但在国内，由于理念、获取、管理、展示方式等方面缺乏规范、众说纷纭，造成了“互联网 + 非遗”博物馆数字化模式的冲突。

（一）理念冲突

“互联网 +”和“非遗”理念存在一定冲突。“非遗”借助博物馆平台实现的目的是让“非物质文化遗产”在馆内“活”起来，充满生命力，使非遗传承人在其中得以展示高超技艺与非遗的内涵和表现形式，强调非遗是“活的文化遗产”，注重非遗的“过程”与“互动”的活态展示模式；而“互联网 +”模式则强调创新、连接与结构重塑，代表着一种新的社会形态[③]，如何在开放融合的网络环境中保持“非遗”文化的独特性是一个重点问题。同时，“非遗”充满生命力的文化通过数据和网络进行传递的过程中如何处理好保护与开放的关系也是一个重要问题，“互联网 +”需要博物馆在开放的基础上建立网络和博物馆的联通，在此基础上进行二者的协同，就要求信息尽可能交换，最终达到融合，完成共享，而“非遗”更需要保持对原型的保护。李志勇指出，非遗博物馆不同于传统博物馆，具有多样

① 祝敬国：《博物馆数字化的概念思考》，《首都博物馆丛刊》2004 年第 00 期。
② 陈玲：《新媒体艺术史纲》，清华大学出版社 2007 年版，第 293—294 页。
③ 冯国权：《互联网思维下图书馆服务变革探讨》，《图书情报工作》2015 年第 2 期。

化的典藏内容。[①] 此外，掌握非遗传统知识和技艺的传承人建档记录工作也是非遗馆的重点任务。持类似观点的还有吕理政，认为非遗馆所典藏的文物是以收藏“文化脉络”为导向的，相关文化脉络至少有文物与文物之间的脉络、文物原始的社会文化意义两个方面。[②]

（二）获取方式冲突

在获取上，“非遗”需要融入社会，进行时常的调研、教育和宣传，才能随时掌握“非遗”发展的实际状况，而“互联网 +”则运用“试点 + 样本”模式进行模拟，发现具有推广价值的理论与应用成果，二者在资料获取与研究来源方面发生了冲突。张晓梅对非遗的传承过程进行了说明，非遗的传承方式并不同于其他遗产的传承方式，通常是通过比较基本与原始的方式，如师徒传承的方式，更多注重于丰富的经验与感触，很多几乎无法通过语言和文字进行表述。[③] 非遗博物馆对非遗文化的保护多是对文化传承人及其工艺进行登记保护，同时对技艺成品进行展示，离不开对“人”所拥有的隐性知识的传承，而在“互联网 +”数字化理念引入后，若在非遗文化获取上参照“互联网 +”发展模式，以门户网站及 RSS 订阅、搜索引擎、新闻组、电子公告板等途径进行资源获取，[④] 并不适合于非遗。因此，获取方式上还需进一步拓宽才能寻找到非遗博物馆非遗传承获取的“互联网 +”方式。

（三）管理重心冲突

“非遗”和“互联网 +”需要不同的管理方式。在获得的资源相

① 李志勇：《非物质文化遗产博物馆建设理念初探——以南京博物院非遗馆为例》，《东南文化》2015 年第 5 期。

② 吕理政：《地球是个博物馆》，（台湾）稻香出版社 1996 年版，第 3 页。

③ 张晓梅：《非物质文化遗产展示的空间形式与传播方式研究——以无锡非遗传承与创新中心展示馆为例》，《美术教育研究》2015 年第 12 期。

④ 郑继业：《试论主流媒体互联网传播方式下的传播价值评价》，《东南传播》2016 年第 2 期。

对比较丰富的情况下，由于“非遗”的特殊性质，许多经费是用在“人”的身上，这方面的管控及评估极其不易，需使传承人在非遗馆内无后顾之忧地进行创作展示，促使其技艺不断提高，形成“非遗展示—观众亲身体验—非遗保护与传承发展”的良性循环。“互联网 +”需坚持以人为本、服务创新的原则，博物馆的受众范围从个人参观到组织学习，发展领域从现实空间到网络领域，传播领域囊括境内境外，这要求博物馆注重各个层面的理性需求，创新服务毫无疑问是一大重点。关于数字化过程中的管理，各学者也没有统一意见。刘崇学认为，构建网络导航库，集合网络搜索引擎，建立重点信息镜像服务站点，建立网上咨询服务，构建网上服务平台是信息数字化的重点。① 在非遗博物馆数字化、网络化中，就表现为非遗网络信息的构建、服务平台的建立等。张秀红则认为数字化处理应注重质量规范与信息维护。② 在非遗博物馆数字化过程中，要注重非遗文化的处理方式与保管。吴少柏、肖友国等学者则认为要重视并搞好计算机网络等信息基础设施建设，不论采用何种方法手段，根本目的都在于促进服务有效性。③ 因此，关于非遗博物馆“互联网 +”的数字化建设模式，并没有统一的工作与管理重心。

（四）展示方式冲突

“非遗”和“互联网 +”的展现形式也不同。“非遗”的展示方式主要是采用“人—事—物”三合一的活态展示手段，如南京博物馆非遗馆，展示内容必须“亲民、亲切、亲近”。所谓“亲民”是与民众的生活息息相关；“亲切”是可以唤起民众过去的记忆和美好向往；“亲近”则是廉价或免费享受非遗项目的展演。而“互联网 +”模式则更多注重通过信息化的联通、受众参与的方式实现有效实在的

---

① 刘崇学：《高校重点学科文献信息的数字化和网络化服务》，《现代情报》2004 年第 7 期。

② 张秀红：《纸质档案数字化重点问题探讨》，《科技咨询》2012 年第 5 期。

③ 吴少柏等：《数字化信息服务是数字图书馆的核心和重点——中共四川省委党校数字化图书馆建设略谈》，《情报资料工作》2001 年第 5 期。

价值扩充，其主要精神在包含注重交互体验的基础上还有价值的尊重和扩大。学者对非遗馆和“互联网+”的展示方法分别进行了研究，二者不尽相同。首先，杨建蓉认为空间与个性、互动与娱乐、展示与生态是非遗博物馆展示模式选择的三个重要方面。[①] 而在“互联网+”的数字化建设模式中，黄永林、谈国新等则认为，非遗的展示方式应有所不同，这是由于其内容丰富且多变。包括对传统知识、交互设计、虚拟再现等方式。[②] 其次，即使是同为非遗博物馆“互联网+”数字建设模式的研究，对于展示方式的研究也并不相同。如张旭是从非遗数据库的标准化建设、资源共享机制等角度入手，探究非遗数字化展示媒介的重要性。[③] 李龙星、易东成则在文章中指出，建设非遗网站及虚拟展厅是非遗博物馆数字化建设的研究重点。[④]

二 博物馆、图书馆、档案馆馆际数字化协作框架的信任缺失

目前，我国 D-LAM 框架（图书馆档案馆博物馆数字化协作框架）运行状态欠佳，社会效益不尽如人意。究其根本，原因可归纳为三个方面。首先是原有管理模式的影响。我国的博物馆、图书馆、档案馆（以下简称三馆）原本有着各自的职能职责，归属于国家的不同机关，博物馆偏向于文物收集，图书馆偏向于社会服务，档案馆则是对文件的管理，自然分属于国家的不同板块，三馆间也没有较多的互通往来，对三馆数字化协作带来的影响便是这种长期各自经营管理模式造成的缺乏统一的协作模式，无法在短时间内构建共同管理的上级部门进行总体规划，[⑤] 使得我国的三馆协作模式建立和发展缺乏上级主

---

① 杨建蓉：《精神的物化，求解的过程——张家界博物馆非物质文化遗产展示馆陈列设计》，《艺术教育》2010 年第 6 期。

② 黄永林等：《中国非物质文化遗产数字化保护与开发研究》，《华中师范大学学报》2012 年第 2 期。

③ 张旭：《非物质文化遗产的数字化展示媒介研究》，《包装工程》2015 年第 10 期。

④ 李龙星等：《试论非遗数字博物馆的建立与传播》，《西部皮革》2016 年第 22 期。

⑤ 文庭孝等：《信息资源共享及其社会协调机制研究》，《中国图书馆学报》2007 年第 3 期。

管，三馆间的默契协调也过于生疏。且由于原本管理机制的不同，三馆的资源信息处理方式也有很大差异，参照的工作模板也有较大区别，在进行信息共享时难免会出现他馆资源信息无法有效检索或信息多次筛选的弊端。其次是建设资金的不足。三馆原本的职能并不要求额外的资金支持，国家财政的投入基本可以完成日常的文化事业活动，其非营利性的性质也造成三馆对创收的热情度不高。在需要建设三馆数字化协作时，由于三馆合作是一种机构与地域的突破性合作，资源信息的处理与整合以及部门间的协商需要的经济支持较高，如果仍然依托于国家财政，则明显有些力不从心，这就要求三馆转变自身的发展模式，积极开展文创等相关产业。如前所述，我国博物馆的文物衍生品开发才刚开始发展，并没有达到较高的程度，缺乏大量资金的注入，三馆合作的进程也就随之延缓。最后是制度保障的缺失。三馆资源协作共享的框架建设离不开国家各层次政府的支持，制度上的支持是重要的发展动力。而目前来看，资源整合中的法律障碍主要是知识产权法，知识产权法中仍然存在不少问题，尤其是在资源共享和产权保护上有三馆合作难以突破的界限。此外，打击网络犯罪、对个人隐私的保障等方面，我国也出现了违法行为屡禁不止的情况，导致三馆数字化协作模式存在较大的安全隐患。诸多原因，造成了博物馆图书馆档案馆馆际数字化框架协议实际运行未能达到预期效果。

本书认为，之所以出现上述困境，最主要是由于三馆之间缺乏信任，在实践中主要表现为以下三个方面：[①]

（一）合作内容不深入

三馆馆际合作的研究内容不够全面深入，由于三馆合作是一种新的发展模式，对于某些内容仍处于探索阶段，难免会出现理解上的误差与分歧，例如，在进行三馆数字化信息的建设时，容易误以为是对其自身的数字化改造，这种理解上的偏差便会造成理念和计划上重心

① 莫振轩：《我国图书馆档案馆博物馆馆际合作的现状与发展策略》，《图书馆工作与研究》2012 年第 8 期。

的失衡，资金也难免出现浪费。胡滨提出，馆际合作的方式可以有实体平台合作、数字平台合作、移动平台合作三个方面。实体平台合作是指以多馆合建方式拓展科普服务，扩大社会效益，充实展示内容；数字平台合作指从数字链接和资源共建共享两个方面开始，逐步实现建立统一数字平台；移动平台合作则是手机平台中相互嵌入信息资源，利用手机服务的便捷性，为受众提供相关资讯以及文化知识的传播，进一步扩大博物馆的公众服务与教育职能的受众范围。[①] 关于数字化信息资源整合的研究早已开始，[②] 但在实际中却未得到很好的践行，至少在网站门户搜索中，并未发现数字化信息资源整合的相关报道。

（二）合作成果局限

我国馆际合作现有研究主要集中于馆际合作发展脉络梳理、发展的意义、可行性等纲领性的内容，而对于具体的合作方针及方法模式却很少涉及。目前我国进行了不少的三馆合作，全国性的和区域性的均有，例如，全国文化信息资源共享工程便是对三馆建设重点中的信息资源的全国架构，而泰达图书档案馆、上海科学技术情报研究所等则是在地方区域内的协调合作的尝试。此外，还在尝试三馆资源的进一步整合，构建新的合作项目，如中国高等教育文献保障系统等。[③] 但是，全国统一的博物馆数字资源开发利用平台尚待建立，使得目前的合作项目多停留在两馆合作领域或一馆的资源扩充上，没有三馆间理想的数据共享合作。

（三）合作方法单一

三馆馆际合作的方法大多采用相同或类似的方法，而这些方法又并非是合理有效的。一方面，这种单一性的建设发展与研究工作的单

---

① 胡滨：《面向科普服务的图书馆与科技馆合作模式初探》，《情报探索》2015 年第 7 期。

② 肖希明等：《国外图书馆档案馆和博物馆数字资源整合研究进展》，《中国图书馆学报》2012 年第 3 期。

③ 赵益民：《图书情报档案事业一体化整合模式构建》，《图书情报研究》2010 年第 1 期。

一性有很大的关联，在对三馆合作进行研究时，主要运用定性与逻辑论断相结合的方法，较少采用统计分析与具体案例剖析，这与实际中的建设实践较少有很大的关系，但并不能就此放弃这些研究方式，统计分析与具体案例的剖析可以弥补逻辑推断对突发事项构想欠缺的局限性，也可以克服定性分析对实际作用力不足的缺点。另一方面，三馆的合作深度不足造成了合作方式的单一。同时，这种单一也往往并非是正确的。学者左雨萌、郑昂等对三馆馆际资源共享态度进行了调查，发现三馆共同能接受的 LAM 馆际资源共享的操作方法只有将三馆的信息资源以链接的方式共同发送到同一平台，在该平台上进行资源的共享。[①] 不难看出，三馆依然想保留资源的来源属性，并不愿意放弃自身的资源独特性，这种单一的合作便造成了譬如三馆合作目前的阶段性目标是将藏品数据化，构建藏品内容的数据网络化，完成基本共享，[②] 但在实践中却鲜有该方面的建设成果。又如浏阳三馆合建，[③] 晋中市科技馆、图书馆、博物馆（档案馆）建设，均是将博物馆、图书馆与档案馆进行地域上相邻的建设，对于信息的相融忌讳莫深，说明博物馆、图书馆、档案馆三馆合作时兼顾三方的合作方式选择较为局限，难以进行大范围、深层次的合作。

三　从数字化到智能化的博物馆转型

按照国际上较为通行的说法，数字化博物馆的建设可以分为三步。第一步是对博物馆的基本网络进行架构。这一步并不要求全国性网络的联通，而仅要求网络设施的联通，即只需要保障基础设施完善，可以达到在局域网中使用的程度即可。在这一步中，数字化呈现出的特点是架构简单、资源分散。第二步是将数字化信息建设完善，

---

① 左雨萌等：《图书馆档案馆和博物馆三馆馆际资源共享态度的调查与分析》，《图书馆研究》2014 年第 4 期。

② 马忠庚等：《数字图书馆的共建共享分析与研究》，《河北科技图苑》2006 年第 1 期。

③ 浏阳日报：《浏阳三馆合建项目主体建筑现雏形》，2018 年 1 月 5 日，http://www.lyrb.com.cn/html/news/lynews/szjj/2018/0105/89666.html，2020 年 5 月 12 日。

并对外形成通畅的信息网络互动。在这一时期，博物馆的数字化已经有了较好的基础，在数据的信息化、交互的方式、服务的内容等方面都已经在网络空间中得到较好的展现。第三步是实现数据的大规模整合，构建成智能博物馆。在这一步中，将会注重信息范围的进一步扩大，在信息的数量上会有一个大的突破，因为采用了更为高明的数据整合方法，并且在博物馆的各方面都已经采用了更为便捷人性与长久持续的方法模式，各方面相互作用联系，宛若一体，便成为智能化博物馆。① 我国目前的博物馆数字化水平尚处于第二阶段。

国内已经着手并建立了一些现代型博物馆，如陕西历史博物馆、上海博物馆、河南博物馆等，这些博物馆在智能化设备方面的投入占整个建筑投资的20%左右，其中一些博物馆的智能化指标达到了国际水平，但在全国博物馆整体应用上差距很大。有研究表明，我国智能建筑占比不足40%，与美国和日本的70%和60%相距甚远。② 目前的博物馆建筑智能化问题主要集中在集散控制技术建设及其贯穿适用上，集中表现为3A标准问题与系统集成应用。

在3A标准问题上，在目前的国情下，受到经济条件，尤其是博物馆资金不足问题的制约，博物馆无法建设全方位的3A标准系统，只能选择建设自身更为需要的系统。这也暴露出博物馆智能化建设缺乏模板的问题，如温湿度控制问题、文物质地的不同以及南北方气候差异，都决定了空调系统的不同，各自为政，选择自身需要的、适合的模式，确有节约成本、因地制宜的便利，但也同样造成建设模式多样、缺乏有力模板带动其他博物馆智能化建设的问题。

系统集成方面的问题，主要体现在资源不足的问题上，即智能化设备来源杂乱，没有标准接口与协议，造成改造和运用成本过高。系

---

① 付红玲：《从数字化到智能化有多远》，《软件世界》2007年第1期。

② 前瞻产业研究院：《2018年中国建筑智能化工程行业分析》，2019年1月3日，https://bg.qianzhan.com/report/detail/459/190103-a48f401b.html，2019年5月10日。

统集成是一个从目标系统到具体实现由上至下的设计，需要贯穿于整个智能化建筑工程中。但就目前的情况来看，博物馆智能化建设均是各自为政，忽略局部设备的改造与运用问题，而主要追求管理与连通技术的更新，在供需关系的带动下，国产化设备的生产也愈加减少，在运用设备的过程中，投资加大，同时也不能很好地适应我国智能化博物馆的特色需求。①

以首都博物馆新建设的智能化数字化馆为例，② 其在停车场引入了电子售票、检票系统，同时安装了电子指引展示，展厅内采用触摸屏、自动讲解设备等设备方便游览，还可通过电脑欣赏以往的展览和其他未展出的藏品。展馆内的温度调节方面，也特别安装了自动随外界气温调节的空调系统，在保证文物湿度的情况下，注重参观者的游览舒适程度。首博新馆对科技的运用已经属于国内数字化智能化的较高水平，同时也充分体现出“以人为本”的理念，这种理念还表现在其加强安保和防火措施方面。首博新馆采用的消防气体注重采用对人体无害的物质，也能有效地遏制住展览文物的起火。由此可见，目前我国博物馆数字化进程的确取得了一定的成果，数字化智能化的博物馆已经取得了一定的成效并能在实践中得到一定的运用，但依然局限于简单的网络化、数字化的硬件设施上，并没有采用高效、便捷的集成方式对博物馆结构进行完全的整合。同时，智能化水平停留在建筑设置智能化上，服务的文化性、理念性仍然没有得到充分的重视。

第四节　当代博物馆管理与评估制度的变革与探索

市场经济的多元化，造成了博物馆管理者所处环境的变化，对于

① 杨芳：《智能建筑在博物馆中的应用》，《河南科技》2001 年第 4 期。

② 科报网：《首都博物馆打造智能化数字化新馆》，2005 年 12 月 22 日，http://www.qianjia.com/html/2005－12/22_135212.html，2019 年 5 月 10 日。

博物馆的管理方式也会发生变化，博物馆自身也无法在变化的环境中保持一成不变的发展模式。在当代，文化经济浪潮大涨，文化形式日新月异，随之发生变化的，是对博物馆管理更高与更多样化的要求，避免博物馆与时代脱节，博物馆如服务、信息化程度、集成程度等的评价标准都需要做出改变。

一　常规博物馆管理的理念和操作误区

管理制度的落后是我国博物馆进一步发展中较为突出的问题之一。诚然，博物馆馆藏文物极为复杂，而博物馆自身所能容纳的馆藏数量终究是有上限的，探索文物新的保管方式与展览方式，尽可能地压缩物理空间或者扩大展馆建设，加强文物的安全工作，确保需要不同处理方式的文物得到妥善保管无可厚非。但是在现阶段，社会主义文化建设在社会生活中的占比日益增加，以往的建设经验已经不足以继续支撑博物馆的进一步发展，传统博物馆的管理理念和观念的不完备成为一大阻碍。目前我国常规博物馆管理理念上，比较有代表性的三大误区，分别对应博物馆功能定位、资源运用与建设方向问题。

（一）功能定位不准确

长久以来，收藏、研究、展示就是博物馆的基本职能，博物馆自从设计到建设，就是以保存文物和文化为目的的。例如工业时代在伦敦建立的第一家博物馆，主要是采用简单的实物展示、图片等方式向外界输送历史，其作用只是充当文物存放与展览的载体。但近年来服务也逐渐列入了博物馆的基本职能中，作为博物馆的外在职能开始出现，这是对传统博物馆的一个挑战。

20 世纪 60 年代兴起的教育终生化浪潮是博物馆服务职能的重要转变点，不在少数的国家用法律的形式将教育终生化的鼓励加以记述，使得教育终生化的思想以极高的速度成为了人们广泛认可的生活态度。在这种态势下，成人的教育浪潮出现，博物馆以其独特丰厚的文化色彩而成为学习知识的一大重要渠道，在不知不觉中，博物馆的工作重心已经开始发生变化，从保管收藏的“守门者”身份转变为社会教育和服务的重心，更多的工作重心要开始倾向于社会服务方面，这是时代的要求。

90 年代中后期以来，博物馆进一步注重对服务的加强，在展览和保管方式上都加强了对创新的摸索。如北京博物院带头开始使用网络进行文物藏品的宣传，又如苏州博物馆引入先进的投影等技术对藏品进行现代化展览等。在展览上，将“陈列精品”作为办展览的方向，十大陈列展览精品评选水平逐年提高。然而在大的社会风气的带动上成果并不理想，截至 2019 年 4 月，仅陕西与重庆两地政府通过通知的形式在本省的教育方针中加入了博物馆学习环节，其余省份并未有类似做法，而这种情况从最近一次学者统计以来已持续 8 年。[①] 由此可见，传统博物馆的职能转变并未能跟上时代的步伐，已然成为了其进一步发展的绊脚石。

根据本书对中国知网数据的调查，2007—2019 年（4 月），博物馆研究方面的文章逐渐减少，关于陈列和展览的探索文章开始增加，见图 2－15。

如图 2－15 所示，可以明显看出，对于博物馆展览方面的学术研究数目迅速上升，即使在 2015 年左右有所回落，研究数目依然处于增长态势，2019 年数量较少与统计时间有很大关系。而博物馆保管方面学术文献数目少，年度间也没有太大变化，一直处于比较低迷的状态。这说明博物馆开始注意到传统博物馆职能定位上的生存弊端，开始摸索进行博物馆改革，力图把重心转移到社会服务上面。

（二）资源运用不合理

文物的多样性决定了对展览条件要求的多样，而博物馆作为一个客观建立的机构，并不可能满足所有文物的需要，更不可能为未来可

---

① 魏敏：《博物馆展览文字浅析——观众研究视野中的案例分析》，《东南文化》2012 年第 2 期。

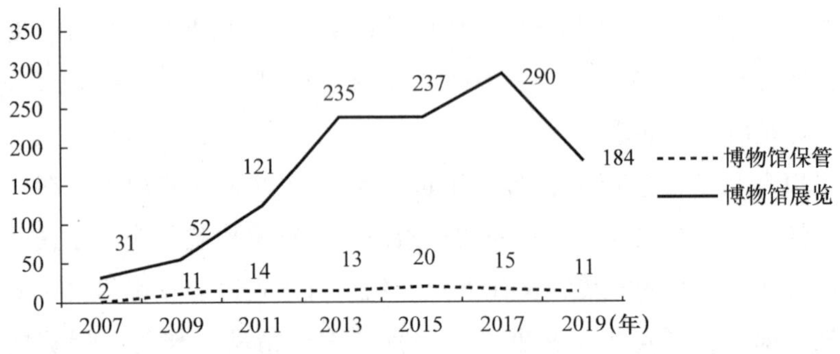

图 2－15 取样年份两种文献数目曲线

数据来源：本书调研。

能会发现的文物预留出充足的物质条件，这就使得博物馆在展览时，只能进行较少文物的展示，对于环境条件要求高的文物只能进行雪藏。① 随着互联网对人们的生活产生日益深远的影响，多媒体数字化的展示手段在博物馆的展览中的作用也愈发重要，但大部分学者仍将多媒体数字化视为展览的一种辅助手段。②

对于资源运用的不合理主要体现在三个方面：首先是博物馆馆藏资源的获取对象较为死板，方式过于狭隘。如前文所述，传统的实体博物馆一般采用“征调、购买、受赠”等方式获得文物资料，同时，也常将一些难以保存、难以评估价值的非实体文物拒之门外。其次是在博物馆馆藏资源的利用与开发上。博物馆间存在竞争压力，传统的博物馆以游客量作为自身争取支持和业绩的唯一方式，难免存在馆藏资源的过分保护，无法进行合作研究，难以发掘同时期问题、不同时期同质文物的共性问题，在阻碍考古研究工作进步的同时，也造成了博物馆资源的浪费。最后是在博物馆馆藏资源的应用方式上。传统博物馆采用展览、临摹的方式，将珍贵级别的文物藏品进行展览传递，

---

① 周加胜：《国内博物馆传统展览业的数字化应用及对策》，《惠州学院学报》2016年第4期。

② 黄芳：《多媒体技术在现代展览中的运用》，《南方论刊》2011年第7期。

耗费资源成本高，工艺粗糙，易在研究和转移的过程中受到各种不利环境影响，破坏文物原件。① 同时，在文物藏品的开发中，由于博物馆的公益事业性质，博物馆对于市场经济的了解处于一个较薄弱的状态，即使近年来加强了与市场经济的接触，但时间短、基础差，造成了博物馆在迈入市场经济过程中的被动局面，主要表现在筹集资金渠道狭窄、建馆缺乏经验两个方面。由于长久以来博物馆是依托于政府财政而生存，博物馆的管理人员并没有具备良好的市场经济思想，并没有深入实践“全社会参与文物保护的新体制”②。招商银行在2007年20年行庆期间，与中国交响乐队合作举行慈善音乐会巡演，说明企业有扶持公益事业的能力与意识，但博物馆方面缺乏对外交流能力，使得外界对于博物馆功能与性质的了解存在偏差，影响到了博物馆的资金筹集与开发进步。因此，资源运用不合理是传统博物馆理念和操作的又一个误区。

（三）建设方向不正确

博物馆建设，不仅仅是建馆，还包括管理等建设。首先，在建馆方面，由于传统观念和过去实践的影响，博物馆对于文物依然更多注重实体的保管和展览，这种观念在大型文物出现的情况下便会使博物馆对于建设面积有了更多的要求，想要通过扩大展览空间的方式来进行文物的展览，这一过程无疑是耗费人力财力的过程，③ 同时，又因为经验不足，不注重实用性，造成资金浪费，如将东方艺术中心与博物馆做类比，其主体玻璃设计师是法国人保罗·安罗德鲁。它的4700块玻璃幕墙“外罩”，每次清洗需4万元，同时，大量辅助设备的使用，使得其耗电量极高，每天维护成本高达9万元，电费开销达

---

① 邱黎捷：《数字化博物馆与传统博物馆的几个对比》，《赤峰学院学报》（自然科学版）2014年第7期。

② 郑欣淼：《建立全社会参与的文物保护新体制》，《求是》2000年第23期。

③ 杨承兴：《数字化博物馆与传统博物馆相比所具备的特点》，《科技创新与应用》2012年第10期。

到了整个艺术中心开销的1/3。[①] 同时，这也暴露出博物馆管理缺乏经验、能力有所欠缺的问题。其次，在管理体制建设上，博物馆依托于政府和财政，有一种天然的惰性，造成博物馆明显区别于公司，对于工作没有积极性与工作热情。在2015年的《博物馆条例》中，提出了博物馆理事会制度，激起了学术界的激烈讨论，对解决博物馆建设方向问题提供了新的思路。最后，建设方向重点在于创新，20世纪七八十年代，模仿国外进行博物馆建设，结果成效较低，同时，还延续了根深蒂固的存在方式，为改革增加了阻力。[②] 因此，建设方向是博物馆迎接挑战必须要慎重选择的建设目标，在数字化进程下，突破常规可能是较好的选择，但以馆坊建设和政府模式进行发展的方法是极其不理智、需要摒弃的。

二　从公共服务角度看博物馆的质量星级评估

评价标准是对博物馆设置与内容的衡量标准，同时也会对博物馆优化自身内容产生促进作用。对博物馆的监管和奖惩依据在2015年《博物馆条例》出台前，主要是《博物馆管理办法》（2005）第6条[③]以及《省、市、自治区博物馆工作条例》（1979）、《博物馆安全保卫工作规定》（1985）、《博物馆藏品管理办法》（1986）、《文物藏品定级标准》（2001）等，2015年国务院发布《博物馆条例》，成为博物馆相关法规中的最高规定，其中第7条指出文物主管部门对博物馆的监管作用。[④] 2008年国家文物局首次开展了国家一级博物馆定级评

---

① 扬子晚报：《上海建豪华剧院，玻璃幕墙洗一次要4万》，2007年2月9日，http：//news. sina. com. cn/c/2007－02－09/145511206534s. shtml，2019年5月10日。

② 尹彤云：《从物到文化遗产：传统博物馆发展的新趋向》，《文物世界》2006年第5期。

③ 《博物馆管理办法》（2005）（中华人民共和国文化部部令 第35号）第6条：国务院文物行政部门主管全国博物馆工作。县级以上地方文物行政部门对本行政区域内的博物馆实施监督和管理。

④ 《博物馆条例》（2015）第7条：国家文物主管部门负责全国博物馆监督管理工作。国务院其他有关部门在各自职责范围内负责有关的博物馆管理工作。县级以上地方人民政府文物主管部门负责本行政区域的博物馆监督管理工作。县级以上地方人民政府其他有关部门在各自职责范围内负责本行政区域内有关的博物馆管理工作。

测，2010 年又对国家一级博物馆两年间的活动经营进行了评价，2011 年的评估报告是能搜索到的最新的评估，2013 年发布至今已 7 年，并无新的总体评估报告。这些评估工作的法律支撑便是国家文物局的《国家一级博物馆运行评估规则（试行）》与《国家一级博物馆运行评估规则指标体系（试行）》（以下简称《指标体系》）。

（一）从《指标体系》看博物馆质量评估

在《指标体系》中，进行评估工作的评判涉及博物馆运行的各个方面，既有关于藏品的管理与保护，也有藏品的信息完善程度等与研究探索相关方面，同时也有展览方面的要求。大体上总结起来有五个方面：博物馆本身建设、服务质量水平、藏品的管理、科研水平以及教育功能。进行评价的方法主要是通过定性与定量评估，在定性评估中，专家组队对博物馆的各个方面进行考察，得出各方面完善程度的结论，在此基础上对博物馆的建设水平做出总体性的评价，在定量评价中，则是通过博物馆进行科研数目、参观人数、参观人员满意度比例等数据分析，划定不同评判结果的界限，通过数据比例真实地计算博物馆各方面所获分数。定性与定量评估最终按照 7∶3 的比例，计算出博物馆最终的得分。

1. 评估指标设置有瑕疵

通过观察评估指标体系中各个分值的占比，发现在一级博物馆的指标中，藏品的管理、科研水平以及教育功能占有较大的比例，分别占到了分数总值的 20%、20%、35%。在教育功能中，也包含展览方面的内容，这是符合二者的客观联系的，也说明了博物馆展览的根本目的应该是社会教育。博物馆本身建设、服务质量水平的分值占比分别为 10% 和 15%，这并不是一个较高的分值设定，联系前面占有较大分值的教育功能，可以发现这么一个事实，博物馆的管理上更多的是在进行“自身”的建设，使得博物馆仅仅建设出管理者想要的形式，并不在意最终表现出来的信息内容与形式是否能被公众平和地接受，简单来说，便是存在闭门造车的倾向。

这一点在定量评估方面也有所体现，通过对定量评估设置的观察和分析，发现在教育功能中，进行评估的主要参考数据是进行专题讲座的数量、省级优秀陈列获奖的数目以及召开论坛的数目，这几个数据占据了定量评估部分分值的前两名，而对于这些讲座与论坛所能取得的实际成效、展览方式与陈列方式是否能让受众较好较全面地进行参观并未涉及。由此可见，博物馆级别的评估标准在分数占比上服务质量的比例较小，并不利于博物馆与公众的友好互动，在教育和社会服务方面的评估方式上，又未能表现为公众服务的建设趋向，这在当代是极不利于博物馆融入新时代环境的。

2. 博物馆公共服务内容得分情况较差

鉴于最新的2018年公布的《2014—2016年度国家一级博物馆运行评估结果》仅有总体的结果评定，[①] 本书根据2011年度国家一级博物馆运行评估报告，发现国家一级博物馆的“公共关系与社会服务”项目总计15分，湖南省博物馆获得了最高的13.4800分，最低的为东北烈士纪念馆，仅为7.5467分，得分在10分以上的博物馆相比于2010年增加了24家，12分以上的出现了6家。但参评博物馆该内容的平均得分仍不足10分，相比于其他项目的得分与分值总数的占比接近80%而言，公共服务方面仍然较为薄弱。同时，定性部分“公共关系与社会服务”的总分值最低，仅为15分，其余均在20分以上，藏品管理高达35分，本身的态度就使得它不被重视。[②]

通过对现有评估规定的分析与博物馆得分情况的对比分析，可以得出以下博物馆评估方面的问题，这些问题，都直接或间接地影响到博物馆教育与公共服务职能的开展。首先，目前进行博物馆评估仅是

---

① 中国博物馆协会：《关于2014—2016年度国家一级博物馆运行评估结果的通报》，2018年9月5日，http：//www.chinamuseum.org.cn/a/xiehuigonggao/20180905/12549.html，2019年5月10日。

② 国家文物局：《关于2011年度国家一级博物馆运行评估结果的通报》，2013年2月1日，http：//www.gov.cn/zwgk/2013-02/07/content_2328882.htm，2019年5月10日。

对一定范围内或者一定层级的博物馆进行评估，覆盖面较窄，因为并未对发展不好的其他博物馆进行评估，其难以发现自身的问题与缺陷，也就难以发挥一级博物馆的带头作用，博物馆的大规模兴起自然受到阻碍；其次，博物馆进行评估所采用的体系标准并不健全，对于公共服务的得分占比并不恰当，对于社会教育的实际评价内容又缺乏公众参与，并不能较好地体现与公众的关系；最后，各方面并未规定及格标准线，正如在前文所述的在公共服务项目的各博物馆得分占比的统计中，由于并未有及格线的存在，博物馆可以有选择地放弃该内容的得分，即使该部分内容尤为重要，这种有可挑选性的发展建设无疑是博物馆现代化发展的一大弊病。

（二）国内景区5A级评定方式的启示

根据国家旅游局公布的相关信息，AAAAA是关于景区的评定体系，是我国制定的比较成熟的景区评价规范，各景区向来以被评定为5A级景区为荣，因为这代表着景区的最高荣誉。5A级景区的评定之所以能得到高度的认可，其实与公众的参与是密不可分的，如果公众并不关注景区是否是5A级景区或者公众对于5A级景区的感官和认知与其他景区并无不同，景区对于5A级的评定荣誉便不会如此看重，这便构成了一个良好的循环，公众的参观评价促使景区努力成为5A级景区，而公众知晓其5A级景区水平，便会更多地来进行参观，这种循环也是博物馆需要的，因此有必要参考5A级景区的评价方式探索博物馆评估的合理标准。

1. 景区5A评定标准

评分标准主要分为三个部分，5A需要每个部分都不低于一定分值。第一部分为服务质量和环境质量，规定了总分为1000分，同时限定了5A级景区的最低标准为950分。其内又包括旅游交通130分，通过对内外交通的便捷程度、停车场的建设程度进行考察得出；游览235分，对景区各个方面设施是否做到了人性化设计进行评价，甚至涉及门票的样式与材质、公共信息的可辨识程度、服务的方便选择程度等细节方面，特色性也是这部分的重点之一；安全方面为80分，设置安全措施必须有一整套的内容，包括从最开始的防范到发生危险后的处理方式，同时做了惩罚的规定，如果发生严重的安全事故，将会对评分进行额外的扣分；其他还有卫生、邮电、购物、综合管理、资源保护等一共七个方面的内容。

第二部分为景观质量评分，共计100分，同样对5A作出了最低90分的限制，分为资源吸引力、市场影响力两部分内容，在此就不再赘述。

第三部分为游客意见评分，5A级景区的评定标准中将游客意见作为一个单独的部分进行了规定，无疑体现了其对游客意见的重视程度，共计100分，5A不低于90分，包括了从基本服务到便捷服务再到高追求服务的各个方面，游客可以对自己在景区的任一体验进行意见的发表，这些意见最终均可以在5A评定结果中得到体现，充分尊重了游客的体验，也有利于促进景区改进服务，更好地围绕游客进行服务建设。

可以发现，在景区5A评定中，从旅游交通如停车场建设，到游客公共设施建设如景点标示，再到安全问题如医疗服务等，都以“人”为中心进行评估，同时，游客意见评分也占有不小的比例，对5A级还有最低分数的特别要求。而在博物馆中，并没有各方面最低要求的限制，追求总分达标，往往忽略了本就比重不大的“以人为本”部分的建设，预示着博物馆建设可以向景区5A评定标准学习。

2. 景区5A评定标准与博物馆评定标准的差异与启示

首先，是各部分的分数要求。一级博物馆评估标准中，对于博物馆各部分内容需要得到多少分数并没有明确的规定，即要求总分而未要求各部分的具体分数，而景区5A评定中，三个部分都对5A级景区分数进行了限制。同时，在博物馆评估标准中，分数的合格线远低于5A级景区评定，使得博物馆对于评估重视程度低，通过率高，不能引起博物馆的重视。其次，5A级景区中将游客评分作为了一个重要内容，同样对景区进行了分数限制，放大了公众对景区评分的影响，有利于刺激景区进行服务于公众的基础设施建设与互动式体验设置，这一点在一级博物馆评估标准中同样没有体现，博物馆的评分标准更倾向于行政程序，而使得其与公众联系不够紧密。最后，是公共服务内容评分比例问题。如前文所述，一级博物馆评分标准中，公共服务内容的分数占比极低，同时也没有最低分数的强制要求，而在景区5A评分标准中，游览部分与公众紧密联系部分分数高达235分，占总分的四分之一，评分标准设置中就足见景区5A标准更为重视公众体验内容。

有省市已经开始效仿景区5A评定对博物馆进行评估测评，如浙江省2006年公布的《浙江省博物馆评估定级办法》《浙江省博物馆评估定级标准试行方案》等。[①] 但通过对其标准进行观察发现，其评估内容包括开放和社会服务、藏品管理与科研、行政管理三大类，开放和社会服务的了类中包括展览要求、基本陈列、临时展览、展览营销四个方面。对于硬件设施的要求较高，如大型博物馆场地范围要求、藏品数目等，将登录型的现代化数字博物馆排除在外。同时，依然采取总分值，没有各板块内容的最低分数要求，更没有关于公共服务反馈等方面的评分。可以说，这是一个单纯的形式上的模仿，并没有达到“以人为本”的评估目的。

综上所述，博物馆的星级评定应该在现有基础上增加几个方面的内容：第一，增加各板块的最低分数限制，要求各部分得分均及格或者达到一定比例才能参与最终评定；第二，增加公共服务和社会教育方面的分数比重，至少达到25%，达到四个板块总分的四分之一以上，同时，增加公众投票或公众评价打分的项目，同样规定最低分数

① 百度文库：《浙江省博物馆评估定级办法（征求意见稿）》，2006年12月20日，http：//wenku. baidu. com/view/7a4ddde4a36925c52cc58bd63186bceb18e8edda. html，2019年5月10日。

线或者最低要求；第三，评定标准中，应该将公众服务部分评分加重，鼓励博物馆向公众服务方向转变；第四，加快评选速度，目前最新的博物馆评估报告仅为《2014—2016年度国家一级博物馆运行评估结果》，应加快更新对博物馆的评估监督；第五，发挥行业组织的作用，由博物馆行业组织对博物馆进行监督和管理。如此，促进博物馆体制改革，探索建立更为合理有效的管理方法与发展方向。

第三章 博物馆知识共享法律保障机制的理论研究

如前所述，博物馆知识共享机制的建立既有科技进步和文化需求的必要性，也有组织结构和硬件设施的可行性，因此，构建以博物馆为核心的知识共享机制势在必行。诚然，现实问题不可回避。博物馆在新兴技术的挑战之下，其角色和功能发生了新的变化，数字化乃至智能化带来的机遇和挑战同样值得社会各界重视；博物馆的馆藏资源的知识产权纠纷，以及秉持公益性的前提下对市场化一定范围的试验，如与文创产业和旅游业的对接，相关的法律制度亟待建立和修订；甚至回归博物馆原始定位，如何在新的技术和大众消费理念引导之下做出调整，从而顺应潮流并促进其收藏、教育、研究和传播功能发扬光大，都需要社会各界有识之士进行深入研究。理论来自实践，实践反哺理论，为更好地分析和解决上述问题，本章从法理学、政治经济学和博物馆学三个角度进行探讨和研究。

第一节 博物馆知识共享的法理学分析

何谓公平，何谓效率，学者和专家纷纷提出自己的看法和观点，导致对公平和效率的不同理解，对二者关系的把握和阐述也互有差异。一般而言，在谈及公平与效率的关系时，首先应确定研究的入手点和领域。卫兴华认为从社会经济关系考察，效率主要与经济相关，突出经济收益与劳动生产效率之间的关系，即两者是正相关的。考虑到劳动者收入分配，所谓公平与效率，则应兼顾两者的平衡。①

“效率优先，兼顾公平”是处理二者关系的一个原则。强调效率优先，表现出人们对资本投入的期望，投入越低，产出越高，效率就越高。市场由于能够较好地配置资源，自发地调整经济活动，因此市场就是以效率为原则，并以提高效率为目的的。兼顾公平，主要涉及提高经济效率之后收益的分配问题。既然是“兼顾”，那就是说，效率与公平同等重要。但是，两者没有冲突便罢，若有冲突，还是要区分谁优先的问题。关键是如何正确理解“兼顾”，是对立关系下对公平的“兼顾”还是统一关系下对公平的“兼顾”。对这一点，有学者也观察到如果过分强调公平，会降低效率，而过分强调效率，又会损害公平，这是一种此消彼长的关系，难以统一。② 对此也有不同声音，认为公平与效率并无矛盾冲突。没有效率，公平无法得到必要的物质保障；同样，没有公平，社会就会失去稳定，人们容易丧失积极性。③简言之，公平与效率是一种双向互动的关系。

一　基于公平和效率的知识共享与利益分配

博物馆知识共享涉及多方当事人，限于篇幅，将其简化为主要的两类：博物馆和公众。博物馆知识共享的产生有其深刻的社会和经济原因。简言之，知识的共享是应对权利人权利不断增强、新技术对作品便利使用所带来的侵权频发、社会公众自由接触足够信息不满、权利人对权利保护未来预期的失望等矛盾和冲突之下的一种有效的解决途径。归纳一下，博物馆知识共享的优势主要表现在以下几个方面：

① 卫兴华等：《公平与效率的新选择》，经济科学出版社2008年版，第17—18页。

② 关信平：《社会政策行动中的公平与效率》，《中国社会导刊》2008年第2期。

③ 申晓红：《浅议公平与效率》，《山西财经大学学报》（高等教育版）2008年第S1期。

（一）缓解私权与知识产品公共性紧张关系的有效办法

知识产权是一种私权，是法律赋予的一定条件下的“合法垄断”，没有私权保证，权利人创作便失去必要的经济支撑；有了私权保证，公众接触作品和信息又都必须完全置于权利人绝对权控制之下。因此，“没有合法的垄断就不会有足够的信息生产出来，但是有了合法的垄断就不会有太多的信息被利用”①，为了解决这种两难局面，知识共享应运而生。一方面，博物馆自身的社会角色和属性可以利用知识产权的例外制度，自由开放其馆藏资源，使公众免费接触（free access）；另一方面，博物馆知识共享并非“拿来主义”，而是在一定条件下的共享，即针对某些权利仍需获得权利人许可并向其支付费用。这就既可以防止借由公益之借口过度压制权利人权利，使得权利人和社会公益各得其所，进一步落实知识产权平衡理念。

（二）实现知识产权法律宗旨的可靠手段

激励和促进新成果诞生并使其被社会广泛使用，从而使社会不断进步是知识产权法设计的宗旨。在这个过程中，传播、使用和分享是将权利人与社会公众联系起来的纽带，没有这一过程，知识产权的创新就会失去动力；没有这一过程，社会公众无法获取必要知识和信息。因此，禁止权利滥用是知识产权制度的法理学基础。权利滥用是权利人不当扩张权利范围的行为。出现权利滥用的原因有两个方面，一方面，关于权利的法律规范多为授权和确权规范，对权利人如何行使和实现自身权利并不作过多规定，这就在法律制度中为权利滥用留下了空间；另一方面，权利主体也在不断追求自身利益的最大化。②禁止权利滥用原则最早出现在罗马法中，罗马法认为任何人不得不当使用自己的财产是国家利益之所在。③ 权利的意义是自由，但自由也

① ［美］罗伯特·考特、托马斯·尤伦：《法和经济学》，张军等译，上海三联书店1991年版，第185页。

② 吕明瑜：《论知识产权垄断法律控制的理论基础》，《河北法学》2009年第2期。

③ 易继明：《禁止权利滥用原则在知识产权领域中的适用》，《中国法学》2013年第4期。

是相对的，存在于法律规定的范围之内，任何一方行使权利超过必要限度都会损害对方权利。[①] 自由的相对性体现为权利与义务的共生共存，权利人在行使权利的同时必须负担相应义务，即社会公众承认并尊重权利人的专有权，权利人也应当将智力劳动成果与社会公众分享，行使其权利时都必须严格依照法律规定，避免权利滥用阻碍科学技术进步和文化繁荣。

（三）有助于提高制度运行效率，降低交易成本，实现社会整体效益最大化

在知识产权专有权安排之下，商标、版权和专利的使用需要通过权利人授权，这就涉及制度本身的效率问题。设想一下，如果没有知识共享，使用人每使用一次他人的知识产权，或者每换一种使用方式或使用知识产权的不同部分都需要和权利人签订合同，即便是再完备的合同也无法预见尚未发生的所有的问题。若权利人使用格式条款，虽然方便可行，但是也需要受制于法律规则约束。[②] 一波未平一波又起，在新媒体网络环境下，任何知识产权产品的使用如果也必须取得权利人的一一授权许可，博物馆的数字化进程以及网络信息传播的客观需求都无法得到充分满足，其效率无疑是十分低下的。而且，权利人行使权利，其实质是通过同主体之间的产权交易行为实现知识产品的利用。交易行为的完成需要投入各项成本，如获取必要信息、不断力争和妥协、合同监督和履行等环节。知识共享可以提高交易效率，可以快速寻找合适的交易人、交易内容和交易方式，这就大大地降低了交易成本，促成交易达成。换言之，博物馆知识共享是借助博物馆公益平台实现知识和信息的最大范围的传播，在这个基础上使公众利益最大化。

---

① 谢可训：《知识产权滥用的法律规制》，上海社会科学院出版社 2011 年版，第 46—50 页。

② 参见国家工商行政管理总局令第 51 号，《合同违法行为监督处理办法》，2010 年 11 月 13 日施行，它主要约束经营者使用格式合同，主要存在于通信等行业。

（四）有助于突破“控制就等于利益”的桎梏

知识共享的最大障碍在于知识产品的所有人一直以来都是强调如何通过控制来获得利益。似乎脱离权利人的控制，知识产品的利用以及收益都是权利人无法预知的，有损于权利人合法权利。然而，美国学者劳伦斯（Lawrence Lessig）并不认同这一观点，他认为“没有控制也能有补偿”（compensation without control）。[①] 简言之，在所有的财产权利赋予权利人广泛的利益与否认知识产权权利保护之间，知识共享的出现给予了一种微妙的居中平衡。当然，这种知识共享并非完全剥夺权利人利益，而是限制或者约束了权利人的专有权，让其失去谈判权而非经济利益请求权，也就是说，博物馆在实现知识共享的过程中，对于知识产品权利人的精神权利和财产权利也应给予尊重和保护，同时权利人对博物馆利用其作品给予一定的自由权，不经过其许可和谈判。这样，就可以避免博物馆任意损害权利人权利，而权利人一味追求控制而忽略知识产品的公共性这一突出矛盾。因此，博物馆知识共享是对这两种容易产生极端后果的“理性妥协”（reasonable compromise）。

二　公众接触自由在博物馆知识共享中的作用与价值

维护公共利益体现了博物馆知识共享的终极目标。公共利益一词中蕴含了这样一种含义，即多数人的利益高于个人利益，在全社会的共同利益面前，任何公民的个人私利都应当做出让步。个人权利的实现固然重要，但对个人权利进行限制也是公共利益的需要。知识产品一方面是创造者个人创造性劳动的产物，另一方面也是借鉴和利用已有知识产品的产物，不论从内容还是时间上来考察都是对已有知识产品的继承。新创造的知识产品中必然包含了前人的知识成果，因此社

---

① Lawrence Lessig, *The Future of Ideas* (New York: Vintage Books, 2001), 转引自 Robert P. Merges, *Compulsory Licensing vs. the Three "Golden Oldies" Property Rights, Contracts, and Markets*, Cato Policy Analysis, No. 508, 2004.

会公众对其也享有合法的利益。[①] 权利人行使知识产权必须以承担一定的社会责任为前提，当知识产品创造者的个人利益与公共利益发生冲突时，博物馆知识共享通过限制个人利益来促进知识产品的广泛传播，从而最大限度地增进公共利益，实现社会科学事业的进步和文化事业的繁荣。

一方面，促进传播，在增加社会知识总量的前提下保证公众获取信息量的充沛，在一定意义上保证了人们行使言论自由的基础。如前所述，博物馆最重要的功能之一就是传播，而传播就是信息的共享，[②] 是有意图地施加影响，[③] 也是信息交流的互动过程，[④] 另外，传播更是社会信息系统的运行。[⑤] 传播的重要性不言而喻，而博物馆恰恰承担其这一关键任务，知识共享机制的构建是推动这一任务顺利履行的“加油站”。正如法国学者阿芒·马特拉（Armand Mattelart）认为的一样，“通过不断地扩大人员、物质与象征财富的流动来加速逐渐扩大的整体对社会的融合，并且不停地移动物质、知识和精神的边界”[⑥]。只有如此，社会公众通过博物馆自由广泛地接触海量的信息和知识，进而滋养精神，培育品质，这是言论自由权利正确行使的必要物质基础。

另一方面，拓展渠道，利用博物馆平台满足公众接触信息的大众化和小众化，实现灵活自由的需求订制。传播的大众化与互联网技术、多媒体技术、通信技术和数字技术的迅猛发展相伴相生，它强调媒介受众范围的扩大和普及。促成传播大众化的两个主要动力：一是

① 冯晓青：《论知识产权的若干限制》，《中国人民大学学报》2004 年第 1 期。

② 林哲等：《我国国家文化整合传播：概念、动因和目标分析》，《国际论坛》2005 年第 1 期。

③ 黄东英：《论政治制度与传播制度的关系》，《云南行政学院学报》2010 年第 6 期。

④ 陈自清：《论大众传媒的德育功能》，《安徽广播电视大学学报》2006 年第 1 期。

⑤ 翟杰全等：《对“科学传播”概念的若干分析》，《北京理工大学学报》（社会科学版）2002 年第 3 期。

⑥ ［法］阿芒·马特拉：《传播的世界化》，朱振明译，中国传媒大学出版社 2007 年版，第 1—2 页。

以新兴传播技术武装起来的新媒体，包括网络传播媒体、新电视媒体和手机媒体；[①] 二是以互联网为平台的更加私人化、平民化、普泛化、自主化的传播者的群体总称，他们以博客等现代化、电子化的手段，向不特定或者特定的对象进行自主信息发布。[②] 相反，传播的小众化则强调由于社会变革促使新的社会群体急需发出自己的声音，也导致新的媒体出现。传播的受众开始分化，类型增多，但由于特定受众群体人数较少，出现“小众化”现象。[③] 简言之，传播的大众化侧重于新兴技术对传播媒介的直接影响，传播的小众化则偏好于社会阶层分化对传播媒介的间接影响。因此，博物馆在实现知识共享的过程中，新兴传播技术的利用是必不可少的，只有掌握并且能够良好运作新兴技术的博物馆在文化产品和信息商品的传播方面才能占据相当的优势；而传播的小众化要求博物馆主动调查和选择符合不同类型媒介受众的信息消费口味和习惯，唯有如此，才能更好地履行其传播角色，实现其社会价值。

三　竞争秩序对博物馆知识共享建设的独特功能

探究竞争秩序对博物馆知识共享建设的独特功能之前，需要先明确一个问题，知识产品的权利人怎样从法律层面获得支持进而根据自己创作的产品获得市场回报。对此问题的回答可从财产权相关理论出发，归纳起来有这么几个方面：其一，对作者创造性劳动成果赋予必要的社会认可，这也是洛克学说坚持的劳动价值的体现；[④] 普芬道夫理论说明私有财产具有天然的排他性；[⑤] 而个人财产绝对支配权理念

---

① 穆艳花：《新型信息传播媒体类型分析》，《青海民族大学学报》（教育科学版）2010 年第 5 期。

② 张彬：《对“自媒体”的概念界定及思考》，《今传媒》2008 年第 8 期。

③ 陈红艳：《当代社会阶层分化对大众传播的影响》，《社会》2003 年第 1 期。

④ 张育楠：《论洛克之财产权观》，《宁德师专学报》（哲学社会科学版）2010 年第 3 期。

⑤ 王铁雄：《普芬道夫的自然财产权理论》，《前沿》2010 年第 7 期。

下，私人财产神圣不可侵犯。[①] 也就是说，作者对其作品享有专有权，只有获得作者同意和授权方可使用作品。其二，从创造知识产品的动机看，就是通过智慧创作换取应有的经济利益。而这一方式通常是依赖市场交换完成的。美国学者 Robert P. Merges 认为明确的财产权、多样的合同和自愿的市场是必要的保障手段，这同时也是未来财富增长和文化多样性的前提。[②]

然而，如前所述，博物馆知识共享机制建设中遭遇技术、知识产权、管理等重重困难。就技术而言，不单单是数字化的升级和拓展，更是智能化和智慧化的转型；而横亘在博物馆与公众之间的知识产权所有人又依据上述法理在著作权许可、衍生品创意等方面延缓知识共享的进程；不同范围、不同领域、不同级别的博物馆在面临新技术和新媒体的挑战中，如何转变管理模式和方式，让其更好地适应和应对时代要求，都是构建一个科学有效的博物馆知识共享机制的关键因素。基于此，市场经济环境下培育良好的竞争秩序，是解决上述难题的前提和基础。

一方面，秩序是法律的基本价值，它是法律规范和法制实际实现的结果，保证社会所有成员无阻碍地享受赋予他们的权利，并且履行他们的法律义务。[③] 目前，我国知识产权法律制度对涉及博物馆及其馆藏资源的保护不到位，导致他人任意使用博物馆馆藏资源，如复制仿制馆藏文物、企业侵犯博物馆商标权现象屡禁不止。此外，出于信息不对称和信任机制缺乏，纵有新兴技术在手，博物馆馆际数字化协作框架建设仍然缓慢停滞。落后的博物馆管理理念使博物馆内容重复建设，大同小异，缺少对博物馆受众欣赏口味的调查和分析，脱离市场实际需求。诸如此类，严重阻碍了博物馆知识共享机制的顺利运

---

① 王铁雄：《布莱克斯通与美国财产法个人绝对财产权观》，《比较法研究》2009 年第 4 期。

② Robert P. Merges, *Compulsory Licensing vs. the Three "Golden Oldies" Property Rights, Contracts, and Markets*, Cato Policy Analysis, No. 508, 2004.

③ ［苏］J. T. C. 雅维茨：《法的一般理论——社会和哲学问题》，朱景文译，辽宁人民出版社 1986 年版，第 203 页。

行。因此，必须首先界定清楚博物馆对其馆藏资源的权利义务；另外，现代社会法律与秩序的关系在于秩序的建立要通过一定的法律制度作为条件，通过法律让秩序和行为规范不变，这样人们才有可能根据确立的制度预测自己的行为，从而最终形成一种合作和解决纠纷的定式，[①] 在这个意义上，只有通过制度完善博物馆馆际合作和管理，才是真正凸显秩序的价值。

另一方面，有序且公平的市场竞争才能保证社会大众自由、充分、合法地享受精神产品，这也是博物馆知识共享机制生存发展的土壤。就调整博物馆和公众之间法律关系而言，知识共享可以促进知识产品、信息和资源从静态的权利保护和更加积极的动态利用，而健康的竞争环境又能保证知识共享顺利进行。正因如此，美国信息技术和创新基金会（Information Technology and Innovation Foundation）的资深评论员丹尼尔（Deniel Castro）从促进市场准入（market entry）和鼓励竞争方面论证道，“无论是权利人还是博物馆都会受惠于这种制度所产生的巨大福利”[②]。学者柯泽认为市场最大的优点是自由，只有自由的市场才能促进各生产资料在不同劳动者之间分配。其中传播的价值不言而喻，只有能够保障自由发表观点和交流的市场，才能保证市场中每个主体享有宪法赋予的各项权利。[③] 换言之，博物馆知识共享可以有力保障知识信息充分自由地传播，这具有十分重要的意义。

第二节　博物馆知识共享的政治经济学分析

从某种意义上，博物馆知识共享的提出和发展，相关制度的讨论和构建都是一个法律逐步成熟的过程。在制定新规则的同时，市场经

---

① 邢建国：《秩序论》，朱景文译，人民出版社 1993 年版，第 5—7 页。

② Daniel Castro, “Internet Radio and Copyright Royalties: Reforming a Broken System, Information Technology and Innovation Foundation Reports”, *Electronic Journal*, 2008, pp. 231 - 256.

③ 柯泽：《理性与传媒发展》，上海三联书店 2009 年版，第 3 页。

济和新媒体技术也对博物馆知识共享制度提出了挑战，滞后于社会市场的法律规制需要做出相应的制度变迁。作为替代企业和科研院所的知识共享主体，博物馆具有非常独特的社会定位。鉴于本书主要研究的是国有博物馆，因此博物馆知识共享自一开始就带着复杂的角色定位。公益、教育、传播、文明等都是博物馆知识共享身上的标签。基于此，政府对于博物馆知识共享的构建和运行也乐见其成，也愿意为此从上层建筑出发制定良好的制度保障，这就是本节从政治经济学进行分析的初衷。

一 从政府规制看博物馆知识共享的动因

如前所述，无论是企业知识共享还是科研院所知识共享都有其无法回避的缺点，而博物馆自身的公益性和传播性都是驱使其成为天然知识共享主体的根本属性。但是，不可忽略的是，博物馆知识共享中也存在方方面面的利益关系，这些利益关系既是博物馆知识共享的现实起点，也是政府规制在法律层面的逻辑起点。博物馆与藏品的所有人、博物馆与公众以及博物馆与博物馆之间的横向利益关系，使得立法者必须从平等民事主体角度出发将制度设计层面的公平、效率和秩序等因素考虑进去。为此，在知识共享层面上，要求博物馆尽其所能地开放其资源，不仅对公众，还要在馆际之间，甚至国内外博物馆之间平等地、无障碍地自由分享所有的人类文明财富；而博物馆与国家之间的纵向利益关系，又要求立法者将稳定和公共管理的行政绩效等因素考虑进去。正是博物馆知识共享这一内在的政治和经济属性，为本书对其进行政治经济学分析提供了可能。

（一）知识的创造、控制和共享

自古以来，知识就作为人类生存和发展的经验和技巧的载体，以不同面貌出现在不同的社会阶段。知识曾经被特权社会掌控，作为奴役底层人们的工具，知识也是新兴阶级博取自我成长空间的利器，如今知识更成为促进经济发展的推动力，这也是知识经济这一称谓的由来。在工业经济或商品经济转向知识经济这一过程中，人们习惯性地套用以往使用生产要素的所有权来看待知识和信息，这也是知识产权这一法律概念产生的根本原因。人们认识到知识的力量和潜在的经济价值，因此尊重创造知识和传播知识的主体，如同以往经济时代一样，立刻从法律制度上赋予上述主体以权利，试图通过赋权（专有权和控制权）来弥补和鼓励这类主体继续创造和传播知识。

然而，这种把知识作为商品，认为控制等于利益的理念依然逃不开市场的最终调整。也就是说，暂时不讨论知识是否可以作为商品，即便作为商品，市场交易中的基本规律，即供求关系依然发挥着作用。当求大于供时，拥有专有权或者控制权人，很难保证不滥用其权利，最终结果就是知识需求得不到满足，从长远来看，抑制了人们的精神生活，也损害了社会公共利益。因此，当代表大多数人利益的统治阶级在调整社会时（如立法），就必须注意这一问题进而解决这一问题。换言之，政府力量（立法机关）必须介入，依靠法律权威对知识的控制权进行限制。美国著名政治经济学家查尔斯·林德布洛德（Charles Edward Lindblom）对具有控制功能的制度概括为三种：第一，通过交换实现控制的市场；第二，通过权威实现控制的政府；第三，通过说服实现控制的组织。他认为国家和企业中都存在权威，都使用权威进行控制。交换导致合作，权威产生服从，说服也是对大众实现控制的方法。在实践中，市场、国家（政治、经济、社会等制度）、说服三种控制手段往往结合使用。① 相比较之下，市场经济体制和管理体制不断变化，而说服的执行效果难以保障，因此虽然政府权威的建立和维持需要成本，且这种建立权威的成本可能很高，但是由于权威的行使常以极为简单的方式，不需要做别的提示，就获得了人们的服从，因此与交换和说服相比，政府权威进行控制的成本更低。②

① 王振中：《政治经济学研究报告》，社会科学文献出版社 2002 年版，第 61 页。

② 杨龙：《新政治经济学导论》，中国人民大学出版社 2010 年版，第 32 页。

因此，通过政府（立法机关）修改法律及其相关制度的举措，可以更加低成本高效率地实现控制，对旧有的控制关系进行纠正，这就是博物馆知识共享在制度上可行的一个深层次原因，即政府从社会总福利出发认识到博物馆可以而且能够很好地履行这一任务，即从自身功能加大知识共享的范围和影响。

（二）知识产品的利益、市场和调整

从政治经济学角度看，政府将天然具备“公共物品”特性的知识产品从公共利益中分离出来赋予特定社会成员（权利人），以及因维护公共利益而重新调整与该特定社会成员之间的利益关系，都属于公共利益与个人利益层面的关系。这种利益调整与政府运用权力在其他领域从事管理和协调并无本质区别，都是政府在维护和控制社会稳定时的必要措施。

按属性来分，博物馆知识共享是一种以市场经济制度为制约条件、调整利益关系的政府规制。政府通过构建合理的制度来消除市场交易中的不确定性，但是同样也离不开对某一时间段内市场经济制度的参考和借鉴。只有通过合理划分政府与市场的边界，知识共享才能真正发挥作用，最终调整和平衡不同层次的利益关系。知识共享调整利益冲突的事实说明，在知识传播过程中，要在多大程度上发挥政府的规制作用，政府如何对利益冲突进行规制，取决于在多大程度上以及怎样发挥市场的自发调节作用。因此，知识共享是知识传播过程中不同利益主体在现有条件下的利益诉求在政府规制中的体现，辅以政治经济学观点，知识共享不应简单理解为政府对知识传播中权利主体滥用权利的干预，而应更注重利益调整中公私目标的界定。若调整的目的仅仅是在博物馆和相关权利人之间徘徊，而将公共利益置之不顾，或仅以公共利益为借口和幌子，那么这种调整不仅是短视的，而且很容易让人们怀疑政府公权力对私法领域干预的动机和目的，最终也会大大降低政府权威和行政效率。因此，知识共享的规制功能除了维持知识传播正常秩序之外，还具有协调政府与市场的合作以及平衡公共与私人利益关系的作用。从而，既可以在维护公共利益的基础上证明政府规制私人权利的正当性，又可以保护权利人的合法权益而重视市场自主，保护私人在市场交易中自我意志的表达，以完善市场主体的视角促进市场经济成熟和发展。简言之，博物馆知识共享可以平衡并保障私人的自利性和国家的公益性。它不仅维护个人私益，也保障了整个社会的公益；不仅强调经济效率，也追求社会效益。①

二　新制度经济学框架下的博物馆知识共享

新制度经济学主要是用主流经济学的方法来分析制度的经济学，它把制度（institution）看作一种秩序，由规则构成。迄今为止，新制度经济学的内容包含了交易费用经济学、产权经济学、委托代理理论、公共选择理论、新经济史学等几个支流，但其突出的研究特色是四个基本理论：交易费用理论、产权理论、企业理论和制度变迁理论。② 新制度经济学使用了外部性这一重要概念，诺斯（North）认为，当某个人的行动所引起的个人成本不等于社会成本、个人收益不等于社会收益时，就存在外部性。③

第一，市场失灵与外部性。知识产品具有公共性，是导致市场失灵的原因之一。作品的创作增加了社会福利，而作者无法获得收益，这就是知识产品的正外部性，使得市场失去调节功能。这也就是前文所提到的，如果博物馆积极传播、保存和使用其馆藏资源，就会帮助增加社会福利总量，而博物馆和创作者在这个过程中都处于两难境地，创作者没有许可权就无法得到报酬；创作者拥有许可权，博物馆的功能又受到限制，知识共享就无从谈起。这就是本书一直探究的核心问题，如何从制度设计上，既可以保障知识产品创作者的利益，又

---

① 陈桂生：《政府规制的政治经济学分析——基于经济行政法的考察》，《云南行政学院学报》2010 年第 6 期。

② 卢现祥等：《新制度经济学》，北京大学出版社 2007 年版，第 5—6 页。

③ 杨龙：《新政治经济学导论》，中国人民大学出版社 2010 年版，第 82 页。

可以促进博物馆知识共享功能实现。从系统论角度看，这是一个极其复杂的工程。

第二，两率接近与利益配置。知识共享是关于知识传播过程中不同法律主体的利益配置的规则，其功能在于平衡公共与私人的利益关系。按照诺斯的“两率接近论”，即设法使个人收益率（private rate of return）接近社会收益率（social rate of return），保证创新活动的行为主体得到最低限度的报偿，其目的就是对人的经济活动造成一种普遍的激励效应。[①] 因此，从制度出发，可以将知识共享看成是在知识传播过程中解决利益分配和整合的有效率的组织的一种安排，譬如权利人专有权限制的范围、博物馆使用馆藏资源的合理范围、公众接触知识的渠道和保障以及发生纠纷的法律救济。

诚然，创造知识产品的个人其合法利益应该得到法律的尊重和保护，而新媒体技术的多样化也会导致知识产品流转过程中涉及多位当事方，因为博物馆知识共享要实现其制度功能就必须要将上述多元化的利益考虑进去。这种考量越严谨，博物馆知识共享所调和的个人理性就越能接近集体理性，以制度来排除利益冲突的可能性，以期诺斯的“两率接近论”能够成为现实。制度一旦形成，随后的变迁是不可避免的。按照新制度经济学的观点，制度变迁分为诱致性制度变迁和强制性制度变迁。立法部门对博物馆知识共享未来立法的调整，这就表现为一种强制性制度变迁，即“由政府命令和法律引入和实行”[②]。也就是说，博物馆知识共享的配套法律机制一旦确立，就成为政府以法令的形式对知识外部性的一种制度安排，同时这种规制随着相关政府机构的命令或法令的改变而改变。由于这种强制性变迁时间短、成本低，而且国家可以克服个人或团体无能为力的“搭便车”

---

① 高德步：《诺斯的制度变迁理论与中国社会变革评说》，《学习与探索》1996 年第 4 期。

② ［美］罗纳德·H. 科斯等：《财产权利与制度变迁》，上海三联书店、上海人民出版社 1995 年版，第 384 页。

问题，[1] 因此博物馆知识共享从内部看，它是利益整合工具，调整知识产品传播过程中不同法律主体之间的利益关系；从外部看，博物馆知识共享承担了一定的价值偏好和利益选择，其中利益集团通过政府将其意志表现在配套保障机制的制定和修正，而博物馆也借由权利和义务的模式将其利益关系固定下来，从而能动地实现利益冲突的偏向性保护和利益结构的再调整。总之，博物馆知识共享机制追求的价值从来就不是单一的，这仅从博物馆自身功能即可看出。博物馆知识共享的建立可以从根本上解决知识产品个人控制权的滥用，又可以解决公众渴求知识的公益需求，因此在这个意义上，博物馆对知识创造、使用、保护和管理整个动态过程起到了不可忽视的平衡作用。

第三节　博物馆知识共享的博物馆学分析

博物馆的功能是博物馆学研究的重点问题，可以成为分析博物馆知识共享的博物馆学工具。随着社会的发展，博物馆作为社会文化教育机构，在现代生活中扮演了不可或缺的角色。博物馆学学者古德（G. B. Goode）认为，博物馆不在于其拥有什么，而在于它用自身拥有的资源做了什么。单霁翔指出博物馆具有收藏、展示、教育和研究四种基础功能。[2] 博物馆学学者苏东海认为，博物馆是收藏机构、教育机构、研究机构三者相互作用而形成的有机复合体，缺少其中任何一种都不是博物馆。[3] 台湾博物馆学学者黄光男认为，博物馆之所以受到大众重视，是因为其具有增进知识，开发、服务社会的功能。[4]

---

① 陈文申：《试论国家在制度创新过程中的基本功能——“诺斯悖论”的理论逻辑解析》，《北京大学学报》（哲学社会科学版）2000 年第 1 期。

② 单霁翔：《关于新时期博物馆功能与职能的思考》，《中国博物馆》2010 年第 4 期。

③ 苏东海：《什么是博物馆——与业内人员谈博物馆》，《中国博物馆馆刊》2011 年第 1 期。

④ 黄光男：《博物馆新视觉》，文化艺术出版社 2011 年版，第 94—95 页。

从这些表述中可以发现，博物馆具有社会公益功能，这种功能可以概括为收藏、研究、教育三个方面。

收藏是博物馆的基础功能，是实现研究和教育功能的前提。博物馆的出现源于早期人类的收藏行为，每个博物馆都需要收集文物藏品，文物藏品是博物馆全部活动的物质基础，是博物馆社会教育的载体，也是其赖以存在和运营的根本。博物馆是人类社会的大百科全书，研究、收藏和教育是其基本功能。通过上述功能，博物馆得以服务社会。[①] 博物馆的研究工作不仅能对藏品进行科学的整理和保管，还能揭示藏品中蕴含的科学、历史和艺术价值。[②] 各国博物馆均注重研究，美国史密森博物学院的研究部门多达 21 个，日本民族学博物馆可以培养硕士和博士，[③] 我国丝绸博物馆也设立了纺织品文物保护重点科研基地。教育是博物馆的核心功能。美国博物馆协会在一份报告中提到，藏品是博物馆的心脏，而教育是博物馆的灵魂。国际博物馆协会在章程中规定博物馆应当充分发挥其教育功能，为各阶层人群服务。博物馆通过发挥教育功能确立了社会地位和社会价值，为自身长远发展注入活力。[④]

一 以人为本的博物馆学新趋势

通过博物馆学分析可以发现，公益是博物馆的根本，是博物馆一切活动的出发点和落脚点，在知识产权的创造、运用、保护、管理过程中，博物馆应当始终把公益摆在首位。为了更好地发挥博物馆的社会公益功能，使博物馆服务于社会公众，需要对博物馆的传统角色进行重新定位。我国学者甄朔南在解释新博物馆学时，特别强调了博物馆重点已经发生转移，即从单纯的“藏品”转为“社会上的人”，按

① 郑奕：《博物馆教育活动研究》，复旦大学出版社 2015 年版，第 129—130 页。

② 王宏钧：《中国博物馆学基础》，上海古籍出版社 2001 年版，第 45—46 页。

③ 黄光男：《博物馆新视觉》，文化艺术出版社 2011 年版，第 94—95 页。

④ 郑奕：《博物馆教育活动研究》，复旦大学出版社 2015 年版，第 17—20 页。

照当地人们的需求提供文化教育服务。换言之，就是所谓的“以人为本”①。沿着这一思路，2013 年国际博物馆协会举行第 23 届大会专门强调了“博物馆（记忆 + 创造力） = 社会变革”这一鲜明主旨。有学者对此分析到，如果将博物馆学界定为一种“保存人类记忆的文化遗产的博物馆化”学问，则对“记忆”的重视折射出博物馆日趋突出的人文情怀，具体表现为社区博物馆和生态博物馆的兴起。② 正是因为博物馆的这种改变，可以激发博物馆新的创造力，在服务标准、理念、方式、手段、制度和载体方面均可产生十分积极且深远的影响。有学者甚至将其评价为博物馆的“社会责任”，是为了更好地履行“为社会及其发展服务”的责任。③

为更好地说明新博物馆学的独特价值，有学者特别指出历史类博物馆陈列存在的问题，如说明文字缺乏重要信息、缺乏与观众互动、脱离社会现实，而在新博物馆学指导下，其他类型的博物馆可以在展览方式、氛围和环境中顺畅地与观众进行互动，④ 从而大大提高观众的观感。但是，判断博物馆是否真的理解“以人为本”理念并将其贯彻到实际工作中去，有学者持怀疑态度，比如在博物馆馆社建址、宣传讲解和社会关联度方面，仍存在不足，有待改进。这种将“以人为本”流于表面，并未深入领会其宗旨的情况在现实中并不罕见，造成理论与实践脱节。对此，如何真正把握这一命题，成为学界研究的另一重点。一般而言，首先，要纠正的是对“以人为本”的狭隘理解，认为只要将博物馆的注意力从藏品转向公众就算完成任务，这不仅不是以人为本，更是背离这一理念；其次，“以人为本”关键是要界定清楚“人”的范围，不能将其仅定位成“观众”，而是要扩大范

① 甄朔南：《什么是新博物馆学》，《中国博物馆》2001 年第 1 期。

② 侯春燕：《新博物馆学理念的创新和倡导》，《中国博物馆》2013 年第 3 期。

③ 单霁翔：《从重“物”到“人”“物”并重——博物馆社会服务理念的提升》，《中国博物馆》2014 年第 3 期。

④ 刘思漫：《博物馆的“以人为本”——美术馆与自然博物馆对历史博物馆的启示》，《广州文博》2009 年第 00 期。

围，将“物”背后的“人”、博物馆工作人员以及涉及民族国家利益的相关者都纳入进来；最后，“以人为本”需要体现在博物馆发展总体规划的每一环节，即从形式逻辑走向实质逻辑，切实做到以“人”为主导的人文主义。①

从这一点出发，本书在研究博物馆知识共享与“以人为本”新博物馆学之间的关系时，从以下两个方面入手：

一方面，知识共享的主体是人，客体是各类信息和知识，因此强调“人”的重要地位是新博物馆学与博物馆知识共享之间的天然纽带。后现代主义对西方工业化后期政治经济文化的研究表明，以合同遵守、法律规则和道德约束的“社会”已经无法满足人们对精神文化交流的渴求，现代科技成果在提高人们沟通速度的同时，损害了人们亲密关系的建立。而具有本地特色的“社区”恰好因为有人与人之间的归属感和幸福感相互扶持的关系，使得“社区”成为替代“社会”的一种理想方案。在这种情况下，博物馆通过“社区”渠道将其藏品文化进行小范围传播，更加精准地提供适合当地社区人们精神文化口味的服务，事实上这就形成了新层次的知识共享——更加有效率的知识共享。

另一方面，知识共享的目的是信息的流动和传播，是一种信息的增值，新博物馆学中的“以人为本”加快了这一目的的实现。如前所述，博物馆知识共享有其独特的优势，博物馆的公益性和组织性使其避免了企业知识共享和科研院所知识共享的弊端。通过博物馆的运作，主动地、积极地向目标人群进行信息传播和传递，不仅使信息和知识本身得到快速流转，进而增加社会总福利，而且可以更好地获得人们反馈，对相关知识和信息进行查漏补缺，纠正其中的错误，极大地提高共享过程中知识和信息的传播质量，使得更优质的资源得到分享和欣赏。

---

① 尹凯：《“从物到人”：一种博物馆观念的反思》，《博物院》2017 年第 5 期。

二　信息博物馆学的形成和发展

信息博物馆学，也称为博物馆信息学，是将信息技术或信息科学与博物馆学深度结合的产物，是借助信息科学的分析工具和方法解构博物馆学及其研究现象的结果。[①] 这里，对“信息”的理解要从信息技术本身来看，我国早期学者观察到博物馆教育效果定量分析结果表明，信息学对博物馆最大的借鉴之处在于博物馆自身就是最大的信息源，也是最为迫切需要进行传播信息的机构，因此在博物馆信息输出量、信息输出方式、信息接收环境、主体接收信息的能力和接收主体数量都是信息技术应用最为深入的领域。[②] 近些年，最常见的信息化就是对博物馆馆藏资源的数字化，如藏品数据库、信息基础工程、博物馆网站和虚拟博物馆。[③] 也有学者从数字化博物馆建设中的难点入手，认为只有做好博物馆馆藏资源的数字化基础工作，将信息技术广泛地应用到博物馆的方方面面，落实到博物馆具体工作的执行，才是信息学与博物馆学交叉研究的根本目的。[④] 综上，对于信息博物馆学的研究说明，一方面关于信息博物馆学的内涵和外延尚未完全统一，学者主要从技术实践层面对博物馆应用先进技术现象的总结，有待进一步完善；另一方面，信息学在博物馆领域的应用将推动博物馆学在新的领域开疆拓土。

如上所述，从信息博物馆学的提出到博物馆知识共享，其中的支撑点从以下几个方面进行总结：

首先，新信息技术帮助博物馆知识共享迈入更高的平台。这取决于若干因素：第一，网络的普及和移动终端的建设。这不仅仅是指互

---

① 王宏钧：《中国博物馆学基础》，上海古籍出版社2001年版，第5页。

② 严建强：《信息论与博物馆》，《中国博物馆》1986年第1期。

③ 冯承柏：《“博物馆信息学”札记》，《中国博物馆》2001年第4期。

④ 刘尚清：《信息时代背景下博物馆的挑战与机遇——论博物馆信息之路》，“文化力量与博物馆的挑战”上海中国航海博物馆第四届国际学术研讨会，上海，2013年8月22日，第11页。

联网和网名数量的增多，而且是特指手机等移动网络终端的增长量。2020 年 2 月，工信部发布了《2019 年通信业统计公报》，2019 年我国移动电话（手机）用户达到 16 亿，年净增 3532 万户，其中移动互联网流量达到 1220 亿 GB，比上年增长 71.6%。[①] 第二，新兴网络信息传播方式方兴未艾。2018 年微博第四季度财报数据显示，微博月活跃用户达到 4.62 亿，与 2017 年同期相比增长 22.87%。[②] 第三，微信以及公众号的活跃程度也值得注意。截至 2019 年第三季度，微信月活跃账户数 11.51 亿，同比 2018 年的 10.83 亿上升 6%。[③] 这些数据背后都反映出现代社会人们信息沟通的多元化，以及对信息的接收量都是以往所无法估量的。

其次，信息技术是博物馆知识共享长久实行的强大后备。知识共享的根本特征是按照一定的条件和程序将知识和信息以最快的速度在最广的范围进行传播。实践中，绝大多数的知识共享是免费的，但是虽然接收信息的主体可以免费享受，而知识共享的前提，即海量的数字化信息并不是免费的。由此导致的后果是，承担知识共享的机构在巨大的资源投入和免费或者低利润之间的矛盾选择中难以为继，最终草草收场。因此，按照传统技术进行的数字化必然不能支撑博物馆知识共享的运行，是不可行的。然而，新的信息技术如大数据和云计算，不仅降低了博物馆进行数字化的成本，而且技术革新给博物馆信息传播带来了翻天覆地的改变，从提升信息接收主体的主观满意度和接收效果来看，都是双赢的结果。

最后，网络为博物馆知识共享的营销提供了“高速路”。“信息高速公路”建设是国家信息安全战略和社会经济规划的重要举措，对

---

① 人民邮电报：《2019 年通信业统计公报》，2020 年 2 月 27 日，http：//paper.cnii.com.cn/article/rmyclb_ 15600_ 290602.html，2020 年 5 月 12 日。

② 《微报告：2018 微博用户发展报告》，2019 年 3 月 15 日，http：//data.weibo.com/report/reportDetail？id = 433，2020 年 5 月 12 日。

③ 《2018 微信数据报告》，https：//kuaibao.qq.com/s/20200116AZPCT500？refer = spider，2020 年 5 月 12 日。

社会生活的影响十分深远。对于博物馆而言，网络的覆盖和普及使得博物馆打破了地域限制，使其观众的数量呈现几何级增长，极大地提高了博物馆的知名度。表现在观众的接收范围扩大，尤其是对一些不方便出门或者没有机会到著名博物馆参观的人群而言，网络是他们了解博物馆的一把钥匙；传播速度快，随着宽带网络从2G、3G、4G到5G的升级，高清图片和虚拟场景的体验将指日可待；成本低廉，相比费用高昂的电视杂志等传统广告宣传，网络可以帮助博物馆以极低的成本快速传达到指定用户群体手中，而且网络的双向导向也可以方便博物馆及时了解用户的反馈。

第四章　博物馆知识共享法律保障机制的域外考察

世界范围内，博物馆的发展程度较高的大部分是经济发达、重视精神文化滋养的国家。正因如此，在我国不断加强和完善精神文明建设的关键时期，如何向公众提供满意的文化产品，提供优质的文化服务成为我国政府关注的重点。为此，从域外学习和借鉴博物馆在知识产权、馆际合作（LAM）和管理的先进经验，甄别和吸收符合我国国情的做法，是一个必不可少的步骤。

第一节　国外博物馆知识共享的知识产权保护进展

随着计算机和网络技术的不断发展，博物馆的数字化既丰富了博物馆的信息资源，又实现了不同地域内资源的交流与共享。这不仅扩大了馆藏资源的宣传范围，改善了馆藏资源的宣传效果，也有利于发挥博物馆的社会教育功能。正因为科学技术的发展以及大众对博物馆资源更多的获取需求，博物馆资源的共享成为现代社会发展的必然结果。博物馆资源共享机制不仅是现阶段数字博物馆建设的重要内容，也是新媒体环境下博物馆发展的主要方向。国外在博物馆资源共享领域已有较为丰富的实践经验，对我国构建这一机制有相当大的启示作用。本节主要从国外博物馆数字化的著作权许可、博物馆商标的注册与运营、博物馆域名管理与实践三个方面对国外博物馆知识共享中的知识产权保护进展进行学习和借鉴。

一 博物馆数字化中的著作权许可

博物馆数字化与著作权的链接点是数字化后的馆藏资源，或者说符合著作权法作品要求的那些资源，如何在博物馆和著作权人之间进行收益分配的问题。其中，仅仅数字化对馆藏资源的“变形”是否能够满足作品的独创性要求，技术手段是否符合所谓的人力智慧付出，这些问题都有必要留待实践来回答。

（一）美国博物馆数字化中的版权争议与疑惑

一方面，美国版权法中对博物馆数字化作品独创性的要求较高。根据美国 1976 年《版权法》第 102 条（a）款规定，作品具有独创性是版权法对其保护的前提，但该条没有给出独创性的定义。[①] 判例在美国是非常重要的法律渊源，美国版权法中独创性的标准同样体现在各级法院的判例之中。在 1991 年 Feist 案中，法官首次推翻了“额头流汗原则”，明确了独创性的含义，即这种独创性意味着作品是独立创作，并同时具有最低限度的创造性。但关于这种创造性的要求并不高，只需要一些“创造性的火花”就可满足。[②] 然而“创造性的火花”这一要求对于博物馆数字化作品而言，门槛并不低。如果仅仅是数字化原稿而没有添加角度、光线或其他艺术加工，则不满足创造性的要求，不具有独创性，因此博物馆数字化作品就无法获得版权保护。

另一方面，判例认为简单复制不具有独创性。1999 年，联邦法院在布里奇曼艺术馆有限公司诉 Corel 公司一案中，认为原告布里奇曼艺术馆对已经处于公共领域的艺术作品进行精确照片复制时，不会

---

① U. S. Copyright Act of 1976, 17. U. S. C. § § 101 et seq. (consolidated version of June 2009), 10th May 2019, http://www. wipo. int/wipolex/es/text. jsp? file_ id = 177374.

② C To, S Court, OF Appeals, FOR The, T Circuit. Feist pubs., inc. v. rural tel. svc. co., inc., 499u. s. 340 (1991), https://www. mendeley. com/research-papers/feist-pubs-inc-v-rural-tel-svc-co-inc – 499 – u-s – 340 – 1991/. 1st, May, 2018.

产生任何新的版权,[①] 原因有三。其一，精确复制不视为具有独创性。法院认为原告布里奇曼艺术馆尽可能地复制原始艺术作品缺乏独创性，精确复制品不能受版权法保护，虽然馆藏资源的数字化需要技术技能的支持和劳动力的投入，但不符合版权保护中要求的智力创作成果，因此不符合独创性的要求，不能受到版权法的保护。其二，作品媒介载体的改变，如从原始油画到摄影图像，未经过其他创作不属于版权保护独创性的构成要件。布里奇曼案并非单独个案，在此后的司法实践中它的影响力依然存在。例如，2008 年美国第 10 巡回上诉法院在 Meshwerks，Inc. 诉美国丰田汽车销售公司案中裁定，现有汽车基本设计的数字图像不受版权保护。[②] 其三，仅仅是作品空间表现形式的改变不具有独创性。这些图像的创造者只是努力精确地将一幅现存的三维原始图像转换成二维图像而已，这一过程并没有任何独创性贡献。[③] 然而，对博物馆数字化作品过高的独创性规定不符合实践中这一领域迫切的保护需求。布里奇曼案之后，美国法院对于博物馆数字化作品仍持谨慎态度，这对于博物馆及其摄影师来说，并非好消息。

本书认为，博物馆数字化过程中如果涉及版权许可，必须首先要确定自己的“作品”符合独创性要求，以免后续发生不必要的法律纠纷。只有在拥有版权法保护的前提下，博物馆才有资格对其文字、照片、音频、视频等在网站或者其他途径声明自己的版权，而非在缺乏法律支撑的情况下，仅出于保护自身权益的考虑，一概而论地声称自己对关于所有博物馆网站的内容拥有版权。较为可行的做法是通过

---

① Bridgeman Art Library, Ltd. v. Corel Corp., 36 F. Supp. 2d 191 (S. D. N. Y. 1999); see also Bridgeman Art Library, Ltd. v. Corel Corp., 25 F. Supp. 2d 421 (S. D. N. Y. 1998).

② Meshwerks, Inc. v. Toyota Motor Sales U. S. A., Inc., 528 F. 3d 1258 (10th Cir. 2008).

③ Meshwerks, 528 F. 3d at 1264 – 65. This imaging of a three-dimensional work may bring into question the copyrightability of a photograph of a sculpture or other solid work. However, in Meshwerks, the images were merely digitally created wire-frame images and lacked original shadowing, angles, and background.

对藏品拍摄时的灯光、阴影、角度、背景等的选择，在复制作品的过程中加入更多的创造性，使作品拥有“独创性”而非单纯的拍摄或精准的复制。

（二）博物馆数字化作品著作权许可的实践

一是，国外博物馆对数字化作品的著作权许可管理体现在许可前和许可中两个层面。博物馆对符合版权法保护的数字化作品进行著作权许可，尽可能避免权利冲突，并进一步保证著作权的顺利许可，确保其知识产权价值得以充分实现。一方面，许可前的管理主要是通过对潜在许可标的物的管理。及时取得著作权人的权利转让或授权是博物馆对外实施著作权许可的前提，另外，博物馆也需要对潜在标的物的储藏总量和状态进行全面的统计和盘点，建立相关账目进行登记。尤其对没有取得著作权的作品也需要明确登记。对捐赠和调拨而来的藏品，博物馆仅拥有所有权而并不具有著作权，博物馆对这类藏品的著作权许可问题也要慎重考虑。另一方面，许可过程中的管理主要是针对著作权许可期间，许可作品著作权状态的变化进行管理。不同许可作品被许可时间、许可类型均不相同，著作权也因此处于不同的状态。博物馆必须进行实时动态的管理，确保及时、准确掌握许可作品及其著作权的状态。

二是，博物馆对著作权许可流程以及许可收益也作出了一定的规范。一方面，对许可流程的规范。博物馆在网站上均声明所有影像的著作权属于博物馆理事会，每张影像都载有对应藏品的相关信息，如年代和作者、来源和大小，重要的是还明确注明著作权归属。对于被许可方在申请授权使用时，需要先通过网络申请，再提交申请对象的内容、申请数量和规格、用途和使用范围等详细的申请信息。申请信息到达博物馆或其委托管理机构后，许可方进行审核、回复并确定影像使用费用，被许可方支付费用后，将获得博物馆或其委托管理机构提供的影像档案。另一方面，对许可收益的分配。在博物馆数字化作品著作权许可实践中，著作权集体管理组织发挥了重要作用。它不仅帮助博物馆将未取得著作权的藏品以收取文件使用费的形式允许使用，还可以授权使用者使用博物馆享有著作权的藏品。这样博物馆可以就其全部藏品收藏实用。

二 博物馆的商标管理与运营

博物馆的商标管理与运营是博物馆建立和运营的重要环节。博物馆的商标作为其竞争的重要因素，对于博物馆具有广泛的应用价值和重要作用。博物馆的商标是一种独特的标志，可以是一个词、标志或短语，用来标识博物馆的产品和服务，但其根本目的是在博物馆社区中区分产品或服务的来源。然而近年来博物馆注册商标的目的不仅仅是与其他博物馆进行区分，更是将其作为自身的资产进行管理，对商标进行运营，打造真正的博物馆品牌。[①] 而注册商标是打造品牌的第一步，博物馆通过注册商标，整合了博物馆的经营理念以及行业优势和规划、在公众心中的整体形象、对公众的态度和其他无形资产等所有元素，最终在社会层面整体呈现的即是博物馆的品牌。[②] 通过博物馆的管理和运营，博物馆将在此过程中形成自己的创新理念和独特的愿景，将博物馆的内在理念和外在形象进行统一整合，让大众对博物馆进行多层次、多角度、全方位的把握，更深入地认识和了解博物馆，在提升博物馆知名度的同时，更好地激励博物馆的建设。

（一）博物馆的商标管理

一方面，国外通过发布专门的指南管理博物馆商标。如 1999 年美国博物馆协会发布的“版权和商标指南”中，将版权和商标保护的资产认定为被博物馆持有并管理的知识产权。[③] 其中确定了一些在

---

① ［美］华莱士：《博物馆品牌形象的塑造：如何创立并保持形象、忠诚度和支持》，于君、王晓蕊译，北京燕山出版社 2011 年版，第 74—85 页。

② 胡锐韬：《博物馆产品与博物馆品牌建设探析——基于市场与营销学的思考》，《中国博物馆》2015 年第 2 期。

③ Michael Shapiro and Brett Miller, *A Museum Guide to Copyright and Trademark*, Washington D. C., American Association of Museums, 1999, p. 2.

博物馆收藏中受商标法保护的资产，包括：博物馆的名称和任何识别博物馆的标志或图片；艺术家的名字或签名（许多著名艺术家或他们的基金会已登记他们的名字以保护其使用）；博物馆所在的建筑物，尤其是那些具有高度识别性且作为摄影圣地被追捧的博物馆，例如：纽约的古根海姆博物馆；展览和节目的标题；通常在其博物馆礼品店出售的博物馆物品的包装或颜色；此外，由于艺术作品本身就与博物馆联系在一起，参观者们在看到艺术品时会立刻想起博物馆，艺术作品毫无疑问也可作为商标被保护。①

另一方面，国外博物馆对包括博物馆商标在内的博物馆知识产权资产管理的重视程度还不够。美国学者约翰（John H. Falk）和博瑞里（Beverly K. Sheppard）提出无论是像收藏品或建筑物这样的有形资产，还是博物馆管理理念或知识产权等无形资产，都应该成为任何博物馆商业模式的重要组成部分。② 但实践中大多数博物馆都关心有形资产并对其进行编目，但无形资产的必要管理往往被忽视。在某种程度上，博物馆的无形资产管理也同样重要，博物馆应该仔细了解其无形资产的范围、质量和使用情况，并对这些资产相关的财产权进行清点，进而制定和完善使用知识产权的程序。如当博物馆进行知识产权审计时③，这其中就有需要去搜索公共和自主知识产权数据库，来评估博物馆商标的性质和状态的项目。最终的公共会计师（MIPA）报告在总结审核的过程、范围以及审核结果和建议时，它应清楚地标识任何不受保护或保护力度不够的资产。例如，博物馆使用的名称和口号最好具有商标注册的可能性，或者直接使用其已经注册的商标，

① Ms. Rina Elster Pantalony, *Managing Intellectual Property for Museums*, http://www.wipo.int/edocs/pubdocs/en/copyright/1001/wipo_pub_1001, pdf. 2013, p. 20.

② John H. Falk and Beverly K. Sheppard, *Thriving in the Knowledge Age: New Business Models for Museums and Other Cultural Institutions*, Alta Mira Press, 2006, p. 29.

③ 这是博物馆一个自我评估的过程，主要内容：（i）评估其负责的知识产权资产；（ii）确定如何最好地管理这些资产以推进博物馆的使命、价值观和目标；（iii）实施战略以尽量减少与使用这些资产相关的风险。

避免使用不受保护的名称或口号。虽然博物馆知识产权审计时间并不确定，通常是博物馆建立一个新的管理团队，制定一项新举措或需要准备对索赔做出回应或涉及诉讼时才进行如此操作。但是，无论如何，这是博物馆一个自我评估的过程，需要博物馆持续地参与。实践中，美国博物馆协会对博物馆商标资产具体清单的列明以及博物馆对知识产权资产审计对商标注册使用进行的评估。这些行为均表明，商标已经作为一项重要的资产被博物馆重视和管理。

（二）博物馆商标的运营

第一，博物馆尝试建立商标运营的新模式。如前文所述，随着越来越多的博物馆注册商标并意识到其是重要的财产价值，对商标的有效运营就显得格外重要。由世界知识产权组织委托加拿大专家瑞纳（Rina Elster Pantalony）撰写的《博物馆知识产权指南（2013）》[①] 中，就提到了一种以互联网作为访问工具并联合品牌为博物馆提供更多商业机会的运营模式。首先，这种模式的优势在于博物馆及其推广者双方均将享受到拥有自己商标的好处。如果运营管理得当，随着他们共同声望的增加，持续的合作关系将会带来新的商机。其次，作者还指出在总结寻找合作品牌关系的商业伙伴中要充分了解博物馆商标和商品名称的缓存和完整性（原文表述为“Be fully aware of the cache and integrity in the trademark and trade name of a museum”），并使用符合博物馆诚信的方式吸引公众，然后寻求并允许企业与博物馆共同宣传彼此的知识产权。最后，作者认为这一模式运营成功的关键是博物馆管理其知识产权的能力，它的商标及其名称的制定要遵循一体化的知识产权许可战略。加拿大遗产信息网（CHIN）在博物馆资源的共享机制建设和知识产权管理方面取得了巨大的成功。2001 年，它推出加拿大虚拟博物馆。这是一个由加拿大文物部、加拿大博物馆和各个国际合作伙伴制作的唯一一个在线虚拟展览的博物馆，它的在线访

① Ms. Rina Elster Pantalony, *Managing Intellectual Property for Museums*, 2013, p. 46, http://www.wipo.int/edocs/pubdocs/en/copyright/1001/wipo_pub_1001.pdf.

问量以几百万的速度成倍增长。不仅如此，该博物馆还确定了网站上的内容可供公众免费使用但不得用于商业目的复制或传播的原则。该博物馆通过网络将博物馆商标作为资产进行运营吸引更多的观众的同时，免费上市的运营方式也帮助其知名度和声誉得到提高，使其在国际上享誉盛名。

第二，博物馆打造知名品牌的四个步骤。挪威民俗博物馆市场与交流部负责人帕尔·莫克认为给博物馆建立一个强有力的品牌具体有四个步骤：步骤一是身份认同，可以理解为明确博物馆功能定位，同时让观众可以根据需求识别博物馆的名称和类型；步骤二要求博物馆关注观众参观博物馆（或者通过网络获取馆藏资源信息）的意义，具体是指博物馆的展览、观众概述以及博物馆的整体态度，从而形成观众对博物馆的主观认同；步骤三是及时准确了解观众反应，这是指参观者评判并产生自身对博物馆的某些感受；步骤四是重视观众的人际宣传，指某些观众会将博物馆推荐给其他人，或者推荐他人以志愿者的方式在博物馆工作，或是让博物馆成为生活方式的一部分，更好地发挥博物馆的功能和增强博物馆与公众的交流。[①] 在这种运营步骤下，让观众知道博物馆的名称和所属类型，就如每天人们都可以在不同情况下看见国际知名品牌的商标一样。为了强化观众对博物馆的认同感，就必须要让观众尽可能地把博物馆记在脑海里，也让博物馆的影响力扩大到尽可能大的范围。当观众想要参观博物馆、进行研究或是亲友会面时，他们首先想到的就是该博物馆，这就是所谓的建立观众对博物馆的身份认同。如果是新成立的博物馆，则需要创造一个代表博物馆的名称和标志；如果是成立已久的博物馆，就可以推广口号或者标语。很多博物馆长久以来都有自己的标志和名称，如大英博物馆。如果博物馆已经拥有人尽皆知的品牌名称，那么给品牌注入新的内容比将其改变更好，最好的方法就是增加一个好的标语。

---

① ［英］博伊兰主编：《经营博物馆》，黄静雅、韦清琦译，译林出版社 2010 年版，第 236—257 页。

第三，博物馆商标运营成功的核心因素还在于其注重传承艺术的公益意义。作为世界大型博物馆之一的美国大都会博物馆，始终秉承着博物馆传承人类文明和文化艺术的初衷。每一件被出售的商品都是由设计师、历史学家及专业的手工匠进行研究并打造的，大都会的文创产品商店不仅仅设在博物馆内，而且设在全世界各地，主要有美国、墨西哥、澳大利亚、泰国等。这些文创产业商店针对不同藏品进行深入研究和探析，利用出版、印刷和3D打印等技术，在自身博物馆元素的基础上适当融入当地特色，使商品更具吸引力，已在各国成为独立的产业，让艺术品被更多更广的人群认识、理解、欣赏。这些商店不以营利作为终极目标，而是让每个人感受到商店的艺术氛围，在浏览商品和享受购物的过程中，激发他们对艺术创作的灵感。博物馆还针对不同年龄的公众开发适合他们的产品，如为儿童开发大到仿真织布机，小到一块橡皮擦的设计，每一个商品既有趣又都散发着艺术的气息，都是独一无二的存在。这些产品不仅仅是孩子的玩具，更是艺术品，是孩子探索文化世界的钥匙。在激发和培养孩子艺术兴趣的同时，将博物馆蕴含的文化渗透进每个人的生活。

三　博物馆的域名管理与实践

博物馆域名可以看作互联网领域里博物馆的名称，它是公众在互联网上准确找到博物馆的电子名片。由于域名的唯一且不可复制，好的域名就成为互联网领域的稀缺资源，符合组织特定名称的域名应该被作为无形资产受到保护。国际上对域名的管理规定较为典型的有WIPO发布的《统一域名争端解决规则》（Uniform Dispute Resolution Policy，UDRP）以及美国颁布的《反域名抢注消费者保护法》，比较而言，UDRP的实施效果更胜一筹，下文将具体论述。

（一）博物馆的域名管理

世界知识产权组织（WIPO）已经明确了域名监管领域的难点，即对域名恶意抢注的防范，为此WIPO陆续发布了两项相关规定。

一是1999 年发布的《因特网域名和地址的管理：知识产权问题》，其关注的重点问题是网络抢注问题，特别是侵犯商标专有权的域名恶意注册问题。二是《统一域名争端解决规则》（UDRP），同样由 WIPO 在 1999 年提出，现已成为解决域名争议的国际标准，以遏制并解决将商标恶意抢注为域名这一问题。该规则适用以来，商标所有人根据 UDRP 向 WIPO 提起的案件逐年增多。本书根据世界知识产权组织（WIPO）2019 年 3 月 25 日发布的统计数据，发现域名抢注案件在 2018 年创下历史新高，商标所有人根据 UDRP 向 WIPO 的仲裁与调解中心提交了 3447 起案件，比 2017 年增长了 12%。[①] 而且投诉的活动领域广泛，有银行、金融、时尚等多种行业，其中也包括博物馆。[②]

从 UDRP 的具体规则和适用效果来看，对于域名被抢注者来讲，这无疑是高效且便捷的解决规则，已经成为域名被抢注者寻求权利救济的有效手段，并被国际社会广泛使用。不得不承认，该规则为所有顶级域名争议下的纠纷提供了统一的解决规则，使得争议的处理更加高效、便捷，通过较为经济的民事处理程序，更好地解决了恶意抢注域名的问题。首先，UDRP 是通过实体和程序的结合制定的一套统一且兼容的域名争议解决指南，有效地协调了跨境域名争议中的管辖权和适用法问题。其次，UDRP 的实施细则属于程序法，其执行规则简洁明了，为申请、答辩各环节均制定了相应的格式、内容及要求。争议解决者还制定了详细的补充规则，并在其网站主页上提供文书范本和既判裁决供当事人参阅，使得整个程序更加快捷方便。虽然 UDRP 对域名抢注争议的裁决不是最终裁决，但该裁决具有重要的证据价值，为法院的最终裁决提供了依据。此外，根据公布的有关裁判案件的统计数据，当事人普遍尊重且接受裁决意见，很少继续提起诉讼。

与 WIPO 的 UDRP 不同，美国专门针对恶意域名抢注行为的认定、

---

① 《Philip Morris 作为域名抢注声称的 UDRP 报警器创下历史新高》，2019 年 3 月 26 日，https：//www. 1198. cn/about/NewsInfo. aspx? NewsID = 24322，2019 年 5 月 10 日。

② 韦波：《WIPO 关注域名抢注新动向》，《中华商标》2008 年第 5 期。

救济措施和对物诉讼等制定了《反域名抢注消费者保护法》。首先，该法规定了被侵权人拥有起诉的权利。该法还详细地规定了“恶意”的认定标准，并列举法院在认定“恶意”时的9个考量因素。其次，该法案还提供了更为丰富且灵活多样的救济方式。如禁止令救济方式，法庭也可根据具体情况作出没收、撤销域名的判决，或直接判令转让于商标的持有人。还增加了法定赔偿金的规定，即在商标所有人向法院起诉请求侵权损害赔偿，但没有足够的证据证明其因域名恶意抢注遭受的实际损害时，法院可根据案件情况在1000美元至10万美元范围内自由裁量，判决域名恶意抢注者承担侵权责任。再次，在无法确定抢注者身份的情况下，还可以提起对物诉讼。最后，除部分例外规定以外，该法案可以溯及既往，适用于生效日1999年11月29日前后注册的所有域名。

尽管如此，美国《反域名抢注消费者保护法》对域名权利人的保护依然不完善，该法并未规定商标权人的主观意图的标准，仅对域名抢注人“恶意”判定的参考因素进行了列举。实践中，面对以夺取域名为目的的“恶意”的商标权人，域名注册人除了要单纯防御即证明自己未侵权外，还应当有效地对“恶意”商标权人进行回击，这就要求对“反向域名侵夺”及商标权人的“恶意”加以明确规定。这样才能实现权利义务的真正对等，进一步维护双方的利益平衡。

（二）博物馆的域名实践

首先，国际上对博物馆域名管理的实践主要表现在提出并使用博物馆顶级域名 . museum。2000年，博物馆域名管理协会（MuseDoma）与J. Paul Getty信托基金会和国际博物馆理事会（ICOM）一起提交批准了第一个专门文化顶级域名（Top Level Domain，TLD）. museum的提案。在互联网名称与数字地址分配机构（ICANN）批准的10多年后，2011年在美国马里兰大学信息学院信息政策与访问中心针对美国博物馆拥有顶级域名（. museum）的情况进行抽样调查，[①] 结果

---

① Lesley A. Langa，“Museum: a Survey of Museums Registered in the Only Cultural Top-level Domain”，*Museum Management & Curatorship*，Vol. 28，No. 2，2013，pp. 228 – 245.

表明人们对美国博物馆是否使用域名兴趣不高、知之甚少。根据 MuseDoma 的在线记录，注册 . museum 域名的美国博物馆占美国博物馆总数的 54%—60%。这些博物馆中，由于 . org（非营利性组织）向潜在捐助者表明其非营利状态，故成为最受博物馆欢迎的网络域名。

关于上述这一矛盾情况，可以从两个方面进行分析。一方面，关于 . edu（教育机构）网站域名，. edu 网站域名只能在 2001 年后注册给学位授予机构，一些博物馆是在限制之前注册了 . edu 域名的，一些博物馆的家长机构（parent institutions）是学院或大学，所以可以注册 . edu 网站域名。另一方面，博物馆在调查中列出的域名还包括 . gov（美国专用的政府部门）、. mil（美国政府军事机构）和 . us（美国国别域名），这些域名在国有公园、历史博物馆和军事博物馆中很常见，属于这几个领域的博物馆通常对其网络域名的选择和控制较少。由此，. org 成为了最受博物馆欢迎的网络域名。

其次，. com（公司和企业）作为 20 世纪 80 年代中期以来的顶级域名，是继 . museum 之后第二大受欢迎的域名。1995 年前后博物馆域名类型显著增加，诸如 . gov、. mil、. net（网络服务机构）和 . int（国际组织）等域名的出现为博物馆注册域名提供了新的选择。[①] . com 自 20 世纪 80 年代中期以来一直是 TLD，其他域名如 . gov、. mil、. net 和 . int 均于 1995 年建立。这么多年来，. org、. edu 和 . com 被证明是博物馆界最长和最强的力量。当 . museum（博物馆顶级域名）于 2001 年推出时，40% 的受访博物馆表示在创建 . museum 域名之前，其网站就已存在。[②] 在很大程度上，域名持有者表示他们不想更改他们的网络域名，因为他们已经建立了品牌。近 40% 的域名持有者表示注册 . museum 域名是为了防止其他企业对他们进行域名抢注所做的选择，这可能是因为 . com 和 . org 都不受

---

① Cary Karp, "A New Taxonomy on the Web: The New Top-level Domain: Museum. org", *Museum International*, Vol. 54, No. 3, 2002, p. 2.

② Schuler, D., and J. Kurtz, "An Internet Opportunity for Museums: 'Museum'", *International Journal of Nonprofit and Voluntary Sector Marketing*, No. 1, 2001, pp. 13 – 18.

博物馆限制（其中 . edu 不是），大多数博物馆都注册了这两种。通过调查发现，许多受访者同时拥有 . com 和 . org 域名。拥有 . org 的大量博物馆也可能占美国非营利组织博物馆的 70%，因为在美国，在整个博物馆的机构类型中，非营利地位可能是博物馆最常见的特征。① 管理博物馆的非营利组织通常将决策权交给受托人，基金会或州或联邦政府的董事会，这些董事会也属于非营利组织，并通过其域名 . org 和 . gov 在网络上进行区分。博物馆还指出，非营利组织的地位同他们与捐赠者发展的关系有关。发信息证明博物馆是非营利性的，可能会使捐赠者更容易在这些机构中进行可退税的投资。

最后，注册 . museum 顶级域名是预防域名抢注并提高博物馆知名度的有效方式。. museum 是专门为博物馆提供的，只有真实存在的博物馆才能注册，它为博物馆与访问者之间建立起新的沟通渠道。挪威民俗博物馆市场与交流部负责人帕尔·莫克认为，博物馆可以通过注册“. museum”等顶级域名的方式取得更好的宣传效果，从而提高其知名度。② 顶级域名分为非限制性顶级域名和限制性顶级域名两类，. museum 属于后者，注册和购买该域名需要 MuseDoma 许可和接受并通过 ICANN 认证的注册商购买。非限制性顶级域名则不需要申请和批准，而由第三方供应商直接提供注册和销售。以上两类顶级域名的购买均采取先到先得的方式，非限制性顶级域名无须申请及批准的特点决定了对其争夺更为激烈。例如，纽约的现代艺术博物馆和旧金山的现代艺术博物馆在域名注册时面临竞争的局面。③ 正因为域名对博物馆的知名度有重要的影响，域名抢注（尤其是对非限制性顶级域名的抢注，包括 . museum 抢注）问题日益凸显，被抢注的域名用于转

---

① Lesley A. Langa, “Museum: A Survey of Museums Registered in the Only Cultural Top-level Domain”, *Museum Management & Curatorship*, Vol. 28, No. 2, 2013, pp. 241 - 242.

② ［英］博伊兰主编：《经营博物馆》，黄静雅、韦清琦译，译林出版社 2010 年版，第 252 页。

③ Manheim, Karl M., and L. B. Solum, “An Economic Analysis of Domain Name Policy”, *Hastings Comm. & Ent. I. j*, 2004, pp. 65 - 78.

售给需要用该域名提升商标价值或树立品牌形象的博物馆。[①] 为防止域名抢注影响正常的域名注册，博物馆应当增强域名注册的自觉性，提早注册顶级域名不仅是很好的预防抢注方式，运营得当还能帮助博物馆建立业界声誉。综上所述，. museum 相比其他域名更有优势，及时注册 . museum 顶级域名有利于改善域名抢注的情况，同时可以提升全球对真实博物馆的认可度和知名度。

第二节　国外三馆馆际数字化框架协议的相关经验借鉴

博物馆由于其自身特殊的功能和职责，在现代社会中发挥着不可替代的作用，这也正是本书认为其可以承担知识共享这一新角色的根本原因。为更好地履行这一任务，应认真研究博物馆馆际数字化框架协议这一问题。它的存在不仅仅是打破传统博物馆、图书馆和档案馆之间的制度、信息、技术、资源甚至人员的桎梏，更是为了在新的平台和层面上尝试新的社会整体资源的整合，这一点在当今知识经济时代更加凸显其重要性。

一　数字化框架协议的产生和发展

如前所述，我国博物馆馆际数字化框架协议已经实际运营并取得了一定的成效，但相比人们对精神文化产品的日益渴求，以及更加快捷便利地接触信息的要求，仍存在不少的局限和弊端。为了稳妥地解决这一问题，本书调查和对比了国外博物馆馆际数字化框架协议的实践经验和做法，以期可以启发国内相关对策的制定。

（一）D-LAM 框架协议的产生

在国外，图书馆、档案馆和博物馆通常被合称为LAM（Library & Ar-

① Sunderland, Sara D. , "Domain Name Speculation: Are We Playing Whac-a-Mole. ", *Berkeley Technology Law Journal*, No. 1, 2010, pp. 168 - 221.

chive & Museum)。LAM 的提出背景 D-LAM(Digital-Library & Archive & Museum),是立足我国国情,在数字化环境下提出的图书馆、档案馆和博物馆业务数字化协作的战略框架。[①] 在国内外学术会议和研究领域等对 LAM 密切关注的背景下,LAM 资源整合成为各国讨论和实践的热点课题。国际社会逐渐认识到馆际合作的重要性和必要性,为此提出积极设想,希望做出有益尝试。

一方面,国际社会积极提出计划和项目促进馆际合作。1973 年国际图书馆协会联合会(International Federation of Library Associations and Institutions, IFLA)提出了 UAP 计划(Universal Availability of Publications),旨在满足馆藏资源的馆际互借和国际互借的需求。[②] 随后,1992 年联合国教科文组织提出了“世界记忆工程”项目,该工程提倡,将图书馆、档案馆和博物馆中的馆藏文献遗产共同作为世界记忆的重要部分进行保护。[③] 随着馆际交流需求的增长,2005 年美国国会图书馆馆长毕林顿(J. H. Billington)提出新的资源共享理念——“世界数字图书馆”,该理念在名称上虽仅仅提到“图书馆”,但实际参与单位除了图书馆,还有博物馆、档案馆等其他具有保存和收藏相关资源的其他机构的参与。[④] 2007 年美国国会图书馆与联合国教科文组织缔结了谅解备忘录(MOU),根据协议,美国国会图书馆与世界各地区图书馆、博物馆、档案馆以及其他文化教育机构签订协议,并表示愿意就世界数字图书馆的发展贡献美国智慧。[⑤] 2010 年世界电信发展大会(WTDC—10)就信息社会世界峰会(WSIS)的目标做了中期评述报告(以下简称《报告》),《报告》明确指出,“利用信息

---

① 赵生辉等:《我国图书馆、档案馆、博物馆数字化协作框架 D-LAM 研究》,《情报资料工作》2013 年第 4 期。

② 邵文杰:《UAP 及我国的现状》,《图书馆学通讯》1986 年第 3 期。

③ 李琳玉:《直面挑战,再创辉煌》,《中国档案报》2012 年 9 月 14 日第 3 版。

④ 张围东等:《跨越太平洋的图书馆合作与交流》,《公共图书馆》2011 年第 4 期。

⑤ World Digital Library Organization, World Digital Library Charter, 10th May 2019, http://project.wdl.org/about/org.html.

通信技术连接所有公共图书馆、文化中心、博物馆、邮局和档案馆”是 WSIS 的目标之一。[①]

另一方面，国际社会对馆际合作的设想和尝试还体现在相关的国际会议中。早在 1962 年，国际档案理事会（International Council on Archives，ICA）在西班牙马德里圆桌会议上，就开始讨论档案馆与图书馆之间的关系。[②] 此后 LAM 协作模式也一直是 LAM 合作领域重点研究的问题。2000 年 4 月在巴黎召开的第 24 届图书馆系统研讨会主题就是“档案馆、图书馆与博物馆之融合”。同年在美国加州召开的第 7 届档案馆、图书馆、博物馆会议（the Association of Tribal Archives，Libraries and Museums，ATALM），重点讨论了在馆际合作发展过程中维护土著民族文化主权方面面临的机遇和挑战。[③] 2015 年在日本召开的第 38 届国际博物馆协会博物馆学专业委员会研讨会也是以“博物馆学探索‘博物馆、图书馆、档案馆’的概念”为主题。[④] 近年来，基于开放关联数据（Linked Open Data）的图书馆、档案馆、博物馆数字资源整合模式，逐渐成为 LAM 合作领域研究的焦点和潮流。[⑤] 2011 年 6 月第一届“国际图书馆、档案馆、博物馆开放关联数据峰会”（The International Linked Open Data in Libraries，Archives & Museums Summit，LOD-LAM）在美国旧金山举行，该峰会的召开旨在促进开放关联数据在 LAM 整合方面的研究和应用。第二届 LOD-LAM 峰会于 2013 年 6 月 19—20 日在加拿大的蒙特利尔市举行，继续探讨

① International Telecommunication Union，World Telecommunication/ICT Development Report 2010，10th May 2019，http：//www. itu. int/ITU-D/ict/publications/wtdr 10/material/WTDR2010 ExecSum-en. pdf.

② 胡心悦：《图书馆、档案馆和博物馆资源整合的发展趋势》，《图书情报工作》2014 年第 17 期。

③ GHOSH M.，“ATALM Annual Conference on Indigenous Archives，Libraries，and Museums”，*Library Hi Tech News*，Vol. 32，No. 4，2015，pp. 14 – 16.

④ 李慧君：《第 38 届国际博物馆协会博物馆学专业委员会研讨会锁定“三馆概念”》，《科学教育与博物馆》2015 年第 4 期。

⑤ 赵生辉等：《数字社会记忆资源跨机构聚合机制研究》，《档案学研究》2014 年第 2 期。

LAM 合作问题。[①]

（二）D-LAM 资源整合的发展

目前在世界范围内，D-LAM 资源整合平台建设和发展迅速，有很多实践范例，典型的案例主要有欧盟（European Union）的 MINERVA 项目、美国《博物馆图书馆服务法》（Museum and Library Services Act，MLSA）设置的博物馆图书馆服务机构（The Institute of Museum and Library Services，IMLS）、英国的“MICHAELUK”数据库以及法国的“Culture. fr”数字档案库等。

欧盟在 D-LAM 资源整合中有丰富的实践，具体表现在以下两个方面。其一，关于电子欧洲行动计划的提案。1999 年 12 月，欧共体（European Community，EC）发布了一份题为“为了全欧盟市民的信息社会”的声明。根据该宣言，2000 年制定了 eEurope 2005（电子欧洲行动计划），目标是要为欧洲市民提供一个快速、低价且安全利用的网络环境，进一步加强教育和公共服务改革，让所有市民都能够顺利步入信息社会，该计划要求博物馆、图书馆承担起与教育机构同样重要的作用。其二，欧盟信息社会总局的文化遗产负责部提出 MINERVA（Ministerial Network for Valorising Activities in Digitization）项目。该项目是为了贯彻 2001 年 4 月在瑞典隆德会议上提出的隆德原则，隆德原则旨在促进信息源电子化事业。根据该原则，欧盟各国要合作参与 eEurope 行动计划。

美国同样为 D-LAM 资源整合做出努力。一是确定相关指导方针。美国在 2002 年的电子政府法引用指导方针（Implementation Guidance for the E-Government Act of 2002）中，将“通过联机向市民提供信息和服务”作为指导方针，将图书馆建立成为公众提供信息和服务的据点。二是在立法中体现 D-LAM 资源共享理念。美国图书馆界从之前

---

① 赵生辉等：《我国图书馆、档案馆、博物馆数字化协作框架 D-LAM 研究》，《情报资料工作》2013 年第 4 期。

对公共图书馆的预算不予审核中吸取了教训，2003 年修改了博物馆图书馆服务法（Museum and Library Services Act，MLSA），重新构筑了博物馆与图书馆的合作关系。三是设立专门机构处理 D-LAM 相关问题。由 MLSA 设置的博物馆图书馆服务机构（IMLS），在加速美国图书馆、博物馆和档案馆合作步伐的进程中发挥了重要作用。四是通过设立基金的方式支持 D-LAM 资源整合活动。

除欧盟和美国之外，英国和法国等国家在对 D-LAM 模式不断探索。英国文化、媒体和体育部（DCMS）不仅是管理英国图书馆和博物馆的部门，也是制定文化政策的最高国家机构。2001 年，其发布的报告《图书馆、博物馆、美术馆和全民档案馆》指出，图书馆和博物馆只有共同努力，致力于消除社会中的弱势群体，才能被视为图书馆和博物馆之间的有效合作。同时，英国文化政策咨询机构（MLA）还指出，图书馆和博物馆应将公民与知识、信息、创造力和思想的来源联系起来，明确其工作目标是为超越博物馆和图书馆以外的合作事业制定相关的政策、标准和建议，并将图书馆与博物馆合作首次列入议程。无论是 MLA 的 5 年计划，还是“Investing in Knowledge”中，均把图书馆和博物馆定位为促进全民学习的机构。尤其英国作为 MICHAEL 项目的代表国，致力于促进三馆的合作共建“MICHAELUK”数据库，目前收录博物馆藏品 950 件，图书馆收藏 450 件以及档案馆收藏 300 件。法国也在 D-LAM 模式下积极尝试，其公开了有关文化的数字档案库“Culture. fr”，包括被收录其中的法国国立图书馆的“Gallica”系统，该系统可存取 9 万标题的电子图书、8 万张图像，还包括海量录音信息源，属于在网络上可以自由获取资料的巨大的电子图书馆。其检索方式也非常便利，可以按照法国建国至今的年表来检索，从而获取相符的历史画作、书目信息以及相关藏品等数字资源。

二　D-LAM的框架协议构建的障碍和主要问题

近年来数字信息技术迅速发展，泛在信息[①]环境正在形成，国际上的数字信息标准规范日益成熟，数字资源融合相关技术取得突破性进展，这些都为三馆数字资源融合提供了外在支持。但是仍存在不少问题，包括技术、知识产权以及收益风险等。

（一）数字资源整合的技术问题

一方面，资源获取的方式、时间、格式等差异性是资源整合的障碍因素。LAM各方在数据来源，类型，格式和标准等方面还存在不小差异。由于制作者和环境不同，导致同一来源的信息也会存在不同。这些困难导致资源整合不易，阻碍了LAM各方的具体操作和共享。另一方面，任何数字图书馆项目开发的数据模型都对资源整合有重要影响。但这不是采用适当标准的简单问题，因为至今数字博物馆和图书馆元数据社区都没有标准的记录架构。如果数字汇编的数据模型要求每个机构重新创建其现有文档，将会产生巨大成本，遇到的技术问题将成为内容获取的障碍。在一些相对较小、重点突出和学科驱动的项目中，学术参与者才有可能修改每个文档项目以使其符合新标准。但是更广泛的馆藏将会发现，如果每个机构都需要不同的数据，而不同于它们所涉及的其他项目，那么机构就无法承担参与大量数字化建设的编辑工作。

（二）D-LAM资源整合的收益及风险问题

根据2008年国际图联《公共图书馆、档案馆与博物馆：合作趋势》报告中的阐述，LAM合作项目越来越多，也给三馆带来了日趋显著的收益和风险。收益体现在合作对馆际本身运营成本的降低和声誉的提高以及对公众获取资源的便利方面。首先，LAM合作使得三

---

① “泛在信息，其核心思想是信息技术将以不为人们所觉察的方式融入人们的日常生活，即在任何时候、任何情况下都可通过有线或无线通信达到互联的状态。”摘自季拥政《泛在信息社会及其基本特征》，《图书馆学研究》（理论版）2011年第19期。

馆在诸多信息资源方面实现共享，大大降低了单独搜集，求证和验明的人力物力成本；其次，三馆的数字化合作可以更好地协调不同发展水平的博物馆、档案馆和图书馆和谐发展，以先进帮助落后，提升先进馆舍的社会评价；最后，便利公众获取必要的学习资源，降低社会教育和研究的成本。不过，风险的类型和来源也较多。学者沃克和卡洛斯在研究中确定了四种类型的风险，包括能力风险、战略风险、授信风险和相容性风险，风险的三个来源分别是创新性、复杂性和体制的相互依赖性。① 这就要求参与合作项目的各方在合作之前必须充分认识到风险。各方还应制定十分明确的合作目标和任务表，防止合作项目停滞。保证各方及时交流沟通，降低不同组织文化带来的差异，尽量达到标准化。学者吉布森提到某一合作伙伴可能会受到缺乏资源（即时间、资金或空间）的影响，从而无法完成任务，而另一个（通常较大的）合作伙伴也许仍然占主导地位，这也是一种风险。② 其他可能的风险还包括抗拒态度、缺乏对各自角色的了解以及缺乏组织性。

三　新媒体环境下 D-LAM 潜在的创新

如本书第一章所提，新媒体技术的发展不仅对中国，而且对其他国家博物馆的发展方向和战略规划起到了十分重要的驱动作用。在此背景下，博物馆、档案馆和图书馆的馆际合作也迈进了一个新时期。

（一）法规政策规划的创新

法规和政策是一个国家各项事业建设的指导和方针，是国家实现职能的决定性手段，是国家行为的规范和标准，是动员社会各种积极

---

① Walker, Christopher, Carlos A. Manjarrez, *Partnerships for Free Choice Learning: Public Libraries, Museums and Public Broadcasters Working Together*, Washington, D. C.: The Urban Institute and Urban Libraries Council, 2003.

② Gibson H., Morris A., Cleeve M., "Links Between Libraries and Museums: Investigating Museum-library Collaboration in England and the USA", *Libri: International Journal of Libraries & Information Services*, Vol. 57, No. 2, 2007, pp. 53 - 64.

分子、调动社会积极因素的根本措施。[①] 规划是组织决定其方向和战略，并利用各种资源来实现战略和决策的过程。[②] 充分的政策法规的支持和规划是国外图书馆、档案馆、博物馆三馆数字文化资源整合宏观管理的核心内容。

国外不仅通过建立专门机构或理事会来推动法规政策及规划的制定和实施，而且通过实践的深入对法规政策进行调整以更加适应实际。例如，美国设立了博物馆和图书馆服务协会（Institute of Museum and Library Services，IMLS）。随着 IMLS 的积极推进，联邦政府在 2003 年和 2006 年分别对《博物馆图书馆服务法》进行了两次修订。英国成立博物馆、图书馆和档案馆理事会（The Museums，Libraries and Archives Council，MLA），负责制定全英博物馆、图书档案馆的战略规划，促进全国博物馆、图书馆、档案馆的合作。随着加拿大图书馆和档案馆（Library and Archives Canada，LAC）资源整合实践的不断深入，联邦政府分别于 2005 年 4 月、2006 年 12 月、2012 年 9 月和 2014 年 8 月对《加拿大图书馆和档案法》进行了四次修订，以便使立法更符合资源整合的实际。

（二）组织体系管理的创新

组织管理体系即管理体系的结构和组成，科学有效的管理体系是组织长期发展的可靠保障。对数字文化资源进行管理，是利用数字资源对博物馆、档案馆和图书馆进行分类、整合和重组，这必然改变各博物馆、档案馆和图书馆的利益格局。为加强馆际之间的有效合作，促进数字资源整合的宏观管理，必然要求建立一个科学、平衡的管理制度。国外在数字文化资源整合的实践中，根据各自的国情和资源整合的实际需要，各国有不同的创新。这些管理体系大致分为三种类型：统一的权威机构一体化管理体系、机构之间互惠协作管理体系以

---

① 王福生：《政策学研究》，四川人民出版社 2000 年版，第 38—43 页。

② 马海群：《发达国家图书档案事业结盟与合作战略规划综述》，《中国图书馆学报》2012 年第 4 期。

及某一机构主导的区域管理体系。

首先，统一的权威机构一体化管理体系。统一是指要突破博物馆、图书馆及档案馆等公共文化服务机构，在更大范围内，立足整个公共文化服务事业的发展，建立机构来统一规划数字文化资源整合的各项工作。该机构不仅要制定数字文化资源整合的相关操作流程，还要制定具体的实施策略。这种管理体系打破了各公共文化服务机构之间相互割裂的行政管理体制，有利于促进各公共文化服务机构之间的交流合作与协调统一。由于这种一体化管理机构涉及不同行业和不同的服务系统，在具体工作中往往会存在利益分配、建设标准等要求不一的问题，一般通过新设政府部门、事业单位或协会组织等比较权威的机构来管理。比较典型的例子有美国博物馆与图书馆服务协会（Institute of Museum and Library Services，IMLS），欧洲 MICHAEL 文化协会（MICHAEL Culture Association），英国博物馆、图书馆及档案理事会（The Museums Libraries Archives Council，MLA），加拿大图书档案馆（Library and Archives Canada，LAC）等，均是公共数字文化资源整合中的一体化管理机构。

其次，机构之间互惠协作管理体系。即各公共文化服务机构之间达成某种协议，双方平等地共同参与对数字文化资源的整合项目，共同分享资源整合成果。这种管理体系更有利于各机构之间进行协商，加之其管理方式相对灵活，能够更大范围地吸引并接纳不同种类的成员，更容易形成较大的协作项目。世界数字图书馆（WDL）就可以看作文化服务机构的全球协作项目，在联合国教科文组织的支持，以及企业和私人基金的资助下，由美国国会图书馆的一个小组牵头，与全世界 180 多个伙伴机构合作共同开发而成。WDL 的日常工作由该小组负责，下设的内容选择工作组和技术结构工作组主要由合作机构的代表们组成。为了更好地发挥 WDL 的作用，为暂不具备数字转换和整合能力的国家提供高质量的数字化资源，美国国会图书馆与巴西、埃及、伊拉克等国的合作服务机构签订协议，建立了数字转换中心。[①] WDL 覆盖范围涉及全球，文化服务机构涉及各行各业，在更大范围和程度上实现了数字化资源的管理和共享。

最后，某一机构主导的区域管理体系。即博物馆、图书馆及档案馆等某一个或某一类公共文化服务部门主动采取行动，整合其所在区域内其他公共文化服务的数字资源，促进区域内资源的共建共享。区域内相同或相似的经济和文化背景使得资源整合相对便利，主导机构一般是区域内较权威的公共文化部门，其对数字化资源进行统一整合后，将数字化检索平台作为一个模块放入其门户网站供公众查阅和使用。这种管理体系地域性较强、规模小，组织结构简单且资金的投入也较少。美国加州博物馆与档案在线项目（Museums and the Online Archive of California，MOAC）也不例外，其是由博物馆这一类文化服务机构作为主导机构，主要包括伯克利艺术博物馆、美国日立博物馆、奥克兰博物馆、旧金山现代艺术博物馆与加州伯克利分校博物馆等，联合美国加州图书馆、艺术馆等其他文化服务机构，[②] 依托伯克利大学网站，对博物馆、图书馆等资源进行数字化整合，促进馆际之间资源共享，进一步提高加州地区博物馆等公共文化服务机构的地位。[③]

第三节　国外博物馆管理和评估制度的启示

如前所述，我国博物馆管理和评估在实际操作中存在诸多问题，

---

① 唐琼等：《“美国记忆”与“共享工程”比较研究》，《图书馆理论与实践》2006 年第 1 期。

② Museums and the Online Archive of California（MOAC），10th May 2019，http：//www. library. ucsb. edu/research/db/241，2020 – 05 – 12.

③ Yarrow A.，Clubb B.，Draper J. L.，Public Libraries，Archives and Museums：Trends in Collaboration and Cooperation，9th September 2012，http：//www. ifla. org/files/public-libraries/publications/prof-report – 108/108 – zh. pdf，pp. 79 – 102.

这都会影响博物馆知识共享机制运行的社会效应。究其根本，这也与我国博物馆事业的发展息息相关。本书第一章在我国博物馆发展史中已经指出，起点低、速度慢、差距大是我国博物馆与国外博物馆相比最突出的问题，如何有效地进行管理，精准地评估博物馆在教育、收藏和研究，以及新兴技术下新角色的定位，这些都是摆在博物馆面前不可回避的问题。国外在博物馆管理领域的具体实践可以为我国博物馆未来的发展方向提供可借鉴的现实经验。

一　有关国际组织的倡议和成果

（一）“博物馆研究培训计划”

首先，国际上设立 ICOM 专门机构用于管理博物馆。国际上首次进行的博物馆合作是通过国际联盟牵线成立的智力合作委员会（International Committee Intellectual Cooperation）。1922 年，该委员会成立国际博物馆办公室，负责对博物馆合作问题进行研究，并发行相关的出版物。1946 年，非政府组织国际博物馆理事会（The International Council of Museums，ICOM）成立，该理事会成立世界论坛用于定期会议和通过互联网持续交流，为博物馆专业人士提供帮助。在一些没有单独的博物馆人员协会的国家，ICOM 国家委员会担任专业协会的角色。除此之外，ICOM 还是联合国社会和经济委员会以及联合国教科文组织（UNESCO）的博物馆事务的公认顾问。

其次，联合国在博物馆管理工作中发挥了重要作用。自 1946 年成立以来，联合国教科文组织积极致力于保护世界文化遗产的立法活动，并帮助世界各国尤其是发展中国家开展博物馆相关活动，积极促进文化财产返还原国家，并开展了保护主要世界遗产地的活动，为旧博物馆的翻新工作提供了财政援助，还建立起新的博物馆。联合国的一些成员国负责 1956 年成立的国际文化财产保护和修复研究中心（ICCROM）。一些区域国家组织也对博物馆的供应有兴趣，例如，欧洲委员会推动了保护欧洲考古遗产的立法，开展了一系列关于博物馆供应的研究，设置博物馆相关奖项激励该行业发展。欧盟也有意促进博物馆之间的交流、鼓励其成员国某些博物馆的“欧洲客房”的发展，并对博物馆开发提供资金支持。

最后，“博物馆研究培训计划”的提出有利于培养博物馆管理人才，提高从业人员知识储备，有利于博物馆的发展。国际博物馆理事会（ICOM）为了提高并增强发展中国家的博物馆工作人员的知识与能力，提供博物馆运作全貌以便博物馆更好地服务并满足观众和广大社区的需求与希望，启动了“博物馆研究培训计划”，该计划的成果包含该领域内知名专家所撰写的《实用手册及培训指南》（2010）。编写该计划的12位作者来自世界的不同地区，拥有博物馆与文化遗产机构丰富的咨询和教学经验、工作经验，编写了该计划，作为博物馆在培训人员与受训人员参加博物馆课程中的一本基本操作手册。就该计划内容而言，它包括了为新进或未来博物馆工作人员实际使用而设计的材料，涵盖博物馆的作用、藏品管理、藏品目录和立档、藏品保养等，并对藏品管理、博物馆管理、人事管理等都有专门章节进行分析和指导。总之，该手册将成为新建和已建博物馆工作人员的基本参考资料。除《实用手册》外，还有《培训人员手册》为博物馆研究管理的培训人员提供实践理念、案例研究及材料，另附加的《培训需求调查问卷》作为补充，使目标读者确定自己的培训需求。总的来说，国际博物馆协会的博物馆研究培训计划为博物馆的管理和评估提供了丰富的经验，为博物馆管理和评估实践指明了方向。

（二）《博物馆知识产权管理（2013版）》

世界知识产权组织（WIPO）认识到文化遗产社区日益增长的需求。因此，委托瑞纳女士（Ms. Rina Elster Pantalony）拟定“WIPO Guide on Managing Intellectual Property for Museums 2013 Edition”[《博物馆知识产权管理（2013版）》]① 来解决这一问题。该指南分为两

① “WIPO Guide on Managing Intellectual Property for Museums 2013 Edition”, 10th May 2019, http://www.wipo.int/edocs/pubdocs/en/copyright/1001/wipo_pub_1001.pdf, 2020-05-12.

部分，第一部分是对与博物馆有关的知识产权的识别，以及对其进行管理的建议的最佳实践，与机构使命和任务一致。第二部分的出版物审查现有和新兴的商业模式，这些模式可以帮助确定博物馆的机会，作为为他们的项目创造可持续的资金的一种手段，以使他们的项目得到一致的结果，又一次执行各自的使命和任务。

一方面，知识产权侵权责任是博物馆需要关注的基本问题。与博物馆有关的知识产权侵权责任可以在两个维度上来观察，第一是博物馆使用他人的知识产权，第二是他人使用博物馆的知识产权。具体表现在博物馆面临着管理自己的知识产权和明确中介潜在的第三方使用责任和用户的责任这些问题上。在这种情况下，知识产权可能与博物馆自己的解释性或语境化的官方措辞有关。一些知识产权保护涉及博物馆内部开发的技术，用来协助分发或管理博物馆的收藏。另外，还有商标，它可以在商业环境中为公众提供认可博物馆的工具。如今，博物馆越来越重视知识产权，也开始保护自己拥有的知识产权和防范自己侵犯他人的知识产权，这是一个好现象，值得鼓励和积极推广。因此，下一步寻找和确定所谓的最佳博物馆知识产权保护模式（Best Museum IP Mode）就是国际社会的主要任务。

另一方面，《博物馆知识产权管理（2013 版）》的出台有助于平衡博物馆和文化遗产以及社区之间的合法利益。以前在工业化国家，文化遗产社区并未意识到知识产权对博物馆管理的意义所在，他们普遍认为自己只是使用者而不是知识产权的所有者。在过去，无论是视觉作品还是文字作品，知识产权问题只在出版修改现有材料的文本时才会受到关注。然而，随着新技术的出现以及知识产权利益在博物馆管理收益中的所占权重增加，博物馆群体现在面临着来自于他们自己的观念的转变。也就是说，博物馆越来越意识到知识产权在共享知识、提供集合访问以及保存和管理集合中的重要性。

（三）“博物馆建议书”

《关于保护与促进博物馆和收藏及其多样性、社会角色的建议书》

（以下简称《建议书》）是由国际博物馆协会与联合国教科文组织共同起草，联合国教科文组织于 2015 年 11 月 20 日在巴黎举行的第 38 届大会正式通过，大会建议各成员国通过立法等其他有效的方式采纳并实施《建议书》的原则和标准。《建议书》对“博物馆”等相关名词进行了定义，并总结了博物馆的主要职能和博物馆面临的社会问题，而且对博物馆政策进行了呼吁和建议，为博物馆的管理和评估实践提供了一定的指导。《建议书》指出，21 世纪以来，全球面临保护与促进文化多样性的重大挑战。为此，博物馆作为文化的学习、交流和传播的重要场所，在文化教育和公众意识培养方面都扮演着不可或缺的角色。同时，博物馆通过对博物馆自身和藏品的运营和管理，进一步促进了文化创意产业、旅游业等产业的发展。最后，《建议书》呼吁成员国关注博物馆的重要性，通过保护藏品进一步保护文化遗产，促进文化多样性发展，同时充分发挥博物馆促进经济发展的功能。

二　侧重文化教育服务的博物馆管理与评估

文化教育是博物馆的重要任务。《国际博物馆协会职业道德准则》针对“博物馆教育与社会作用”规定：“博物馆是一个为社会及其发展服务的机构，博物馆应利用一切机会发挥其作为教育资源的作用。”博物馆开展教育活动始于 18 世纪的欧洲，19 世纪在美国得到普及。①在博物馆事业发达的国家和地区，如美国、英国等，其侧重文化教育服务的博物馆管理与评估在公众教育方面发挥了极其重要的作用。

（一）国外侧重文化教育服务的博物馆管理

英国是世界上第一个建立具有近代意义的博物馆的国家，其先进的博物馆文化通过殖民过程影响了欧洲、美国甚至全世界。直至 20 世纪 60 年代，博物馆教育被视为学校相关工作的重要组成部分，自

---

①　张小鹭：《现代美术馆之教育与经营》，西南师范大学出版社 2009 年版，第 224 页。

此以后，博物馆教育成为一门专业而存在，尽管规模很小；① 1988年，英国制定的“国家课程”中明确指出博物馆教育可以与学校课程挂钩。

教育是美国博物馆运营的重要组成部分，在博物馆公共服务中占有核心地位，且该功能受到社会的广泛支持和肯定。充分发挥博物馆“教育”功能的典型如史密森博物院，该博物院成立于1846年，以“打造美国非正式教育的‘实验室’”为核心使命，拥有世界最大的博物馆群，是具有世界最大影响力的博物馆研究联合体，直属19个博物馆、美术馆、国家动物园及9个研究机构，以文化教育为中心的管理代表着国际先进水平。从史密森博物院发布的组织图来看，秘书长是该机构的最高管理层，有4名副秘书长，分别负责教育和观众参与，科学，历史、艺术和文化，财政和行政事务。该博物馆将其自身定位为教育机构，将“教育和公众参与”置于其博物馆运营的首位，甚至域名都以“edu.”作为后缀。通过多年的研究和实践，建立了科学且完善的博物馆教育体系，并成立了史密森教育中心，以更好地组织和开展博物馆教育活动。其教育中心的工作人员包含各个领域的专家、学者和教育工作者。教育中心的重点就是为家庭和学生设计互动旅游和活动，也为教育工作者提供丰富的教育资源和职业发展平台。

以大英博物馆和美国史密森博物馆为例来看，其侧重文化教育服务的博物馆管理主要具有如下特点：首先，对于人员的管理。史密森博物馆非常注重发展教师职业，为教师提供不同的职业发展类型和不同发展层次，使教师能够更好地理解并充分发挥他们的知识和技能。更重要的是，教师对教育项目的反馈和建议又可以成为重要的信息来源和建议，启发博物馆教育工作进一步完善。大英博物馆则因其成人教育部的正式员工较少，所以重视志愿者的招募和使用，主要活动也由志愿者协助完成。据大英博物馆2011年国际培训数据统计，大约

① Eilean Hooper-Greenhill, *Museum and Gallery Education*, Leicester University Press, 1994, p. 42.

有570名志愿者来协助博物馆工作，包括在校生、实习生、专家、访问学者等，统一由大英博物馆办公室进行管理。其次，对于博物馆资金的管理。在美国，史密森博物馆作为唯一一个由政府资助的、半官方性质的博物馆机构，除了国会每年的财政支持外，史密森博物馆董事会还于1999年自行创建史密森企业作为博物馆的分支机构，通过文化产业产品的开发以及教育品牌的运营，实现大额创收。史密森企业的管理由专业团队进行，专注于产品开发、市场营销、媒体、特许服务以及教育经验等业务，收益均用于博物馆教育和设施的置办，统一由博物馆管理，为博物馆公共教育服务提供了强大的经费保障。再次，对博物馆设施的管理。大英博物馆为青少年教育提供了充裕的活动空间，场所包括接待处、教室、礼堂、数字检索中心、储物柜、用餐室等，大英博物馆开放馆内区域进行教育活动，甚至支持学校教学直接在展厅进行，开展研究班、表演班等通过各种形式支持教学和教育计划。① 最后，美国史密森博物馆和大英博物馆还广泛运用数字技术。美国史密森博物馆通过数字化邀请公众参与博物馆展览设计等，收集公众对藏品的独特理解，与观众共享研究藏品的过程及成果，增强与公众的互动。在此过程中，博物馆也根据公众的需求和环境为其量身定做适合的学习计划，有针对性地进行教育，充分增加了博物馆为每个人提供教育机会的可能性，为公众提供更为深入、全面的服务。大英博物馆是通过与英国广播公司（British Broadcasting Corporation，BBC）进行合作，以大英博物馆的藏品作为线索和背景，制作相关的节目等为公众提供文化教育服务。

（二）国外博物馆的评估与其文化教育服务功能的发挥

博物馆从私人场所到进入公众视野，“公共教育”成为公共博物馆新的重要使命，博物馆评估是博物馆“公共教育”理念的产物。从18世纪末起，最初的博物馆只是皇室、教会中的贵族、僧侣以及

---

① 郑奕：《科学的博物馆教育活动组织管理模式》，《中国博物馆》2013年第3期。

达官贵人收藏奇珍异宝的场所。其后在一系列民主运动的开展，如法国大革命、欧洲启蒙运动和美国独立战争等的作用下，“公共博物馆”的出现首次将博物馆带入公共视野，让社会成员都能够进入博物馆进行参观。博物馆的评估就不再仅根据藏品及研究水平来判断，“公共教育”职能的发挥也成为重要的评估标准。

20 世纪 50 年代之前，博物馆评估仅限于观众调查且研究范围较小。早在 1884 年，为了充分发挥博物馆的教育功能，英国利物浦博物馆就对来参观其博物馆的公众简单地做了分类，将其观众大致划分为学生、观察或研究者和闲逛者，其中占比分别为 1%—2%、78% 和 20%，其中观察或研究者占比最高。正如美国学者 Melton 所说，“在当今社会，博物馆作为一种服务于公众的教育机构的思想日渐流行起来，并且教育已经成为衡量博物馆陈列及博物馆日常运作的价值标准”①。在此阶段，学者们业已关注观众的最新信息和反馈，同时致力于研究如何增强博物馆的教育价值，但“评估”一词在社会科学研究中仍然很少见，作为一个专业行为和独立的研究领域，“评估”一词还没有被应用到社会科学研究者对教育效果的研究中。

从 20 世纪 50 年代至今，博物馆评估进入了大范围、深层次、急速发展的状态。博物馆评估除了观众调查，还对展品的陈列、藏品的管理、教育的项目、馆内硬件设施以及整个博物馆的运行全面进行评估。除博物馆评估范围扩大外，在评估操作规范上，博物馆评估认定制度出现并迅速发展。该制度产生于 20 世纪 70 年代美国博物馆协会对博物馆进行的研究和管理反思，1971 年美国博物馆协会开始对博物馆进行认定，并下设专门委员会实施认定，希望通过确定博物馆专业的共同标准，能够制定一种衡量和重组的方法，以便使博物馆能够以最佳的方式向公众开放。

---

① Melton A. W., *Problems of Installation in Museums of Art*: *Studies in Museum Education*, In E. Robinson (Eds.), New Seriesle. Classical Reprint (pp4 – 23) American Association of Museums, 1935.

美国博物馆认定制度的内容和标准的核心问题在于博物馆所宣布的任务和目标的完成率以及博物馆界一般标准下的履职情况。博物馆认定是一个循序渐进的过程，必须从申请、自我评估、到馆审核、委员会认定裁决一步一步地严格按照相关的规章制度进行操作。认定工作由美国博物馆协会下设的认定委员会负责，认定委员会依据协会对博物馆认定工作的经验总结，根据认定项目来认定运作专业进而运营高效的博物馆，不仅评估博物馆自身“硬件”问题，如目标与计划完成情况、领导与组织管理结构、藏品工作、财政是否稳定、设施与安全问题等，而且对博物馆与公众的互动情况，如公众对博物馆的信赖程度、博物馆对公众教育功能的发挥等均是重要的评估项目，对所有项目综合进行评估认定，得出最终评估结果。

在美国博物馆认定制度的影响下，世界上其他国家纷纷成立认定机构并制定相关程序，实施博物馆认定制度。英国政府在其艺术与图书部门下设博物馆与艺廊委员会,① 负责各级博物馆的管理与监督，定期开展博物馆业务评估，并根据评估结果确定政府对博物馆的资助金额。该委员会与英国博物馆协会合作成立了英国博物馆认定委员会，制定了博物馆的注册准则来作为博物馆认定的标准和依据，具体的认定工作也由该委员会与各地区的博物馆协会合作完成。关于教育活动的评估，英国博物馆一般自己进行评估，也会有与馆外的评估专家合作的情况。早在1993年，澳洲博物馆协会维多利亚分会就执行过一项评估系统。博物馆首先完成一份自我鉴定，之后博物馆协会以其自我鉴定的书面材料为参照，由审核人员进行现场评估，评估的项目中包括博物馆的藏品、行政、资源的管理，安全保障和预防保护，也包括公共项目、观众服务、文化教育等。

---

① 博物馆与艺廊委员会（Museums & Galleries Commission），1931年成立。以促进博物馆的发展、提升博物馆的水准、保护文化遗产为宗旨，向政府提供必要之建议。委员会的主席和14名委员由英国首相直接任命，他们的工作都是无偿的。他们直接向议会负责，并接受国家遗产局的资助。

第五章　从权利限制视角看博物馆知识共享实现的路径

随着博物馆文化服务功能的不断增强，博物馆名称、标志性建筑、珍贵藏品及其复制品等各种资源的知识产权纠纷层出不穷。为了明确博物馆资源知识产权的权利界限，促使博物馆资源得以传播和利用，有必要对博物馆资源知识产权限制制度进行研究。如前所述，博物馆知识共享中制度障碍主要体现为知识产权保护制度不健全，但赋予权利并不是立法的唯一目的，更是要通过对权利的限制，制衡知识产权天然的垄断性本质，尤其是博物馆著作权范围扩张、博物馆资源商标侵权现象频发和博物馆专利权纠纷等实际案例，均说明需要厘清相关主体的关系，在权利人、博物馆和社会公众之间构建起较为平衡的法律制度。

第一节　博物馆资源知识产权限制制度的现实动因

博物馆资源知识产权限制制度涉及权利人、博物馆和社会公众三类主体，对这三类主体的关系进行考察后发现，权利人将藏品转移给博物馆，二者之间是藏品征集关系，博物馆通过多种方式向社会公众展示藏品，二者之间是藏品传播利用关系。权利人和社会公众并不直接接触，博物馆作为连接权利人和社会公众的纽带，在博物馆资源的传播方面发挥着重要作用。

一　博物馆著作权范围扩张

为了构建我国博物馆知识共享制度，在动因分析中有必要对博物馆的知识产权限制实践进行深入研究。著作权是博物馆与权利人以及社会公众权利冲突的多发领域，通过对典型案例和数据进行分析可以发现，著作权领域存在的主要问题是博物馆的著作权范围扩张，表现形式为博物馆侵犯权利人著作财产权、博物馆版权声明缺乏规范性以及藏品衍生品和复制品、仿制品的著作权纠纷。

（一）博物馆侵犯权利人著作财产权

在权利人和博物馆的权利冲突中，理论上，权利人处于强势地位，有权决定是否将藏品的著作权转移给博物馆，博物馆处于弱势地位，受到权利人的限制，然而实践中，博物馆却屡屡侵犯权利人的著作财产权。

张林英等人与中国革命博物馆关于油画《开国大典》的纠纷是博物馆侵犯权利人复制权、发行权和获得报酬权的典型案例。油画《开国大典》原作收藏于革命博物馆，作者董希文于 1973 年去世，1999 年革命博物馆提供《开国大典》的原作底片并授权某公司将其设计制作为纯金画。2002 年董希文的妻子张林英及子女起诉革命博物馆侵犯其著作权，法院判决革命博物馆的行为构成对张林英等人复制权、发行权和获得报酬权的侵犯。[①] 在该案中，革命博物馆虽然收藏了《开国大典》，但是只享有展览权，不享有其他著作权，不能将作品所有权的转移等同于著作权的转移。

本书第二章提及的周美和等人与鲁迅博物馆关于周作人书信的纠纷也是博物馆侵犯权利人发表权、复制权、发行权和获得报酬权的典型案例。2012 年 2 月鲁迅博物馆在其出版的《鲁迅研究月刊》中刊登了周作人的 35 封书信、1 首诗歌以及 5 幅手稿图片。周美和等人作

---

① 《张林英等 4 人诉广元公司、革命博物馆、工美集团侵犯著作权纠纷案》，《中华人民共和国最高人民法院公报》2003 年第 6 期。

为继承人起诉鲁迅博物馆侵犯著作权，鲁迅博物馆辩称其行为是以公共利益为目的，构成合理使用。法院判决鲁迅博物馆的行为构成了对周美和等人著作人身权和财产权的侵害。[①] 在该案中，鲁迅博物馆在公开定价发行的刊物上刊登涉案作品的行为是营利性商业行为，不是以公共利益为目的的使用，且涉案书信是未发表作品，不属于合理使用。

（二）博物馆版权声明缺乏规范性

在博物馆和社会公众的权利冲突中，博物馆作为著作权的享有者，容易扩张自身著作权范围，侵害社会公众的合法权益，博物馆版权声明缺乏规范性就是典型表现。博物馆版权声明主要针对博物馆资源的版权归属、使用、修改和删除、侵权通知以及第三方链接等问题作出规定。版权声明通常在博物馆网站上公开发布，有三种常见形式。绝大多数博物馆选择在网页最底端注明“某某博物馆版权所有”，少数博物馆选择专门制定一个类似于法律规定的详细“版权声明”，也有极个别博物馆在藏品图片上加注博物馆水印，同样能达到版权声明的目的。截至 2020 年 4 月，通过对我国 724 家三级以上博物馆版权声明进行统计，发现有版权声明的博物馆共 373 家，其中采用简短的“版权所有”形式主张版权的有 350 家，占到了总数的 93.83%；采用详细的“版权声明”形式主张版权的有 23 家，占到了总数的 6.17%；采用图片水印形式主张版权的有 10 家，占总数的 2.68%（见图 5－1）。上述三种形式存在交叉使用现象，博物馆可以同时运用多种版权声明主张版权。

从上述实证分析中可以发现，博物馆版权声明在形式和内容上都存在问题。一方面，博物馆版权声明的形式过于简单，这反映出博物馆的版权意识较为薄弱。大多数博物馆都只是在网站下方简短标注

---

① 《周美和、周美瑜等与绍兴鲁迅纪念馆返还原物纠纷二审民事裁定书》，2016 年 10 月 10 日，https：//www.tianyancha.com/lawsuit/1d644af68837432b95364bebd6398ff7，2020 年 5 月 12 日。

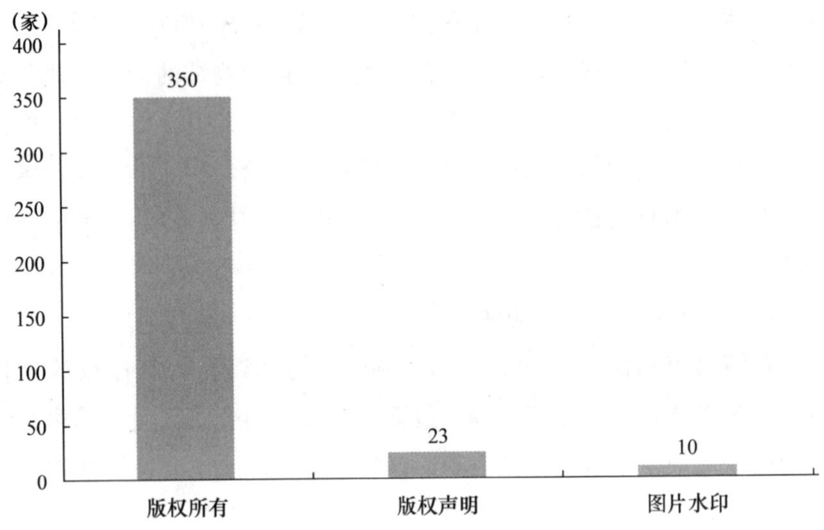

图 5－1　我国博物馆版权声明类型统计

数据来源：本书调研。

“版权所有”，公布版权声明的博物馆比重只有 6.17%。博物馆网站上存在大量图片、视频等数字化资源，如果博物馆事先没有制定详细的版权声明，社会公众在使用这些资源时很可能与博物馆产生纠纷。

另一方面，博物馆版权声明的内容缺乏规范性，不当地扩大了版权客体范围。博物馆通常主张对网站中所有内容均享有版权。以首都博物馆为例，其版权声明中规定“本网站包含的所有内容，包括但不限于整个网站、网站设计、文字、图片和音视频等内容，版权均属于首都博物馆或相关权利人所有，任何媒体、网站、单位或个人未经首都博物馆或相关权利人书面授权之前，仅供浏览，但不得以以下方式使用，包括但不限于转载、摘编、链接、转帖、复制、出版、公布、传送、分发或以其他方式使用本网站的任何内容，并严禁使用本网站未经授权的网页和内容进行商业活动”①。但实际上博物馆对藏品数

① 首都博物馆网站：法律声明，http：//www. capitalmuseum. org. cn/other/flsm. htm，2019 年 5 月 10 日。

字化资源是否享有版权不能一概而论，需要具体情况具体分析。

博物馆对藏品数字化资源是否享有版权，其关键的判断标准就是原创性。只有具备原创性的藏品数字化资源才可称之为作品，成为受版权法保护的客体。以博物馆网站中的图片为例，不论是摄影图片，还是藏品的扫描图片，都必须体现出创作者的创作意图，才能受到版权法保护。在藏品的摄影或扫描过程中，创作者可以通过拍摄角度、空间、光线、色彩的不同组合在图片中融入本人的取舍和判断，从而使图片成为具备原创性的作品。反之，单纯的摄影或扫描只是毫无差异地反映藏品的每个细节，没有融入创造性元素，自然就体现不出创作者的个人风格。即使这个过程对技术的复杂程度和耗费的人力物力有相当高的要求，也不会因此而产生新的著作权。对于烦琐的工艺或复制程序，博物馆可以考虑申请专利进行保护。①

（三）博物馆对藏品衍生品和复仿制品著作权控制过严

在博物馆和社会公众的权利冲突中，博物馆对藏品衍生品和复仿制品主张著作权，这可能会压缩社会公众的权利空间。故宫博物院与中国商业出版社宋元瓷器图纠纷是藏品衍生品著作权纠纷的典型案例。故宫博物院起诉称其于 1994 年、1996 年和 1998 年分别出版了《故宫博物院藏清盛世瓷选粹》《故宫博物院藏文物珍品全集〈两宋瓷器〉》和《故宫藏传世瓷器真赝对比历代古窑址标本图录》三本图书，中国商业出版社在 1999 年出版的《中国宋元瓷器图录》和《中国清代瓷器图录》中未经许可使用上述三本图书中的 790 张瓷器图片，侵犯其使用权和获得报酬权。中国商业出版社辩称不存在故意侵权，不应当承担侵权责任。法院判决中国商业出版社侵犯著作权。故宫博物院与北京天禄阁公司著作权纠纷是藏品复仿制品著作权纠纷的典型案例。从 2002 年起，故宫博物院开始对 100 幅馆藏书画精品进行仿制和销售，北京天禄阁公司负责将书画仿制品扫描成电子版。不

① 张百成：《博物馆藏品的著作权归谁享有——以故宫博物院为例的博物馆藏品著作权法律问题探析》，《中国文化报》2013 年 7 月 30 日第 11 版。

久故宫博物院发现天禄阁公司私自保存了书画扫描图片，打印后在市场上廉价销售。故宫博物院诉称天禄阁公司打印 23 幅仿真图的行为侵犯其著作权，天禄阁公司辩称仿制画只是对原画的简单再现，不属于再创作，不受著作权保护。①

在上述两个案件中，被告的行为是否构成侵权，关键要看瓷器图片和仿真书画是否具备原创性。如果故宫博物院在瓷器图片和仿真书画的制作过程中，只是毫无差异地照搬藏品的所有细节，那么这种行为自然不具有原创性，所产生的成果也不受著作权保护。故宫博物院以侵犯著作权为由提起诉讼，不能得到法律保护。相反，如果故宫博物院在制作过程中将自身审美与藏品相结合，创作出具有个人独特风格的瓷器图片和仿真书画，就可以对创作成果主张著作权，被告未经许可私自出版和印制的行为自然就构成侵权。

二　博物馆知识产权权利边界不清

在博物馆和社会公众的权利冲突中，一方面，博物馆侵犯了社会公众的合法权益；另一方面，社会公众也侵犯了博物馆的合法权益，这主要表现为博物馆资源商标及域名抢注现象频发。究其根本，是因为博物馆对其知识产权的权利边界并不自知。近年来，随着博物馆影响力的增强，其藏品、商标等资产的商业价值不断上升，一些企业将知名的博物馆资源注册为商标和域名，试图造成社会公众的混淆，误以为商品或服务与该博物馆存在关联。商标和域名抢注主要针对藏品、标志性建筑、遗址、馆名等几类博物馆资源。此外，博物馆对其自行研发的技术拥有专利权，虽然案子不多，但也令人关注。

（一）博物馆的商标纠纷

“击鼓说唱俑”和“天下第一福”商标纠纷是博物馆藏品商标抢注的典型案例。“击鼓说唱俑”是国家博物馆收藏的一级文物，2009

---

① 钱江晚报：《仿真书画遭复制故宫索赔 7 万元》，2008 年 11 月 14 日，http://finance.sina.com.cn/money/collection/zgsh/20081114/13375508102.shtml，2020 年 5 月 12 日。

年国家博物馆发现“击鼓说唱俑”的形象被四川成都一家企业申请商标注册，商标使用范围涵盖了旅游服务业、古玩字画等在内的40个类别，而国家博物馆未对“击鼓说唱俑”的形象申请商标注册。恭王府博物馆是“天下第一福”和“康熙御笔之宝”商标所有权人，2008年北京湖山书苑在其商品“康熙御笔‘福’字立轴”的制作和宣传中使用了与上述商标完全相同的文字，侵犯了恭王府博物馆的注册商标专用权。但是，在判断商标侵权的标准方面，目前国内学界和司法案例所选用的混淆原则，仍有很大争议，因此博物馆的商标专有权的权能、边界仍有待厘清。

另外，将博物馆相关资源（标志性建筑、遗址和馆名）注册为商标的案例更是不胜枚举。1990年起“三星堆”就已被多家企业注册为商标，1999年三星堆文化旅游产业开发公司虽然申请了“三星堆”部分商标，但到期并未续展；2007年兰州某公司将“古城门图形+敦煌阳关+DUNHUANGYANGGUANG”注册为商标，并起诉敦煌市阳关博物馆侵犯其商标专用权；2009年水井坊白酒在广告中使用了苏州博物馆的馆名以及标志景观片石假山进行商业宣传；2010年“天目山”“瘦西湖”“留园”“明孝陵”等知名景点的名称被杭州一家公司注册为商标并公开拍卖。“金沙遗址博物馆”域名纠纷是博物馆相关资源域名纠纷的典型案例。2010年7月，三原告因为成都博物院在互联网上使用“jinshasitemuseum. com”和“金沙遗址博物馆”等中英文域名将其起诉，称这一行为构成对其注册商标专用权的侵犯，要求禁止成都博物院在互联网上使用上述域名并赔偿经济损失。成都博物院辩称，其对“金沙遗址博物馆”和“jinshasitemuseum. com”享有商标权、著作权、名称权、域名权的时间早于原告的商标权获得时间，并且其使用行为不存在商标侵权情形。在该案中，首先，成都博物院享有域名权，可以在互联网上使用涉案域名；其次，这种使用方式不会使社会公众产生混淆，并未侵害到原告的商标专用权，不需要赔偿其经济损失。

（二）博物馆的专利纠纷

与商标权和著作权相比，博物馆资源专利权纠纷数量相对较少。如本书第二章提及的故宫诉北京万邦案件即为典型案例。该案反映出博物馆缺乏对专利权的保护和管理。自2004年起，故宫博物院与万邦公司合作开发古书画复制技术，项目由故宫博物院员工张小巍以及万邦公司员工徐忠东、解镇岭负责，双方约定专利权为双方共同享有。2004年5月万邦公司单方面申请了涉案专利，专利申请人为万邦公司，发明人为徐忠东，后来双方约定增加故宫博物院、张小巍、解镇岭为共同申请人，但万邦公司拒不履行变更登记，并于2006年将专利权转给大唐万邦公司。在该案中，根据双方协议可以确定故宫博物院、张小巍和解镇岭为古书画复制技术的共同专利权人。万邦公司拒绝履行合同，与大唐万邦公司的专利权转让协议属于恶意串通损害第三人利益，应当被认定为无效，万邦公司应当履行合同进行权利人的变更登记。

将我国博物馆资源知识产权限制制度的实证分析与理论分析相比较，可以发现二者之间呈现出一定差异。在权利人和博物馆的权利冲突中，理论分析反映出权利人处于可能滥用知识产权的强势地位，而实证分析却反映出权利人往往是被侵权方；在博物馆和社会公众的权利冲突中，理论分析反映出博物馆有可能利用知识产权损害社会公众的利益，而实证分析反映出社会公众也侵犯了博物馆的合法权益。因此在探索我国博物馆资源知识产权限制制度时，应当将理论和实践相结合，建立既有理论前瞻性又能解决实际问题的博物馆资源知识产权限制制度。

第二节　博物馆资源知识产权限制制度的域外比较

博物馆资源知识产权限制制度是出于对涉及知识产权权利人、博物馆和社会公众之间利益平衡的一种有效保护机制，这并非中国所独有。在国际和其他国家的立法和司法实践中，不乏有益的尝试和做法，尤其是 WIPO 和美国等国际组织和国家对博物馆知识共享过程中的知识产权问题尤为关注，并且取得了一系列成果。以下，对相关实践进行介绍和总结。

一　博物馆资源知识产权限制制度的国际层面实践

世界知识产权组织（WIPO）是知识产权国际化推行的主力军，也是各国有关知识产权问题和纠纷的主要管理机构，担负着各国知识产权制度的改进和完善，从而敦促其会员国在新的层次上形成知识产权一体化，消除知识产权贸易壁垒，加强知识产权在全球范围内的流动、增值和保护。因此，对于博物馆资源知识产权限制的考察，必须从 WIPO 开始，研究其国际立法动态和趋势，以及各成员国的不同反应，是十分必要的。

（一）提高博物馆数字化资源知识产权管理水平

本书第四章已提及 2007 年世界知识产权组织委托加拿大专家瑞纳（Rina Elster Pantalony）撰写了一份《博物馆知识产权管理指南》（以下简称《指南》），旨在帮助博物馆适应互联网时代的发展趋势，提高数字化资源知识产权管理水平，从而实现藏品的科学管理和充分利用。《指南》主要内容集中在博物馆资源知识产权的类型、博物馆资源知识产权的管理、博物馆体验经济以及博物馆商业运营模式等几个方面。①

《指南》中提到博物馆可拥有的知识产权分别是著作权、商标权、专利权和商业秘密、域名权、工业设计。博物馆中受著作权保护的资产包括文物和艺术品的摄影图像、CD 等录音和出版物、视听作品、以 CD 或互联网为载体的多媒体作品、纸质或电子形式的出版物和教育材料以及藏品信息数据库。博物馆藏品中受商标法保护的资产包括

---

① ［加］Rina Elster Pantalony：《WIPO 出版博物馆知识产权管理指南》，2007 年 7 月 31 日，http：//www. wipo. int/pressroom/zh/articles/2007/article_ 0049. html，2020 年 5 月 12 日。

作为商标使用的博物馆名称和馆徽、作为商标使用的艺术家姓名和签名、具有一定知名度甚至成为地标的博物馆建筑、展览和项目的名称、博物馆商店出售的商品的包装和颜色以及博物馆的知名藏品。博物馆专利权的客体主要是蕴含新技术的藏品，展品的学术研究成果，藏品保护、管理、商业开发中的技术创新，信息数据库，筹资模式和非营利博物馆的组织管理结构等，后两类可同时作为商业秘密的客体。博物馆域名具有与商标相同的价值，尤其是对国际知名博物馆而言，申请、保护以及防止侵权是博物馆域名工作的重要内容。博物馆工业设计是开发商业产品的一种方式，博物馆可以依托藏品自行设计，或者委托他人设计。[①]

关于博物馆知识产权的管理，《指南》给出了几点建议。一是知识产权梳理和统计，对博物馆拥有所有权、使用权和邻接权的各项知识产权进行清查，明确藏品原作者仍然保留的权利以及博物馆因此所受到的权利限制。二是制定知识产权政策，在知识产权统计的基础上，参考法律专业人员的意见，讨论、起草、制定并不断完善博物馆的知识产权政策。三是制定知识产权许可政策，知识产权许可是博物馆参与商业经营的主要方式，许可政策应当明确知识产权许可的宗旨、方式、许可费用管理以及纠纷的解决机制。四是运用数字化手段管理和保护著作权，利用数字水印技术对网站上的图片进行加密保护，针对不同的使用目的为用户设置不同的限制，防止非法使用和下载图片。

《指南》引用学者斯蒂芬（Stephen Weil）的观点，认为现代博物馆实现其功能的方式不再局限于传统的保存、展示、研究藏品，已经朝着体验经济转移。为了维持自身的高水准运营，完成教育和研究任务，博物馆应当参与到体验经济中。利用馆藏文化遗产的知名度和影响力吸引游客，使游客通过浏览博物馆网站，享受到不受时间和空间

① 赵丰：《博物馆知识产权保护制度亟须建立》，《中国艺术报》2013 年 3 月 25 日第 2 版。

限制的，集视觉、听觉甚至感官模拟体验于一身的参观体验。博物馆发展体验经济不仅能够更好地实现服务社会、教育公众的目的，还能够为自身带来商业机会。

《指南》的最后部分对目前博物馆的各种商业运营模式进行了介绍。博物馆的商业运营模式包括网页图片的浏览和下载、藏品数据库的检索和下载、出版图书、提供多媒体感官体验、登载广告、开发和出售文化创意产品、进行媒体宣传活动等。这些商业模式可以为博物馆带来可持续的经济收入，帮助博物馆实现公益目标。在进行商业化活动的同时，博物馆应当处理好一些问题，首先就是商业活动的营利性和博物馆公益性的矛盾，商业经营不能损害博物馆的公益性质；其次是开发文创产品时要尊重藏品原作者和文创产品设计者的合法权益，在许可合同的范围内使用他人知识产权；最后是对合作企业和商业产品严格把关，维护博物馆自身的形象和权威。[①]

（二）借助版权例外发挥博物馆的教育功能

2015 年，世界知识产权组织发布了由简　弗朗西斯（Jcan-Francis Canat）、卢卡斯（Lucie Guibault）和伊丽莎白（Elisabeth Logeais）合作撰写的《博物馆的版权限制与例外研究报告》（以下简称《报告》），其中提到博物馆为了实现自身功能，经常需要复制并向公众传播本馆收藏的版权保护期内的作品。版权的限制和例外允许博物馆在不经过版权人许可的情况下进行馆藏作品的复制、传播等活动，增强了 21 世纪博物馆的教育和学术传播功能，并鼓励社会公众传播知识和信息，促进社会共同利益。

《报告》对与博物馆日常业务开展相关的限制和例外进行了总结，指出在 188 个世界知识产权组织成员国中，制定博物馆版权限制和例外规定的只有 45 个。随着作品数字化进程的加快，为公众提供随时

---

① Pantalony R.，E.，*Managing Intellectual Property for Museums*，Rio de Janeiro：World Intellectual Property Organization，http：//www. wipo. int/publications/en/details. jsp? id = 166，2013.

随地的在线作品使用已经成为博物馆的主要工作。完成这项工作会涉及一些具有争议性的问题，比如说制作作品的数字化复制品以及在线传播博物馆的作品。针对实践中出现的这些问题，多数国家的立法者都认为应当将目前的版权限制扩展到数字化领域。《报告》将博物馆限制和例外分为具体和一般两类，具体的限制和例外包括对藏品进行保存、宣传、展览、学习或研究，以及使用孤儿作品；一般的限制和例外有为了自身需要、教育以及科研使用作品，对作品进行复印或扫描。

在分析的基础上，《报告》针对立法者和博物馆提出了建议。对立法者的建议有三点，首先是明确并统一博物馆版权限制和例外，允许博物馆为保存版本目的制作本馆永久收藏作品的数字化复制品，无论这些作品是否属于孤儿作品。其次是妥善界定版权限制和例外的内容、地域、效力范围，制定全面的使用许可框架。最后是知识产权许可协议中不应当对教育、研究和学习目的的作品使用设置限制，作品的传播不能影响到博物馆的公益性质。《报告》建议在他人使用馆藏艺术品的情况下，博物馆和权利人应当确保获得合理收益。博物馆应当与各方主体进行谈判，努力降低许可使用费，增加许可使用概率，避免侵权风险。博物馆之间还应当加强合作，相互借鉴成功经验。①

二　博物馆资源知识产权限制制度的国内层面实践

（一）限制博物馆的著作权

一方面，法院在司法实践中限制博物馆的著作权。美国法院在处理博物馆和社会公众的权利冲突时，对博物馆是否享有知识产权判定较为严格，布里奇曼诉科瑞尔公司案以及伦敦国家肖像画廊诉维基百科案都反映了这种趋势。如本书第四章中所谈，布里奇曼艺术图书馆称加拿大科瑞尔公司违反了美国著作权法，将本馆的数字化艺术图像

---

① Canat J., Guibault L., Logeais E., *Study on Copyright Limitations and Exceptions for Museums*, Geneva: World Intellectual Property Organization, 2015.

复制为科瑞尔公司的商业销售 CD。涉案艺术图像的著作财产权保护期已满，进入公有领域，唯一可能的权利人是数字化复制品的创作人布里奇曼。法院认为，布里奇曼将公有领域的艺术品制作为精确的摄影复制品，但是复制品缺乏原创性，布里奇曼的所有努力只是尽可能相似地复制原艺术品，在这个过程中没有产生新的著作权，因此其无权限制数字化艺术图像的使用。伦敦国家肖像画廊诉维基百科案也是如此，伦敦国家肖像画廊对馆藏作品进行了数字化复制并公布在其网站上，一个用户将高清晰图像上传到了维基百科。肖像画廊提起诉讼，认为这些数字化图像受著作权保护，维基百科的使用破坏了自身收回复制成本的可能。维基百科认为这种使用是合法的，因为作品在公共领域，而且肖像画廊阻碍作品传播的行为违背其公共服务使命。与布里奇曼案相同，这种数字化复制只是使作品的传播载体发生变化，并没有包含任何创造性劳动，肖像画廊对此不享有著作权。

另一方面，博物馆出于公共利益主动限制自身著作权。国外博物馆普遍注重实现公益目标，并且社会公众的非商业性使用行为也不会对博物馆的专有权和经济收入造成损害，因此许多国外博物馆允许公众在私人使用情况下免费获取博物馆资源。荷兰国立博物馆免费公开藏品的高清无水印图像，其中包括伦勃朗的《夜巡》和梵高的《自画像》等世界名画。公众不仅可以在网站上随意欣赏，通过拖动、放大探究作品的细节，还可以免费下载，甚至可以放大后进行作品局部下载。[①] 谷歌公司开发了博物馆项目 Google Art Project，将包括柏林老博物馆、梵高博物馆、英国国家美术馆等十余家知名博物馆、美术馆的藏品以在线方式提供给全球用户，观众还可以通过网络进入博物馆、美术馆的展厅随意游览。[②] 布鲁克林博物馆的在线版权政策创设了

---

① 赫英海等：《荷兰国立博物馆免费公开藏品高清图像》，2016 年 2 月 25 日，http：//art. people. com. cn/n1/2016/0225/c206244 - 28150465. html，2020 年 5 月 12 日。

② 侯珂：《国家博物馆文物藏品数字影像版权化初探》，《中国国家博物馆馆刊》2012 年第 5 期。

一个许可，允许对其网站上作品的非商业性使用。古根海姆博物馆的版权条款包含了一个名为“超越合理使用”的内容，允许某些对图像的教育性使用。2007 年大都会艺术博物馆提出了作品的学术性出版倡议，出于教育出版目的免费为学者提供其收藏的高品质作品。

（二）将博物馆著作权合理使用延伸到数字化环境

随着信息网络技术的飞速发展，数字化已经成为博物馆保存和展示馆藏资源的新趋势，这不仅显著改变了博物馆资源的传播方式，也引发了著作权合理使用制度的变革。美国 1998 年颁布了《数字千年著作权法》，第 404 条对互联网环境中非营利性图书馆、档案馆和教育机构的合理使用进行了修订，允许图书馆制作三份作品的复制件，其中包括数字化复制件。此外，在作品原复制件的格式被淘汰并且再现原复制件的设备停产的情况下，图书馆可以制作新的复制件。但是图书馆不得向馆外用户提供作品的数字化复制件。①

为了应对数字化环境，2000 年澳大利亚颁布了《著作权修正法案（数字议程）2000》，修正了 1968 年著作权法中的侵权例外规定。《著作权修正法案（数字议程）2000》确认了普通作品和数字形式作品之间的相互转换是对作品的再现，这意味着著作权人有权控制作品的初次数字化、作品的传播以及对作品的访问。澳大利亚著作权法中针对图书馆与档案馆的规定同样可以适用于博物馆。一方面，该规定允许文化机构在不向著作权人支付报酬的情况下使用作品。例如，图书馆可制作馆藏作品的复制品供用户进行研究或学习，或为其他图书馆提供馆藏资源。文化机构为了保存和替换藏品的需要也可复制本馆的藏品。值得注意的是，一些关于图书馆和档案馆的规定特别声明其不适用于营利性的机构，这意味着私立图书馆不能依据这一规定开展日常业务甚至获取经济利益。另一方面，该规定还试图保护著作权人

---

① 吴汉东:《著作权合理使用制度研究》（第三版），中国人民大学出版社 2013 年版，第 240—245 页。

的权利。文化机构许多对作品的使用行为都要受到作品可复制比例以及作品用途的限制，许多数字化行为也必须通过谈判取得著作权人的许可。①

（三）博物馆不得限制公众对藏品及相关信息的使用

2009 年，世界知识产权组织委托阿根廷非物质文化遗产知识产权管理处撰写了一份有关阿根廷博物馆知识产权政策和管理的报告，介绍了阿根廷非物质文化遗产数字化的知识产权管理情况。报告中提到，阿根廷的法律规定任何自然人或者法人都有权基于公共目的或私人目的请求使用公共信息，可以不用证明其享有这项权利，也不需要证明其获得了著作权人的许可，更不需要出具相关的书面证明文件。博物馆和档案馆都不能对社会公众浏览藏品及相关信息采取限制措施，除非这种访问带有不正当目的，或者被访问的信息涉及了工业、商业、金融、科学以及技术秘密。

上述立法规定，博物馆和档案馆需要承担一些基本义务。首先，博物馆作为知识产权财富的创造者，有义务提供文献和图片资料，设计和开发相关信息的网页，进行有形藏品及相关数据的采集，同时建立数据库和多媒体库。其次，负责管理文化遗产的机构有责任确保社会公众可以方便、广泛地获取信息，同时也要确保信息得到合理使用。具体到博物馆来说，应当向社会公众免费提供有关收藏品的信息，但不包括请求复制的行为，尽量避免藏品信息申请者擅自买卖藏品复制品。最后，文化遗产管理机构还有责任创造、更新、传播文化遗产信息，并且采用多种方式引导和教育社会公众，使其能够明确自身的权利范围，并做到合理行使权利。②

---

① Kenyon A. T. , Hudson E. , Copyright, Digitisation and Cultural Institutions, 10th May 2019, http: //ssrn. com/abstract = 603861, 2020 - 5 - 12.

② Lima M. C. , Disalvo L. , *Intellectual Property Management in the Digitization of Intangible Cultural Heritage in Argentina*, Geneva: World Intellectual Property Organization, 2009.

第三节　博物馆资源知识产权限制制度的完善

博物馆资源知识产权限制制度作为调整权利人、博物馆以及社会公众三者权益的重要规定，涉及许多方面的社会关系。科学合理地设计博物馆资源知识产权限制制度是一项复杂的工程，需要多种制度的有效配合。不仅要制定明确具体的规定，更要赋予其一定的灵活性，确立相应的基本原则以便能够应对各种复杂多变的实际情况。我国博物馆资源知识产权限制制度的构建也必须遵循一定的原则。

首先是禁止权利滥用原则。权利人、博物馆以及社会公众任何一方行使权利时都不得超过必要限度，避免妨碍其他方对博物馆资源正常合理的使用行为；其次是效益优先原则。通过对权利人、博物馆和社会公众权利的合理配置，尽可能地降低博物馆资源保存、传播、利用过程中的交易成本，实现社会效益的最大化；最后是公益原则。博物馆是文化遗产的收藏机构，这就决定了它必须发挥社会公益功能，处理知识产权问题时也应当紧紧围绕自身功能，促进文化遗产的传播和利用，服务于社会公众。

一　博物馆资源知识产权限制的基本思路

从本书第三章博物馆知识共享制度的理论分析中可以得出结论，在权利人和博物馆的权利冲突中应当限制权利人的权利，在博物馆和社会公众的权利冲突中应当限制博物馆的权利。但是我国博物馆资源知识产权限制制度的实证分析与理论分析之间存在差异，因此有必要将理论与实际相结合，构建既具有理论前瞻性，又适合我国实际情况的博物馆资源知识产权限制制度。基本思路可以表述为，在权利人和博物馆的权利冲突中重点限制权利人的权利，同时适当限制博物馆的权利；在博物馆和社会公众的权利冲突中重点限制博物馆的权利，同时适当限制社会公众的权利。

权利人和博物馆权利冲突的根源在于权利的滥用，因此在化解冲突时应当重点限制权利人的权利，同时适当限制博物馆的权利。一方面，权利人不得对作品的公益目的使用设置障碍。为了发挥博物馆的社会公益功能，促进文化遗产的传播和利用，有必要对权利人的知识产权进行限制。博物馆为了陈列和保存版本的需要，可以复制本馆收藏的尚处于著作财产权保护期内的作品。除此以外，博物馆出于其他公益目的使用作品时，权利人不得设置不合理障碍，原则上应当进行知识产权许可，降低甚至免除许可费用，为博物馆的使用行为提供便利。另一方面，博物馆不得损害权利人的合法权益。博物馆应当加强知识产权工作，明确馆藏作品的知识产权归属以及自身享有的权利类型，将对作品的使用行为严格控制在合理范围内。尊重权利人的权利，未经权利人许可不得擅自将作品用于商业目的，同时要维护作品的完整性，保证作品形象不被歪曲。此外，博物馆在接受捐赠时应当与权利人订立明确具体的协议，就作品的知识产权归属进行协商，鼓励博物馆通过协商获得作品的知识产权，去除权利障碍，为今后的研究、使用、传播等一系列使用行为提供便利。在化解博物馆和社会公众的权利冲突时，应当重点限制博物馆的权利，同时适当限制社会公众的权利。

一方面，博物馆应当大力推动博物馆资源，尤其是数字化资源的传播和利用。对版权声明的规范性进行审查，删除其中超越著作权法规定的权利主张，为社会公众的使用行为留下合理空间。同时大力推进知识产权的许可使用，增进社会公共利益。社会公众为了私人目的和非营利目的使用作品时，不会减少博物馆的参观人数，也不会损害其经济收入，在此情况下博物馆应当取消许可使用费，促进博物馆资源的传播和利用。另一方面，社会公众应当依照法律规定或许可协议约定，妥善使用博物馆资源，避免对博物馆的声誉和作品的形象造成负面影响。在无须获得博物馆许可的单方使用行为中，使用目的、对象、数量、范围等都必须符合知识产权限制的具体条件，不得超出法律规定的权利范围，损害博物馆合法权益。将博物馆资源用于营利目的时应当与博物馆进行协商，取得知识产权许可或双方进行合作经营，禁止未经授权的商业性使用。

二 博物馆资源知识产权限制的具体规则

前述基本原则和基本思路为我国博物馆资源知识产权限制制度的构建指明了方向，在此基础上，可以从著作权、商标权、域名权和专利权等几个方面着手，制定我国博物馆资源知识产权限制制度的具体规则。

（一）扩大著作权合理使用范围

为了化解权利人和博物馆的权利冲突，回应理论分析结论，有必要扩大博物馆资源著作权合理使用范围。

一方面，将数字化复制纳入博物馆合理使用的范围。博物馆的性质决定了追求博物馆资源的广泛传播是其主要任务，这就有必要借助合理使用制度来适当限制博物馆资源权利人的权利。我国博物馆合理使用规定见于《著作权法》（2020 修正）第 24 条第 1 款第 8 项，博物馆可以出于陈列或者保存版本目的，复制本馆收藏的作品。关于“复制权”的含义，著作权法解释为“通过印刷、复印、拓印、录音、录像、翻录、翻拍等方式，将作品制作一份或者多份的行为”，然而其中并没有涉及数字化复制。随着信息技术的不断发展以及社会公众文化需求的日益提高，将藏品扫描拍照后制成各种数字化资源并在互联网公开，这已经成为博物馆向社会公众传播文化遗产信息的主要途径。目前的博物馆合理使用规定已经不能满足博物馆在数字化环境中的新需求，数字化复制行为是否侵犯了著作权人的复制权成为博物馆必须明确的问题。为了消除合理使用的模糊性，更好地发挥博物馆的文化传播功能，有必要将数字化复制纳入博物馆合理使用的范围。虽然著作权法没有明确规定复制包括数字化复制，但是不可否认，藏品数字化只是改变了藏品存储和展览的载体，仍然属于再现藏品内容的一种复制手段。因此博物馆将藏品数字化是复制的一种方式，应当被认定为合理使用。

另一方面，允许博物馆通过信息网络向馆舍外对象提供数字化藏品。《信息网络传播权保护条例》（以下简称《条例》）第 7 条规定了博物馆对信息网络传播权的合理使用，根据规定博物馆可以通过网络提供藏品的数字化复制品，但提供数字化复制品的对象仅限于馆舍内的参观者。将《条例》第 7 条与著作权法中的合理使用相比较，可以发现《条例》第 7 条缩小了合理使用的范围。在网络环境中，博物馆向服务对象提供数字化藏品的地点被限制在“馆舍内”，也就是指博物馆的局域网内。[①] 这一规定限制了接触到数字化复制品的人数，缩小了博物馆资源的传播范围，不利于博物馆功能的实现。

将信息网络传播权合理使用限定在馆舍内范围太过于狭窄，许多人因为各种原因无法实际参观博物馆，从而失去了浏览数字化藏品的机会，制定我国博物馆资源知识产权限制制度时也要考虑这部分群体的需求。建议将向馆舍外对象提供数字化藏品规定为法定许可。博物馆可以不经权利人许可，通过网络向馆舍外的对象提供藏品的数字化复制品，但仅供申请者个人在线浏览。同时博物馆应当向权利人支付报酬，指明藏品的名称和作者的姓名，并采取诸如加密、身份验证等技术手段，阻止对数字化复制品的再次复制、下载、保存、打印、修改等行为。数字化藏品的申请者应当向博物馆支付必要的费用，以补偿博物馆因此产生的支出，但博物馆不得借此行为直接或间接获取经济利益。允许博物馆通过信息网络向馆舍外对象提供数字化藏品，既能够维护著作权人的合法权益，又能够满足社会公众对博物馆资源的欣赏需求，还能够发挥博物馆的文化传播功能，是平衡权利人、社会公众以及博物馆利益的有效方法。

（二）限制博物馆的著作权

针对博物馆著作权范围扩张这一问题，从三个方面提出具体的限

① 侯珂：《国家博物馆文物藏品数字影像版权化初探》，《中国国家博物馆馆刊》2012 年第 5 期。

制规则。首先，加强博物馆的知识产权意识。一方面，对现有博物馆资源的知识产权进行全面的梳理和统计，区分作者身份不明的作品、进入公有领域的作品、博物馆自身创造的作品以及尚处于财产权保护期内的他人作品，明确博物馆自有知识产权的客体以及权利范围。在他人享有博物馆资源的知识产权时，要做到尊重权利人的合法权益，在法律规定以及合同约定的权利范围内使用博物馆资源。另一方面，博物馆在征集藏品时，应当与权利人签订合同，就知识产权归属、博物馆享有的知识产权范围、许可使用费的分配以及侵权责任进行约定，使博物馆树立知识产权意识，对自身权利界限有清楚的认识，避免侵犯权利人的合法权益。

其次，审查博物馆的版权声明。审查的目的在于明确博物馆的权利范围，删除不符合著作权法规定的权利主张。版权声明中扩大了博物馆的权利客体范围。一些缺乏独创性的资源不能成为著作权客体，博物馆对其不享有著作权。此外，版权声明主张的权利内容超出了著作权法的规定。博物馆试图严格控制社会公众对博物馆资源的使用，依据著作权限制规定属于合理使用的行为，在博物馆的声明中都被禁止。因此应当对版权声明的规范性进行审查，删除不合理的限制条款，大力推动博物馆资源的许可使用，博物馆没有必要理由不得拒绝他人的许可申请。具体来说，博物馆应当将社会公众的使用行为分为商业性和非商业性两类。取消对非商业性使用行为的限制，社会公众出于研究、欣赏、展览、私人使用及其他公益目的使用博物馆资源时，不需要获得博物馆的正式书面授权，也不需要支付报酬，但是必须注明作者姓名、作品名称以及出处，并且不得随意修改使用内容。对商业性的使用行为，博物馆可以设置许可条款，规定使用人事先必须获得书面许可并支付报酬，对使用方式以及限制进行详细规定，以实现对博物馆资源的有效控制。

最后，对博物馆的著作权主体资格进行审查。许多藏品衍生品和复仿制品著作权纠纷的诉讼理由都值得商榷，博物馆并不一定在所有情况下都是著作权人。可以参考美国的司法实践，由法院在个案中对博物馆的著作权主体资格进行审查，如果博物馆不享有著作权，则应当驳回诉讼请求，避免博物馆滥用著作权损害社会公众的合法权益。藏品衍生品和复仿制品的制作过程需要付出大量的技术和劳动，但作品在传播媒介中的变化不足以成为博物馆获得著作权的理由。著作权保护的是原创性而不是努力或“额头流汗”，只有藏品衍生品和复仿制品中体现了足够的原创性，博物馆才有可能成为著作权人。

（三）设立商标注册预先审查制度

在博物馆和社会公众的权利冲突中，针对博物馆资源商标及域名抢注现象频发这一问题，建议设立商标注册预先审查制度。任何单位和个人申请注册博物馆资源商标时，都要进行预先审查，对于不适合由博物馆以外主体持有的商标不予注册。具体来说，博物馆以外主体申请注册博物馆资源商标的，应当对商标的使用目的、类别等详细情况进行预先审查，如果商标注册是基于社会公益目的，不至于造成公众混淆，也不至于损害博物馆的权益，那么可以授予商标专用权；如果是基于营利目的，企图使公众产生混淆误认，利用博物馆资源的知名度为自身带来经济收入，那么就应当依据《商标法》第 32 条的在先权利或第 10 条的不良影响驳回商标注册申请。博物馆资源是全社会共同拥有的历史文化遗产，不应当被某个具体的企业或个人注册为商标以用来营利。[①] 预先审查制度一方面限制了博物馆资源商标抢注行为，另一方面也减轻了博物馆和商标局的工作量。[②] 与其等待博物馆被动应对商标抢注纠纷，事后再提出无效或撤销申请，不如通过商标预先审查制度驳回不适合由私人提出的博物馆资源商标注册申请，相比较而言，后者所耗费的社会成本更低。

---

① 孙昊亮：《博物馆知识产权法律问题探析》，《科技与法律》2014 年第 6 期。

② 高游：《我国首批国家一级博物馆商标注册法律分析》，《中国文物报》2012 年 12 月 12 日第 6 版。

（四）赋予博物馆商标和域名注册优先权

赋予博物馆商标和域名注册优先权是另一种解决商标和域名抢注的办法。目前我国商标法和域名管理办法中没有规定博物馆是否享有优先权，但是可以参考专利法规定的专利申请优先权，在博物馆申请商标及域名注册时，赋予其优先权。[①]《专利法》（2020 修正）第 29 条根据专利申请的具体情况的不同，赋予专利申请人不同期限的优先权，商标和域名注册机构也可以规定，自博物馆以外主体提出博物馆资源商标和域名注册之日起一段时间内，博物馆就相同内容享有商标和域名注册优先权。赋予博物馆优先权能够平衡社会公众和博物馆的权利，一方面，对非博物馆主体取得商标权和域名权设置了限制，为博物馆申请商标和域名注册预留充足的时间和空间；另一方面，这种优先权限制并不是绝对的，没有完全禁止博物馆以外主体获得权利。如果博物馆在优先权期限内没有提出注册申请，说明其主动放弃取得博物馆资源商标权和域名权，那么就应当将权利授予博物馆以外主体。

（五）专利权限制制度的具体规则

在博物馆和社会公众的权利冲突中，针对博物馆专利权纠纷提出几点建议。首先，博物馆应当及时进行专利申请。我国授予专利权实行先申请原则，只有最先提出申请的主体才能获得专利权，因此博物馆要提高专利权意识，及时进行专利申请。博物馆在技术的研发过程中投入了大量的人力、物力和财力，及时将这些技术申请专利能够维护博物馆的合法权益，同时也是博物馆收回研发成本、增加经济收入的重要方式。我国已经有博物馆在专利申请领域进行了成功尝试，例如湖北省博物馆将科研成果“无强度丝绸的微生物加固方法”申请为发明专利，泰州市博物馆员工叶定一将其设计的博物馆字画贮存柜申请专利。

---

① 侯珂：《博物馆文物藏品的知识产权保护初探——由一起案例引发的思考》，《广西政法管理干部学院学报》2010 年第 3 期。

其次，博物馆应当积极推进专利权的许可使用。博物馆资源专利权的客体以文物保护技术和储存技术为主，具有较强的社会公益性质。博物馆获得专利权就意味着必须向社会公开专利技术，这就为其他博物馆以及社会公众接触、了解并且使用专利技术提供了便利。博物馆应当积极推进专利权的许可使用，在许可的条件、程序、费用等方面为使用者提供便利，这不仅能够为博物馆带来经济收入，更能够提升我国博物馆资源的保护水平。

最后，博物馆应当加强对专利权的管理。尤其是在与其他主体合作研发相关技术时，应当与对方订立书面合同，对是否申请专利、专利权的归属、技术的后续改进提高以及专利许可使用费如何分配等问题做出明确具体的约定，以尽量减少专利权纠纷。

第六章 博物馆知识共享法律保障机制的构建

结合前面诸章论述，本书大致梳理了我国博物馆在新媒体技术背景下如何利用先进科技，快速地在博物馆受众、博物馆内部以及三馆之间实现知识共享。其中既发现了存在的问题，也看到了潜在的契机与风险。因此，应从宏观大局出发看待博物馆在数字化革命中应做出的调整和改变。把握博物馆功能的转变，领会知识共享对博物馆在馆际合作，非遗保护和管理方面的积极影响，汲取国外有益做法，构建有中国特色的博物馆知识共享法律保障机制。

第一节 博物馆知识共享对法律保障机制的诉求

在知识共享这一点上，博物馆比其他主体更具有主观能动性和客观可行性。所谓主观能动性，其主要原因是博物馆本身承担的社会责任，以及社会赋予的义务。因此，博物馆作为人类共同文化遗产的收集者和保护者，具有天然的积极性，这是毋庸置疑的。另外，如前文所述，新媒体技术的发展刺激博物馆在藏品收藏、保护、研究和开发方面具有了比以往更加丰富和灵活的手段，增强了受众参观的感受力，极大地扩大了社会大众对博物馆的科普需求。然而，再好的运作也需要制度保障才可以长久健康地发展。因此，积极探索博物馆知识共享服务模式是当务之急。

一　科学合理的博物馆知识共享服务模式

如前所述，博物馆知识共享的学界研究尚处于起步阶段，而且相应的实践未能形成统一和模式，较为零散。因此，基于博物馆、图书馆、档案馆三馆之间在文化传播、保存和教育等社会价值和功能方面的近似点，[①] 本书认为可以参照图书馆或者档案馆知识共享的实际做法进行有益探索。目前，较为常见的服务模式有以下几种：

（一）合作整合模式

所谓合作整合一般包括两个方面的操作，一是指图书馆或者档案馆与所在社区就遗产项目进行合作；二是指图书馆或者档案馆之间进行合作，共享其文献资源，开发和建设门户网站。[②] 由此可见，这种模式的侧重点不仅在于要求图书馆或档案馆发挥其“知识型”机构的特色，无论该种合作是发生在机构之间还是机构与本地社区之间，而且更为重要的是有利于快速积累和保存大量信息资源，加快信息流通进而实现知识共享和创新。[③] 但是，也有学者对此提出不同意见，认为在上述合作整合模式中前者属于任务驱动式，优点在于双向互动，并且可以提供个性化服务，可以针对不同的文化遗产项目进行不同的需求订制。但是，它的缺陷也是十分明显的，即服务范围狭窄，同时是否满足需求的判断标准难以确定；而合作整合模式中后者则属于媒体直播式，它的优势在于应用广泛且全面系统，但是它也存在不足，比如交流渠道单向，而且流量消耗较大。[④]

为此，合作整合模式的完善应紧扣一个中心，即图书馆、档案馆

---

① 毛文婷：《档案馆、图书馆和博物馆的馆际合作研究》，《黑龙江史志》2015 年第 13 期。

② 张革联：《基于知识管理的图书馆、档案馆资源共享路径研究》，《图书馆工作与研究》2015 年第 7 期。

③ 林静：《基于共享与创新的知识管理型数字档案馆建设探析》，中国航空学会管理科学分会学术会议论文，广东深圳，2013 年 9 月，第 8 页。

④ 黄乐燕：《我国高校图书馆知识共享服务模式探讨》，《中国中医药图书情报杂志》2018 年第 6 期。

都是服务大众的文化教育中心，它受制于客观的经济、制度、文化和技术等要素。现有的框架范围内图书馆、档案馆的服务呈现“中心化”态势，即优质资源过于集中在经济文化发达地区，这就大大阻碍了信息交流、沟通和传播。如本书第一章所提到的新兴媒体技术以及第三章从政治经济学角度分析的共享经济本质，无不说明一个现象，即“去中心化”已经出现并且在迅速蓬勃发展。这就意味着，图书馆、档案馆在新的经济、技术和管理制度驱动下，应该重新评估其作用和功能，向社会大众提供新的服务。为实现这一目的，应做到：一方面，打造分布式服务网络。[①] 在现有社区合作范畴下，改变以往的一对多思路，将社区转变为知识传递者。换言之，社区既可以成为文化资源的使用者也可以是资源的转让者。这既符合社区日益丰富的社会角色，[②] 又可以将社区并入知识服务网络，形成多对多的新渠道。另一方面，提高资源利用率。这是馆际合作的重中之重，通过互联网将众多文化服务机构进行关联，建立移动图书馆，[③] 突破现有图书馆、档案馆之间的异构信息资源，提供多元化服务。

综上，合作整合模式对于博物馆知识共享的启示为：首先，积极拓展博物馆与当地社区的合作范围。对于这一点，美国的做法值得借鉴。位于密西西比州的 Oktibbeha 历史遗产博物馆历史悠久，但建筑外观破旧，极大地影响了其社会服务功能。有鉴于此，Oktibbeha 历史遗产博物馆将景观更新项目按照雨水管理和社区服务两大目标进行改造，既实现了生态效益又增进了社会福祉。[④] 这将有助于公众改变

---

① 李德娇：《共享经济模式对公共图书馆知识服务的启示》，《图书馆学刊》2018 年第 7 期。

② 其中，参见文献：邵晓枫：《社区教育促进社区治理的机理及功能体现》，《终身教育研究》2019 年第 2 期；丁峰等：《论文化礼堂与农村社区治理功能》，《长白学刊》2018 年第 4 期；高红等：《AGIL 框架下社区社会组织的功能系统与提升路径》，《南京师大学报》（社会科学版）2018 年第 3 期；刘超：《社区治理体系建设中的文化认知：功能、困境及出路》，《吉首大学学报》（社会科学版）2018 年第 3 期。

③ 秦进红等：《移动图书馆资源整合服务模式探索》，《图书馆》2016 年第 12 期。

④ 陈泓等：《雨水管理与社区服务——记 Oktibbeha 历史遗产博物馆景观更新项目》，《装饰》2017 年第 9 期。

博物馆只局限于文化教育功能的呆板印象，丰富博物馆的社会角色；其次，博物馆与本地历史文化项目的结合。譬如，我国福州三坊七巷是保存最为完整的明清建筑群，当地政府通过建立三坊七巷社区博物馆，全面展示物质和非物质文化遗产，从而形成“活态”社区博物馆的典型代表。也有学者对社区和博物馆的结合大加赞赏，认为这是社区价值管理的突出之所在。[①] 最后，考虑将现有的图书馆、档案馆的馆际合作扩大到博物馆、图书馆、档案馆的三馆合作。具体而言，不仅需要增加合作总数，而且要加强中西部跨区域的三馆合作，通过建立统一的检索平台将三馆紧密地关联起来。[②] 从操作可行性上看，按照先易后难的顺序，三馆可以对信息、书目和非物质文化遗产等重点项目进行合作，在资源录入和格式方面与国际标准达到一致。[③]

（二）以本体为核心的共享模式

“本体”（ontology）一词来源于哲学概念，它是指客观存在的一个系统的解释或说明。[④] 正因为是一个系统，所以天然地与数据处理、搜集相关，这也是被早期学者视为“具有明确语义且能被机器处理的数据”[⑤] 的重要原因。凭借这个特点，本体可以在人机互动（譬如内容访问、互操作和通信）中发挥关键作用。这就使得本体与数字图书馆建设紧密相关，以本体为核心构建数字图书馆模型成为图书馆学界学者研究的热点。

纵观学界关于数字图书馆本体建设的研究，主要集中在以下几个方面：第一，本体技术本身的独特价值。由于本体涉及十分复杂的术

---

① 刘朝晖：《文化遗产保护地移民安置的社区价值研究——以云南“丽江古城狮子山环境整治工程”项目为例》，《思想战线》2012 年第 2 期。

② 陈京莲：《我国图书馆、档案馆、博物馆馆际合作项目分析》，《情报探索》2016 年第 7 期。

③ 莫振轩：《我国图书馆、档案馆、博物馆馆际合作的现状与发展策略》，《图书馆工作与研究》2012 年第 8 期。

④ 袁援等：《基于本体的数字图书馆知识共享模式的研究与设计》，《图书情报工作》2011 年第 5 期。

⑤ 刘柏嵩：《面向数字图书馆的本体学习研究》，《大学图书馆学报》2006 年第 6 期。

语抽取算法，限于篇幅和专业，本书在这里不做扩展研究，仅针对本体技术在数字图书馆中的功能进行描述，简单地讲就是发挥三个作用。首先，由于重在知识共享，本体可以作为跨系统、跨平台的通信中介；其次，借助知识重用，本体可以在分布式情形下提高自动分发和语义理解能力；最后，标准化和形式化的本体扩大图书馆数据挖掘空间。[①] 第二，数字图书馆服务拓展理论研究。数字图书馆从狭义走向广义是大势所趋，5S 模型的本体技术可以促使数字图书馆服务更加规范化，提高服务的可移植性。[②] 第三，数字化图书馆的本体应用领域范围广阔。譬如，建立知识地图和普及人工智能；[③] 提供以兴趣为导向的个性化服务，[④] 通过语义检索模型提高检索效率和精准度。[⑤]

总之，对于本体技术在数字图书馆中的嵌入和融合，有学者一针见血地指出其本质就是数字图书馆的建设从单纯技术引进到组织体系化，从崇拜信息到崇尚知识的一个重要转变。[⑥] 正因如此，在数字图书馆形成、发展和成熟阶段，本体从技术、功能、应用到理论、架构和概念逐步完善，应该说数字图书馆本体服务模式已基本确立。

因此，上述事实对博物馆数字化的启示十分深刻，如前所述，我国博物馆数字化建设已然启动，迄今为止效果斐然。然而，这其中仍然存在突出的问题尚未解决。体现在：首先，数字馆建设缓慢且全球影响力较弱。比如，在 Alexa 网站调查博物馆官网的排名，截至 2019 年 4 月，中国国家博物馆每周日均 PV 浏览量为 0.75—3；而同时期大英博物馆日均 PV 浏览量为 3.28—4.03。这从一个侧面说明了官网

---

① 尤胜：《数字图书馆本体的构建方法研究与应用》，《现代电子技术》2016 年第 17 期。

② 张文萍等：《基于 5S 模型的数字图书馆本体模型研究》，《图书馆杂志》2013 年第 7 期。

③ 顾英等：《基于领域本体的数字图书馆及应用研究》，《图书馆工作与研究》2013 年第 5 期。

④ 潘家武：《基于领域本体的数字图书馆动态用户兴趣模型的构建》，《图书情报工作》2010 年第 8 期。

⑤ 涂军等：《数字图书馆中基于本体的语义检索模型研究》，《情报杂志》2012 年第 7 期。

⑥ 毕强等：《数字图书馆知识组织体系构建的发展路径——概念格与本体的互补融合》，《华中师范大学学报》（人文社会科学版）2011 年第 5 期。

网页设计好坏对网民的不同吸引力。另外，中国国家博物馆仅有中国、美国和其他三个类别的访问国家，且中国访问量高达 96.1%，美国占 0.9%，其他国家占 3%。[①] 而大英博物馆访问国家和地区为 25 个，英国本土仅占 28.5%。[②] 这就反映出上述中国国家博物馆的浏览量也基本由中国网民贡献，少有外国人浏览，当然这可能与中国国家博物馆缺乏英文访问页面有关。其次，博物馆数字化宣教平台开辟情况不平衡。学者冉平、李倩楠调查了 96 家一级博物馆，其中开通官网新浪和腾讯微博的网站仅有 23 家，譬如故宫博物院、中国国家博物馆、中国人民革命军事博物馆等，而类似中国科学技术馆、中国地质博物馆、北京鲁迅博物馆等则没有开通官方微博。[③] 再次，相关技术研发落后。博物馆数字化是一项庞大的工程，其中技术的研发和升级最为关键。包括数据采集、存储、展示、检索和安全等方面。[④] 因此，技术的问题不解决，博物馆数字化只能是纸上谈兵。最后，缺乏数据丰富的数据库支撑。[⑤] 对于博物馆数字化建设而言，资金、人才、技术都是十分重要的因素，但是没有充分的数据储备，博物馆数字化就难以为继。

综上，我国当前博物馆数字化建设仍处于“单馆建设”阶段，馆际交流少，缺乏统一的协调和沟通，没有整体建设目标，全局意识差。基于上述现状，本书认为本体技术恰好可以弥补这一缺点，以标准化、规范化的技术特点更加有效地提升博物馆数字化进程。未来可以从以下几个方面入手：第一，发挥本体跨平台、跨系统的技术特性，实现馆内不同平台的信息交流以及不同博物馆之间信息的快速沟

---

① Alexa. China. com, 10th May 2019, http: //alexa. chinaz. com/www. chnmuseum. cn, 2020 - 05 - 12.

② Ibid.

③ 冉平等:《对博物馆数字化建设中一些问题的思考》,《科技与创新》2016 年第 24 期。

④ 朱戈:《对博物馆数字化建设面临问题的探讨》,《边疆经济与文化》2010 年第 5 期。

⑤ 周庆山:《博物馆数字化信息资源建设的问题与发展策略初探》, 2009 年北京数字博物馆研讨会, 2010 年 5 月, 第 8 页。

通；第二，将本体简化异构信息，统一机器语言的功能发挥在博物馆数字化建设中，使其复杂多样的文字、图片、音视频、雕塑、建筑等要素都可以转化为互联网世界中方便交流的符号，降低信息沟通成本，提高效率；第三，通过本体技术模型构建，满足博物馆线上线下访众多元需求、智能化服务以及更加精准的检索。

（三）CC 协议模式

知识共享协议（Creative Commons Protocol，CC 协议）作为一种新型著作权许可协议，与其他著作权许可方式相比有许多差异。它是旨在允许作者将其作品按照作者自愿的方式由使用者自由选择使用，其目标是合作和共享，进而实现向公众免费开放的一种特殊协议。①

一般而言，CC 协议的简易文本都包括允许行为、限制行为、声明三部分。CC 协议所有允许的行为有三种：（1）分享：在任何媒介或格式下再分发、传播本创作。（2）修改：重混、转换、依据本创作进行再创作。（3）只要遵守条款规定，授权人将不能撤回你使用本创作的自由。② 而 CC 协议所有限制行为包括六种。③ 实践中，CC

---

① 王玉卿：《从“保留所有权利”到“保留部分权利”——解析“知识共享组织”及“CC”协议》，《图书情报工作》2006 年第 10 期。

② 姜川：《CC 协议的民法性质探析——介于合同与单方法律行为之间》，《中国版权》2015 年第 5 期。

③ 第一，署名（BY）：这是最宽松的协议版本。它可以简单表述为：只要在使用时署名，那么使用者可以对本创作进行转载、节选、混编、二次创作以及商业目的使用。第二，署名—非商业性使用（BY-NC）：只要在使用、公开时进行署名，那么使用者可以对本创作进行转载、节选、混编、二次创作，但不得将本创作或由本创作衍生的创作运用于商业目的。第三，署名—禁止演绎（BY-ND）：只要在使用、公开时进行署名，并且对创作不加任何改动，那么使用者可以使用本创作，包括将其运用于商业目的。第四，署名—非商业性使用—禁止演绎（BY-NC-ND）：使用者可以对本创作进行转载，但不得对本创作进行修改，亦不得依据本创作进行再创作，不得将本创作运用于商业用途，这是最严格的协议文本。第五，署名—相同方式共享（BY-SA）：使用者可以对本创作进行转载、节选、混编、二次创作，可以将其运用于商业用途，唯须署名作者，并且采用本创作的内容必须同样采用本协议进行授权。最后，署名—非商业性使用—相同方式共享（BY-NC-SA）：使用者可以对本创作进行转载、节选、混编、二次创作，但不得运用于商业目的，且使用时须进行署名，采用本创作的内容必须同样采用本协议进行授权。摘自傅蓉《 CC 协议中 SA 授权要素之分析研究》，《图书馆杂志》2016 年第 5 期。

协议的社会应用范围十分广泛。比如 GOOGLE 被诉案和中国万方数据库被千名博硕士起诉都说明图书馆数字化建设必须首先解决版权问题。而 CC 协议既尊重创作者个人意愿，又可以使作品相对自由地传播，因此有学者认为 CC 协议在图书馆数字资源共享和知识产权保护之间起到良好的平衡作用。[①] 另外，对于科技报告知识产权授权问题，CC 协议为科研人员提供了多样的授权许可。[②] 也就是说，有财政支持的科技报告在明晰著作权权属的前提下，可由科研人员自行决定是否适用 CC 协议，而没有财政支持的科技报告通过 CC 协议可以让更多的人进行阅读、学习和借鉴，从而增加了其潜在的使用性。与科技报告类似，CC 协议还可以与开放教科资源深度结合，即 OAT 出版模式，[③] 这不仅仅意味着老师学生可以以低廉的价格享受更好的教科书，也可以利用这些开放资源进行再创作，形成新的作品。

在国外，博物馆 CC 协议的运用并不鲜见。澳大利亚博物馆中适用 CC 协议的主要有澳大利亚昆士兰博物馆和悉尼的 Powerhouse 博物馆。澳大利亚昆士兰博物馆在维基共享资源网站以相同方式共享（CCBY－SA）发布了其部分馆藏的照片。[④] 为了"丰富研究和鼓励创新"，悉尼的 Powerhouse 博物馆从 2009 年 4 月起，所有馆藏物品的描述信息授权为署名—非商业性使用（CCBY－NC）供公众在线获取，主要事实性信息授权为以相同方式共享（CCBY－SA）。[⑤]

（四）小结

上述三种模式均为图书馆、档案馆在实践中曾经使用以及现在依

---

① 张宇光：《图书馆数字资源共享与保护的平衡机制——CC 协议》，《图书馆理论与实践》2011 年第 9 期。

② 荀玥婷等：《基于 CC 协议的科技报告著作权授权许可研究》，《中国科技资源导刊》2017 年第 2 期。

③ 许宏伟：《基于 CC 协议的开放教科书资源发展现状》，《科技情报开发与经济》2015 年第 22 期。

④ Category：Queensland Museum（Collections），10th May 2019，http：//www. qm. qld. gov. au/Collection/Biodiversity tandt Geosciences.

⑤ Play at Powerhouse，10th May 2019，http：//play. powerhousemuseum. com/，2020－05－12.

然运作的服务方式。首先，合作整合模式解决的是图书馆、档案馆数字化建设中的资源问题，与当地社区的合作以及与不同区域馆际合作，抑或是图书馆、档案馆的跨界合作，都旨在打破资源的限制，扩大现有信息来源。这是图书馆、档案馆数字化建设的基础。同样，这也适用于博物馆。随着我国城镇化逐步成熟，社区作为基层行政管理机构将承担越来越多的社会责任，与本区域文化教育机构合作，将社会教育与社区教育结合，不仅有利于减轻社区压力，也丰富了博物馆的社会功能，拉近了博物馆与公众的距离，使得选择博物馆作为公众周末休闲放松的另一最佳选择。其次，本体技术为核心的共享模式较为完美地解决了图书馆信息沟通难题，将不同形式、不同内容和不同载体的数据以统一标准的形式在互联网世界进行流通。这也是博物馆数字化建设中的技术障碍，本体所特有的知识共享和重用，将给予博物馆数字化建设以明确的目标，即实现共享共建。最后，CC 协议是平衡社会文化公益机构与作者、使用者之间知识产权利益的有力工具。博物馆与图书馆一样，也是知识产权侵权的重灾区，如本书第二章所论述的博物馆著作权、商标和专利纠纷并不在少数。因此，选用 CC 协议将会给博物馆数字化以及知识共享提供更具操作性的途径。总之，在博物馆知识共享的道路上，要以合作整合为基础，以本体技术为保障，以 CC 协议为辅助，在资源、技术和法律的框架体系内不断调整、纠正和完善，从而构建科学合理的博物馆知识共享服务模式。

二　博物馆知识共享法律保障机制的构建目标和方向

如本书第一章对博物馆历史渊源的梳理，尤其从近些年我国博物馆的发展历程可以看出，在国家宏观经济以及政策调整之下，无论是按照单位性质划分的事业单位和非事业单位，还是按照利益划分的公益和营利机构，博物馆的社会角色都在慢慢改变。一方面，伴随社会主义市场经济体制的确立和逐步完善，国家减少了政府对事业单位的财政投入，从而迫使更多事业单位走向市场。对于事业单位性质的博物馆而言，就意味着其所承担的公益性职能不断商业化，社会责任也由政府逐步转向社会。另一方面，“简政”“放权”是一对完整的改革策略，因此在“放权”的影响下，事业单位的权力得到释放，以承包制为特色，将事业单位员工个人收入与单位效益紧密挂钩。无论是事业单位性质的博物馆体制改革，还是国家鼓励民营或者私有博物馆的兴建，过去单一的“公益”角色和定位已经不能概括当前全部的博物馆。在这一过程中，相关政策不匹配，事业单位“放权”约束机制缺位，造成的改革目标和方向不清晰，使得社会和个人都付出了很大的代价，成为人们质疑的焦点。[①] 为此，为建立博物馆知识共享法律保障机制，必须首先明确其保障的目标包括哪几点，保障的方向是什么，以及最终选择的路径为何。

（一）构建目标

博物馆知识共享法律保障机制构建的首要任务就是实现博物馆知识共享，任何制度设计都要围绕这一目标而进行。如前所述，新媒体技术对博物馆馆藏资源的利用、开发和保护都提出了新的挑战，在这种情况下单个博物馆很难拥有应对挑战所需要的全部知识和能力。因此，为更好地回应新兴传播和展示手段，就需要博物馆内部以及博物馆馆际加强知识共享等合作行为来获得其他主体所持有的知识和信息。本书认为以博物馆为中心的知识共享机制里，目标取向、知识共享和创新行为三者中，目标取向是开始，创新行为是结果，而知识共享就是中介。[②] 因此，基本的目标取向分为以下若干种：

第一，最大限度地提供满足公众需求的“公共产品”。利用大数据技术，博物馆应将公众作为信息采集的新群体，而不应局限在自身的馆藏资源里。也就是说，博物馆可以使用虚拟现实展现技术、无线

---

① 左然：《构建中国特色的现代事业制度——论事业单位改革方向、目标模式及路径选择》，《中国行政管理》2009 年第 1 期。

② 王艳子等：《目标取向对员工创新行为的影响研究——基于知识共享的中介效应》，《科学学与科学技术管理》2011 年第 5 期。

定位、传感器以及社交媒体等综合平台和软件，分析公众参观博物馆的行为，在确保隐私的情况下建立个人档案，对公众偏好的行为习惯进行总结，作为博物馆管理和服务的参考依据。[①] 这不仅可供博物馆日常运行所需，而且在突发事件紧急预案中也可将损害降到最小，帮助博物馆实现有效管理。对此，有学者认为无论社会环境和文化语境如何变化，博物馆都承担着“知识生产”这一基本功能，“物质性”和“公共性”是当代中国博物馆的核心属性。[②] 当然，新媒体技术的出现能够将“物质性”和“公共性”进行紧密融合，即新媒体技术帮助博物馆提升公共服务水平，产生了良好的社会反应，[③] 这又无疑将会更大地促进博物馆的发展。

第二，整合国有和民营各种资源，调动民间积极性。作为社会变革和发展的产物，非国有制博物馆在文化教育过程中有着不可替代的价值和作用。譬如，以南京冶山铁矿博物馆为例，其独特的行业文化遗产资源在公共审美教育、社区情感纽带和城市品牌宣传等方面起到了十分重要的公共服务职能。[④] 同时，由于民营博物馆一般采用差异化运营思路，拥有数量庞大的受众渠道，因此政府可以采取“购买服务”或者专题基金的方式激活民营博物馆的活力。[⑤]

第三，构筑法律支持，切实保护博物馆合法权益。2015 年 2 月 9 日，国务院颁布《博物馆条例》（以下简称《条例》），标志着我国博物馆正式进入法制化进程。《条例》最大的特色在于赋予非国有博物馆与国有博物馆平等的民事主体法律地位，同时在吸纳藏品、文物

---

① 钟燕丽：《基于“互联网 +”博物馆公共服务数字化建设的研究与分析》，《文物鉴定与鉴赏》2019 年第 2 期。

② 许潇笑：《从“知识权威”到“公共知识生产体”——关于“博物馆定义”的思考》，《中国博物馆》2018 年第 4 期。

③ 李姣：《新媒体时代提升博物馆公共文化服务水平研究》，《文物世界》2018 年第 5 期。

④ 潘彬彬：《非国有行业博物馆运营管理与公共服务刍议——以南京冶山铁矿博物馆为例》，《文物鉴定与鉴赏》2018 年第 7 期。

⑤ 吴静：《厦门民营博物馆公共服务功能实证分析》，《厦门理工学院学报》2017 年第 6 期。

流失管理和非营利属性下开展经营活动中对非国有博物馆进行了有效的法律规范和引导。另外，《条例》第12条至第15条从两方面规定了博物馆法人的设立程序，而《条例》第17条则明确规定了“博物馆应当完善法人治理结构，建立健全有关组织管理制度”。对此，有学者评价《条例》对博物馆法人制度做了较为详细的规定，在一定程度上满足了博物馆法人既具有民法意义上的民事主体属性，又表现出行政法意义上的公物法人特征。①

第四，建立科学的管理体制和机制，实行科学管理。以文物博物馆为例，现实管理中存在的突出问题为小型博物馆缺乏管理、运营经费，不能为藏品提供良好的环境，以及管理制度不完善，无法将管理工作落实到个人。② 另外，也有学者指出博物馆管理技术落后，没有与数字技术充分融合。③ 因此，科学的博物馆管理体制势在必行。在这方面，南京博物馆可谓表率。一方面，网络化管理平台节省工作成本提高工作效率，同时平台通过对藏品进行规范化、信息化和精细化管理，大大提高了博物馆服务社会的能力；另一方面，创新管理模式，对文物实行动态监测，全面改进文物管理能力。④

（二）构建方向

以往的博物馆研究，往往局限于文物藏品的保管、修复、展出等社会教育和文化事业，既忽视新兴媒体技术的发展，也未能及时满足社会大众的需求。譬如，博物馆要不要创新，如何创新，博物馆未来应建设的方向，参照物是什么，乃至博物馆在新时期的基本定位、公益性、非营利性等原则性问题缺乏深入探讨。而正是因为对博物馆改

---

① 焦晋林：《博物馆法人制度浅析——从〈博物馆条例〉谈起》，《中国博物馆》2016年第1期。

② 薛伊彤：《基于对文物博物馆管理体制创新的思考分析》，《文物鉴定与鉴赏》2019年第4期。

③ 宋爱珍：《博物馆藏品数字化管理研究》，《文化学刊》2018年第12期。

④ 杨海涛：《后普查时期博物馆藏品管理的新发展研究——以南京博物院为例》，《东南文化》2018年第3期。

革方向探讨不足，使得国家在博物馆制度改革和政策立法方面缺乏十分鲜明、前后一致、坚定不移的决策和引导。那么，博物馆未来应何去何从？本书认为，构建博物馆知识共享法律保障机制不失为一种选择。在经历扩大自主权、市场化经营、法人治理结构确立等制度创新之后，知识共享的法律保障也将成为一个必然的结果。之所以如此，是基于三个基本的判断：

首先，构建博物馆知识共享保障机制是我国国家软实力提升的基本需要。党的十九大以来，满足人民日益增长的物质文化需求不仅是党和政府工作的首要任务，也是中国特色社会主义建设的重要内容。改革开放40余年，中国积累了丰厚的实践经验，在经济、政治、文化和科技等方面均发生了深刻的变革。改革就是创新，因此中国在当前正在进行的“十三五”计划中的头等大事就是将人民对美好生活的向往作为所有工作的中心。现阶段，我国经济整体实力已经飞升至世界第二，政府简政放权机构改革正逐步推进，科技研发和引进的重要性已经不言而喻。简言之，我国已经初步建立了国家硬实力，对软实力投入也逐渐加大力度。2017年海外对中国软实力评估从2015年的第30名上升到2017年的第25名，评估指标中就包括了文化、教育和公民参与程度等要素。[①] 而这正是博物馆所承担的基本社会责任，因此，博物馆通过凝聚传统与历史、发酵热点话题和提供社会共享空间，[②] 成为城市软实力建设中的重要一环。不仅如此，博物馆还借助专业领域，向国外宣传中国对文物[③]、对湿地保护[④]的理念、发展和成果，从而保证了文化对外传播的通畅和饱满，提升文化传播的

① ［英］乔纳森·麦考利、唐磊：《2017年海外对中国软实力发展的评估》，《国外社会科学》2017年第6期。

② 李湛：《谈博物馆与文化软实力》，《中国博物馆》2017年第3期。

③ 王建荣等：《文化软实力视阈下文物文化对外传播策略分析——以博物馆语境为例》，《北京交通大学学报》（社会科学版）2010年第2期。

④ 杜凤娇：《中国湿地博物馆：如何提升湿地文化软实力》，《人民论坛》2011年第36期。

影响力和渗透力。总之，国家软实力建设离不开博物馆，它不仅有助于增强民族意识，提高国家精神文明，而且以人为本的公共教育功能也发挥着社会主义核心价值观的重要作用。因此，构建与软实力建设相匹配的博物馆知识共享法律保障机制是亟待解决的重大课题。

其次，构建博物馆知识共享法律保障机制是中国特色文化事业建设中向社会和人民提供普遍、公平、持续性公共服务的基本保证。这主要体现在新时期博物馆功能的不断扩大。譬如，运用新兴多媒介环境向公众提供艺术治疗和心理愈合的博物馆，[①] 整合相关特色资源坚定文化自信（如马列主义系列专著、国家优秀典籍和传统文化经典等）的出版类博物馆，[②] 以及为公众定制“传播内容”进而影响公众认知态度和行为的文化遗产类博物馆。[③] 这是不断推进和完善中国特色文化事业的最基本动力。

最后，现有法律制度为构建博物馆知识共享机制奠定了可靠的基础。一是确立了博物馆为社会公益和非营利性公共服务的基本主体；二是博物馆根据《博物馆条例》已经成为法律保护的事业法人，并建立了法人治理结构，这在法律层面上具有十分重大的意义；三是社会公众对博物馆在新媒体环境下知识共享的预期心理普遍加强；四是党和国家对博物馆工作的深入推进提出了新的希望和要求。

综上，假设以上三个基本判断可以成立，那么博物馆知识共享法律保障机制将从“单馆建设”转变到“宏观布局”上，将以构建现代博物馆、智能博物馆和多功能博物馆为主要方向进行全面规划。

---

① 王思怡：《新观众、新方法：试论博物馆的疗愈功能》，《中国博物馆》2018 年第 2 期。

② 洪莹：《中国出版博物馆的功能定位：坚定文化自信》，《出版广角》2018 年第 7 期。

③ 李秀娜：《博物馆传播及其议程设置功能》，《中国博物馆》2016 年第 3 期。

第二节 博物馆知识共享法律保障机制的构建路径

德国著名法学家N. 霍恩（Norbert Horn）曾说过，“法律是人类共同生活的必然产物”，如此反映多方期望的法律随着国家活动逐步渗透到人们生活的各个领域。由于人们对法律总是抱有很高的期望，法律不断地进行修订或者废除以便制定新的法律，同时人们又会抱怨法律规范的烦琐、数量庞大且复杂无比。那么，法律应怎样制定才能与人们的期望相吻合？对此，N. 霍恩认为正义是其中一个重要考量。[①] 而中国学者在谈及法律价值时，除了N. 霍恩言及的正义，还有法治、自由、秩序和公平等法律价值来作为判断法律善恶的尺度，而法律目的则通过对法律价值中的部分或全部的指向，间接实现对法律实践的评判。[②] 其中，对自由的理解是从对自由的非绝对性出发的。正如有的学者在研究互联网信息传播中的自由与秩序的关系时指出，任何一种自由的实现都不能以损害国家利益、公共利益或者他人合法权益为代价。现代法治国家的基本要求就是，通过法律协调自由与秩序的矛盾，并尽量通过限制相对少的自由使相对多的自由得以实现。[③]

由此，对自由的正确理解是我们评价博物馆知识共享机制的一个基本出发点。保护博物馆和权利人对藏品享有的财产权和人身权，保障其在法律规制下按照自己的意志自由行使权利，享受藏品所带来的财富和荣誉，以此实现法律保护的目的——进行再次创作的激情和动力。同时，知识产品的公共性导致法律也必须考虑到公众对产品的客观消费需求。自由非绝对，因此权利也非绝对，当个人自由影响到公

---

① ［德］N. 霍恩：《法律科学与法哲学导论》，罗莉译，法律出版社2005年版，第3—5页。

② 钱炜江：《论法律中的目的》，《甘肃政法学院学报》2016年第2期。

③ 周伟萌：《自由与秩序：互联网信息传播中的法律价值冲突与协调》，《江汉论坛》2016年第11期。

共自由时，就需要限制个人自由来保护和扩大公共自由。博物馆知识共享机制正是法律寻找最佳契合点的一个工具。因此，博物馆知识共享法律保障机制的构建路径应从以下几个方面加以完善。一是适用知识产权制度对博物馆知识共享中涉及的利益主体之间的权利义务进行明确，对包含智力成果的藏品或者展品相关权益进行保护；二是正视新媒体技术对博物馆发展的冲击和挑战，加快技术的普及和适用，扩大和提高博物馆受众的感官享受程度，在新时期进一步深化博物馆的社会功能和价值；三是以创新理念规范博物馆知识共享的管理和评估，建立长效运行机制。

一　以知识产权制度理顺博物馆知识共享中的权利义务关系

鉴于本书探讨了博物馆知识共享中的知识产权问题，因此下一步需要反思以知识产权模式保护博物馆知识共享是否可行。对于这一点，国内学者并未取得一致意见。有学者认为应亟待建立博物馆知识产权保护体系，甚至在知识产权管理蓝本和基本规则方面应建立统一标准以规范博物馆日常管理工作，[①] 也有学者已经将博物馆知识产权保护扩展到衍生品的开发和保护层面上，并联系实际给出了富有建设性的意见。[②] 然而，也有学者对此持谨慎态度，认为以知识产权方式保护博物馆知识共享存在隐患，比如，在知识产权垄断性和博物馆公益性方面的矛盾和冲突，以及便利化的网络技术使得博物馆和网络受众之间的权利义务划分变得更加困难和复杂，因此建立知识产权保护一说尚为时过早。[③] 为厘清上述问题，本书先从博物馆知识共享的非知识产权保护角度进行分析。

---

① 赵丰：《博物馆知识产权保护制度亟须建立》，《中国艺术报》2013 年 3 月 25 日第 2 版。

② 吕昌霖等：《博物馆文创产品开发中的知识产权保护研究——以中山舰博物馆为例》，《中国博物馆》2018 年第 1 期。

③ 姜靖：《数字博物馆建设中面临的知识产权问题及对策》，2005 年中国博物馆学会学术研讨会，江苏南通，2005 年 9 月，第 4 页。

（一）博物馆知识共享非知识产权保护模式的反思

从学理上看，博物馆知识共享非知识产权保护模式的依据在于：知识产权的垄断性与知识共享的公共性相违背。众所周知，知识产权是国家用法律形式对智力领域的鼓励，也是对相关权利主体利益的一种激励。譬如，法国学者克洛德·科隆贝认为在获取报酬的途径中权利人凭借其权利的专有性质，即每一种使用方式应得到作者许可的原则仍然占据了主要地位。[①] 然而，正是基于这种认识，克洛德·科隆贝对知识产权的评价是一种不利于创作者的制度，他以规定知识产权保护模式的国家为例（如保加利亚、匈牙利、罗马尼亚和美国）表示出一种担忧，即知识产权保护模式可能会加剧私权与公权的冲突和矛盾。

以博物馆数字化建设中常见的著作权纠纷为例，藏品使用人往往以难以获得博物馆许可从而严重耽误藏品传播为噱头，认为知识产权保护阻碍了文化传播和使用，无法真正实现知识产权立法目的，即保持文化传播与权利人合法权益的平衡。因此，有学者提出著作权权利管理信息（copyright management information，简称权利管理信息）可以解决上述困境。[②] 藏品使用人按照权利管理信息就可以直接联系博物馆，就所使用藏品的相关授权许可进行协商，也可以通过著作权集体管理组织签订集体或空白许可，一揽子解决许可难题。

然而，网络技术对权利管理信息的损害也最为突出，由于藏品内容转化为二进制代码，同时失去藏品的物质载体，传统标注在包装上的权利管理信息极易在网络环境中失真、被人篡改、删除等。[③] 导致的后果是网络中博物馆藏品传播和使用比较混乱，无法实现权利管理信息最初的设定目标。因此，这种替代知识产权、试图以纯粹的技术

---

① ［法］克洛德·科隆贝：《世界各国著作权和邻接权的基本原则——比较法研究》，高凌瀚译，上海外语教育出版社1995年版，第55页。

② 湛茜：《因特网条约权利管理信息条款研究——兼论我国〈著作权法〉第三次修改》，《暨南学报》（哲学社会科学版）2015年第2期。

③ 谢惠加：《版权权利管理信息的法律保护》，《中国出版》2013年第16期。

方式保护博物馆知识共享的方式在互联网世界难以实行。

（二）创新知识产权制度以协调博物馆知识共享中的权利义务

除了博物馆知识共享机制运行中通过建立知识产权保护藏品开发利用中的利益关系，近些年知识产权保护模式的另一变化也值得人们关注，即某些传统的知识产权合理使用规则通过进一步限定，保留了“不需作者同意”这一要件，去掉了“免费”改为使用者“支付使用费”的要件。这种变化尤以公共借阅权和私人复制补偿金制度为代表，需要说明的是，这两种原本属于合理使用（博物馆向公众开放接触和私人为个人目的复制藏品）范畴的行为在向“收费”转变过程中，出于对社会公益的考虑，并不直接向藏品最终使用者收取，而是向提供这种服务的机构和组织，如博物馆收取。

1. 公共借阅权对博物馆知识共享机制的推动作用

1941 年，公共借阅权首次在丹麦提出，由于第二次世界大战的爆发，该项权利直到 1946 年才开始在欧洲大陆广为人知。[①] 公共借阅权是指权利人按其有版权的每本图书在图书馆被借阅的次数收取版税的权利，但这项费用不是由读者直接支付，而是由政府统一支付。[②] 目前，世界上有 28 个国家制定了公共借阅权制度，[③] 还有一些国家正在考虑是否要建立这一制度。加拿大、英国、斯坎迪维亚地区国家、德国、奥地利、比利时、荷兰、以色列、澳大利亚和新西兰是公共借阅权实施较早的一批国家。如今，实施公共借阅权的国家里，公共借阅权的表现形态不一，与各国的国情、国力也有很大关联。

所谓公共借阅权与博物馆的联结，是指两者在产生原因和效果方

---

① Stave，Thomas，“Public Lending Right：a History of the Idea”（PDF），*Library Trends*（*Graduate School of Library and Information Science. University of Illinois at Urbana-Champaign*），Vol. 29，No. 4，1981，pp. 569 – 582，10th May 2019，http：//www. ideals. illinois. edu/bitstream/handle/2142/7164/librarytrendsv29i4c_ opt. pdf? sequence = 1.

② 陈明利：《德国公共借阅权制度研究》，《图书馆》2017 年第 12 期。

③ Public Lending Right（PLR）International，10th May 2019，https：//plrinternational. com/public/storage/resources-languages/February2019/UnvjpWE1TnsLDh46bWOg. pdf.

面有相同点，以及处理博物馆知识共享的实际效果上两者也有相似性。从这个角度出发，本书认为公共借阅权与博物馆一样都是国家对作品（藏品）大量使用而使权利人经济收益受损情形的一种平衡措施，虽然公共借阅权主要针对提供公共阅读服务的图书馆，但是随着政府对公共借阅权的认识和了解，不排除其未来在更大领域实施的可能。鉴于博物馆也是信息文化的主要传播者，而公共借阅权在某种程度上调节的就是传播者与藏品使用者的利益冲突，因此公共借阅权的出现和发展，表现出越来越多与博物馆联系的联结点。

一方面，产生原因的共性分析。我国学者许波认为公共借阅权其实质就是作者报酬请求权的一种表现。从公共借阅权产生的原因来看，发端于西欧的公共借阅权是国家在处理价格高昂的图书与图书馆无偿高效借阅服务之间矛盾的举措，目的在于向为图书馆有效运作做出贡献的人（作者）支付报酬的基础上保障公众继续享有借阅服务的机会。① 从而，报酬请求权和兼顾作者利益与社会公益的调整原则是公共借阅权与博物馆的本质相同点。

另一方面，数字博物馆的共性分析。公共借阅权的客体，一般而言主要是指已经公开发行的作品，不过如政府出版物、参考书目和字典是不包括在内的。例如，澳大利亚对这类作品仅限于图书，② 英国将其具体为“只涉及 48 页以上的图书、诗歌，或不少于 24 页的剧本”③。目前，已经有国家尝试建议博物馆将藏品的借阅扩展到电子版借阅，甚至馆藏的某些未展出的藏品，④ 而这些举动无疑与博物馆

---

① 许波等：《从公共借阅权制度到数字版权补偿金制度的理性思考》，《情报资料工作》2006 年第 4 期。

② “权利客体不包括唱片、光碟、电子图书、有声图书、杂志或其他连续出版物等载体”，摘自傅文奇等《澳大利亚公共借阅权制度评介》，《晋图学刊》2006 年第 2 期。

③ 张惠彬等：《英国公共借阅权制度及其在数字时代的新发展》，《图书馆建设》2018 年第 12 期。

④ Uk gov：*Consultation on technical amendments to the public lending Righ4 Scheme*，Publishedt May 2018，http：//www. gov. uk/government/cmsu/tations/cmsulation-on-technical-amendments-to-the-public-lending-right-scheme.

的利益紧密相关。与传统博物馆不同，数字博物馆最大的争议在于营利性。如果营利，利用享有著作权的藏品进行商业活动，毫无疑问应该征得权利人同意，在协商的情况下按照合同约定使用藏品；如果非营利，大量藏品的数字化也会潜在地影响纸质版藏品的合法权益，那么权利人也应该得到相应的补偿。因此，公共借阅权是针对非营利数字博物馆著作权纠纷的有效处理办法。公共借阅权凭借社会基金和其他措施的介入与完善，在博物馆公益性维护、著作权人利益有效补偿和兼顾社会公益方面交出了令人满意的答卷。

如本书第五章对博物馆知识共享中知识产权限制的研究一样，通常的看法是把博物馆视为公益组织，因此可以享受知识产权的限制制度，如著作权合理使用或者法定许可。但是，第五章也谈到这种做法的危害性，需要对博物馆的知识产权进行限制，而不是一味放任博物馆的专有权。基于此，正如公共借阅权的发展正在逐渐从纸质版图书扩展到电子图书，[①] 博物馆也可以从普通数字化走向新媒体技术下知识共享中的藏品公共借阅。下一步应厘清公共借阅权在博物馆中的运用，参照目前图书馆公共借阅权的做法，应明确博物馆公共借阅权的主体，比如是按照所有权类型来划分国有或非国有，还是按照专业领域划分，抑或是按照博物馆规模大小来划分；另外，博物馆公共借阅权的客体应该包括哪些，是所有藏品还是仅包括数字化藏品，是否包括一些孤本典籍，是涉及图片，还是文献资料，抑或是视频和音频作品。最为重要的是，公共借阅权中的收费，收费主体是谁，收费标准如何确定，借阅费收取之后按照什么比例进行分配，以及如何联系权利人来收取，是否存在博物馆免于收费的例外，诸如此类。由此可见，博物馆知识共享的法律保障机制中引入公共借阅权，具有一定的可行性和必要性，但其实现和运行仍需要大量的研究和实践去补充和完善。

---

① 傅文奇：《公共借阅权制度在数字环境中的应用分析》，《情报资料工作》2013 年第 4 期。

2. 私人复制补偿金制度与博物馆知识共享的关联

私人复制补偿金制度是指由于某些作品通过私人复制被大量使用，著作权人难以实现分别的授权许可使用以致其利益不能得到有效保护，而产生的法定的对于某些复制工具和存储介质进行统一付费，并通过一定方式支付给著作权人的制度。[①] 从时间上看，私人复制补偿金制度最早出现在德国，而原本划归“合理使用”范畴的“个人使用的私人复制”之所以最终从“免费”向“收费”转变，究其根本原因还是复印技术的发达危及著作权人的经济利益。凭借磁带录音机、微型胶片等先进的复印技术和设备，人们可以更自由和廉价地得到与享有同有著作权的作品质量等同的复制品。[②]

私人复制补偿金与博物馆知识共享机制的联结有以下几个原因：首先，产生原因上有相同点。如前所述，复印技术的发展使得私人复制已经影响到著作权人的专有权，但是如果要求每个用户在复制之前都要一一取得授权则会造成公众的极大不便。出于平衡的目的，私人复制补偿金既能够以一定费用补偿著作权人，同时又使公众能方便地使用他人作品，达到双赢的效果。[③] 对于博物馆而言，数字化建设的最终结果就是公众可以方便快捷地在网络中欣赏甚至使用博物馆的在线资源，而这些在线资源恰恰都是馆藏文物或者藏品的电子复制本，无论是采取音频、视频、图片或是文字形式。和网络作品私人复制流行一样，除非博物馆给每个资源附加技术措施，否则一般使用者均可自由下载和使用，如此，博物馆将失去对资源使用的控制力。在限制使用者使用则意味着数字化目的落空，而放任使用者使用则可能损害博物馆利益的两难境地中，私人复制补偿金是一个较为折中的选择。因此，为应对网络普遍的私人复制和应对新媒体技术的博物馆知识共

---

① 李青文：《论数字环境下我国著作权补偿金制度之构建》，《编辑之友》2017 年第 11 期。

② 马琳：《德国著作权法中的私人复制与反复制问题》，《法商研究》2004 年第 4 期。

③ 曾斯平：《从“三振出局”及“补偿金制度”看网络共享平台上著作权利益的平衡》，《电子知识产权》2012 年第 4 期。

享，补偿金都可以起到较好的平衡作用。

其次，实施程序上有相同点。私人复制补偿金针对的是已经公开发行的作品，并且不经著作权人同意，按照法律规定或权威部门发布的费率支付使用费。私人复制补偿金的义务人主要包括复制设备制造商和销售商。[①] 至于补偿费的费率，有的国家以法律文件对每种复制设备规定一个固定数额的补偿费，有的国家则规定为复制设备售价的一定比例，还有的国家则交由利益各方商定。[②] 从促进知识和信息传播的角度看，复制设备的制造商和销售商符合传播辅助者的条件，私人复制补偿金正是从这点上也可纳入权利人与传播者范围之中，与博物馆知识共享主要涉及的调整对象——传播者有着相同的法律地位。博物馆藏品分为两大类，有知识产权的和无知识产权的，作为文物存在的藏品自然没有知识产权可言，但是博物馆对其进行拍照、摄影、绘画、文字描述，甚至3D制作等形成的智力成果，是享有知识产权的。另外，还有一些艺术家捐赠的艺术作品，在作者有生之年和死后50年，知识产权依然存在，除了精神权利，财产权利可以通过艺术家和博物馆约定完成。因此，与私人复制相对的是已公开的作品，博物馆资源不存在是否公开的要件，当然也不需要权利人同意。作为文化教育信息的传播者，博物馆显然也符合主体要件，唯独需要明确的还是支付费率和标准的问题。

最后，在网上藏品资料的下载问题上，博物馆知识共享是私人复制补偿金实现的最佳方式。只需将博物馆知识共享的主体、客体、支付使用费义务主体、收费标准确定和收取等关键环节一一明确即可。不过，这一点和公共借阅权一样，如何界定主体、客体的范围，按照什么样的理念、原则去划分，以及这种划分对支付费用主体的影响，

① 吉宇宽：《数字图书馆建设著作权侵权纠纷解决方案探索——以著作权补偿金制度为模式》，《国家图书馆学刊》2010年第3期。

② 温欣等：《数字时代私人复制的版权补偿金制度改革趋势》，《图书与情报》2014年第3期。

乃至收费标准和收取程序等都需要进一步去考证和研究。未来可以由博物馆协会或者上级主管部门进行统一协调，制定本行业的使用指南，再在某些级别或区域的博物馆试运营，先试试效果再自行决定修订方向和细节。

简而言之，公共借阅权和私人复制补偿金制度的确与博物馆知识共享有着千丝万缕的联系，我国著名知识产权专家李明德教授就将私人复制补偿金看作某些公益利益保护的配套措施。[①] 另外，博物馆知识共享机制运行中如果建立公共借阅权和私人复制补偿金，那么还存在收益的分配问题，这就需要博物馆下一步的工作重点放在如何在博物馆和藏品权利人之间合理分配补偿金上，这不仅需要国家及时地立法介入，也需要博物馆和权利人协商讨论，而且在恰当时机也需要博物馆联盟或者行业协会对此问题进行协调处理，以软法之灵活补硬法之不足。

（三）保护博物馆知识共享中著作权、商标和专利的具体对策

毫无疑问的是，博物馆知识共享首先要解决的问题就是共享过程中出现的权利与义务的设置与分配。这是因为博物馆无论是基于公益角色定位还是出于知识共享，相关信息和资源借助新媒体传播所表现出来的“广泛性”和“无偿性”与知识产权所强调的“限定性”和“有偿性”相互矛盾。有学者指出这是博物馆得不到充分法律保护，因而不愿意充分公开信息的原因，这是数字化进程缓慢的一个重要诱因。[②] 然而，使用知识产权保护博物馆的智力投入，势必影响公众的利益。虽然本书在第五章对博物馆限制他人使用的权利进行反限制，但是不可否认，必须明确的是知识产权的根本目的是保证知识的来源和创造，因为唯有不断地创造知识，社会各个主体才能积极参与智力贡献，人类社会才能不断进步和发展。

---

① 李明德等：《著作权法》，法律出版社 2003 年版，第 117 页。

② 王军杰：《数字化博物馆资源共享与知识产权保护》，《中国信息界》2006 年第 20 期。

正因如此，本书认为博物馆知识共享中应确保博物馆对其藏品或者创作作品的所有权，在此基础上细化其“优先使用权”和“许可使用权”,[①] 限于篇幅，本书不对权利细化进行论述。而在义务方面，博物馆应承诺承担一定的网络、数字化和新媒体运营的费用和成本，承诺资源信息和知识的开放和融合，且保证不侵犯其他主体的合法权益，以及违反上述行为的法律责任的承担。这些问题都有待未来《博物馆条例》以及法律法规的进一步完善。针对本书在第二章提及的具体问题，下面仅列出相应的对策：

第一，适用著作权法保护博物馆自己拥有权利的作品。首先，赋予博物馆复制权，主要针对的是博物馆利用自身便利条件[②]对馆藏文物进行拍照、3D 扫描、打印或者仿制等活动所产生的所有图片、文字、视频和音频作品的复制权。此外，对文物收藏单位的主体地位进行限制，防止无限扩大藏品作者主体范围。同时，规范孤儿作品的复制权，将相关经济收益及时缴纳给著作权集体管理组织。其次，界定文物仿制的概念，对文物仿制中的恶意盗版进行打击，保护合理的艺术品推广。再次，对数字化影像作品的权属问题，有约定依约定，无约定归博物馆所有。最后，对文物衍生品的归属可参照著作权法关于职务作品的规定，在法定范围内约定博物馆与衍生品创作者之间的作品归属问题，明确各自的权利义务，避免发生不必要的法律纠纷。

第二，鼓励和引导博物馆申请和注册商标。首先，现行商标法对商标取得的注册门槛较低，2019 年新修订的商标法对此也未作调整，因此建议在《商标法实施条例》和《博物馆条例》中适当提高博物馆商标注册门槛，如身份和资格审查，避免他人恶意注册。其次，商

---

① 沈天鹰：《论博物馆信息资源共享中的权利与义务》，《中国博物馆》2004 年第 4 期。

② 不排除博物馆与文化创意公司进行合作开发藏品的数字化建设，这其中的著作权权属也可由双方通过合同方式进行约定。

标注册的显著性在博物馆商标注册中成为较大的障碍，容易与博物馆名称等混淆。因此，加强博物馆商标注册指导工作，帮助博物馆挖掘符合商标法的标识进行注册。再次，商标先用权对博物馆保护力度不足。不过先用权规定的粗陋不仅仅针对博物馆一家主体，因此这部分有待实践和理论继续完善。最后，加强打击文化旅游和衍生品开发中的商标侵权行为，保护博物馆合法权益。

第三，多管齐下保护博物馆其他知识产权。首先，建立“博物馆秘密手册”，保护相关文物修复和保存的技术秘密，对泄露商业秘密的行为进行相应的惩罚；其次，鼓励国家一级博物馆积极申请专利，提高专利数量和质量；最后，加强博物馆对域名注册的重视程度，防止域名混淆给博物馆带来的网络流量损失，完善域名抢注行为的惩罚措施和力度。

二 以新媒体技术加快博物馆知识共享的实现

2015 年，美国新媒体联盟（NMC）发布年度《新媒体联盟地平线报告博物馆版本》报告，[①] 该报告按照时间长短规定了博物馆三个不同阶段以适应新媒体技术的挑战。第一阶段“短期”（1—2 年）：要求博物馆扩展访客概念，增加对参与式体验的关注；第二阶段“中期”（3—5 年）：博物馆加强跨机构协作和重视博物馆运营数据分析；第三阶段“长期”（5 年以上）：博物馆应拓展创新的界限，以及关注民营博物馆的崛起。按照这一时间表，当前我国正处于第二阶段，因此博物馆跨机构合作和数据分析将是我国博物馆当前应重视的内容。总之，新媒体技术在博物馆知识共享中的最为突出的作用就是拉近了博物馆与受众之间的距离。[②] 在新媒体传播矩阵中，以博物馆为核心，以微信、微博以及热门的抖音视频 App 等技术为环形辐射，将对新时

① Johnson L., Adams Becker S., Estrada V., et al., *The NMC Horizon Report: 2015 Museum Edition*, New Media Consortium, 2015.

② 陈宁欣等：《当前新媒体在博物馆社会服务中的应用》，《艺术百家》2013 年第 S2 期。

期博物馆的文创事业发展起到不可估量的推动作用。具体而言，体现在以下几个方面：

首先，使用网络技术从“单向教育”转向“平等对话”。[①] 新兴媒体技术最为广泛的应用就是提高了受众的参与程度，增加了博物馆与受众的互动，使受众从以往的“参观者”变为“参与者”，这既扩大了博物馆的影响力，也使博物馆可以更好地了解受众的切实需求以改进其工作。实践中，有学者通过调查问卷的方式咨询受众对湖南博物馆运用新兴媒体传播技术的感受，调查表明，受众对湖南博物馆参观的兴趣明显增强。[②] 因此，借助新媒体技术的力量，博物馆与受众之间文化信息交流渠道的改变，不仅仅意味着博物馆在当前环境下表达自我的新规则、新机遇和新挑战，[③] 更是未来博物馆文化产业发展的重大变革和启示。

其次，利用虚拟技术从平面展示过渡到立体三维的陈列。展示方式一直是博物馆学研究中的重要内容。按照现有的研究表明，以文字、图片或者实物为形式的静态展示方式已经不能满足受众的感官需求。通过新媒体技术的运用使博物馆在展示传播中，具有娱乐性突出、视觉冲击力强、接受度高、空间利用率高、内容展示全面和资源节约等特点。[④] 对此，上海博物馆通过人—机—展品—环境的交互设计，以错层空间的动态表现方式吸引线上线下的受众群体，[⑤] 取得了良好的社会效果。

再次，适用数据整合技术从固定传播变为移动传播。互联网给博物馆宣传功能带来的最大改变就是5A，所谓5A是指任何人（Any-

---

① 杨佳佳：《湖南省博物馆的新媒体传播研究》，《今媒体》2019年第3期。

② 曾耀农等：《湖南省博物馆在市民中的新媒体推广效果研究》，《长沙大学学报》2019年第1期。

③ 陶霞雯：《新媒体在博物馆宣传中的应用与思考》，《电视工程》2018年第4期。

④ 张依倩：《论新媒体在博物馆展示传播中的应用》，《数字通信世界》2018年第12期。

⑤ 赵红阳等：《刍论新媒体背景下博物馆展示系统的交互设计——以上海博物馆为例》，《美术教育研究》2018年第17期。

one）在任何时候（Anytime）在任何地点（Anywhere）以任何方式（Anyway）传递任何信息（Anything）。[①] 这就意味着博物馆访众不再局限于固定的时间和空间，按照固定的方式去访问博物馆，而是可以在任意时间段，突破地域限制访问全球任何一个他感兴趣的博物馆和馆藏栏目。其中起到关键作用的就是任何方式（Anyway）。这正是新媒体技术带来的重点改变，即用户借助电脑、手机等移动终端或移动通信随时随地访问博物馆，使博物馆真正成为移动博物馆（mobile museum）。同时，社交 App 的流行使得类似微信、微博的即时信息交流更加快捷、及时。不仅如此，通过社交 App 软件建立相对固定的粉丝群体，将有相近爱好的群体聚集，维持博物馆相关话题的热度和关注度，[②] 是博物馆深刻领会新媒体力量进而进一步拓展博物馆生存和发展空间的重要契机。

最后，建立云计算技术为核心的博物馆知识共享云模式。云技术的优势就在于可以快捷地共享处于互联网服务器集群上的所有资源，即一个本地计算机发出需求指令，云端的千万个集群可以快速反应并给予支持。按照这一思路，可以建立博物馆知识共享的云应用模式。也就是说，各地数字博物馆集合成为全国博物馆云，这是核心云也是专业云。另外由各文创公司、文化艺术社会团体和组织机构组成外部云，即非专业云。博物馆用户或者访众可以通过电脑、手机和 PDA 等终端随时随地访问专业云，获取帮助和服务。如果博物馆专业云无法提供上述服务，则可以求助外部云，即非专业云。[③] 不过，需要注意的是这一模式的实现需要专业云和非专业云之间采取统一的共享协议，才能互相之间无缝衔接，整合成一个广阔的平台。

综上，知识共享的前提是丰沛信息资源的储备，技术架构是共享的必要保障。博物馆知识共享有其必要性和可行性，加快新媒体技术

---

① 陈刚：《新媒体与博物馆信息传播》，《中国博物馆》2012 年第 1 期。

② 贾学颖：《新媒体（微信、微博）在博物馆公共文化传播中的应用》，《文物鉴定与鉴赏》2017 年第 7 期。

③ 卢民：《有关数字博物馆资源共享问题的探讨》，《信息技术与信息化》2012 年第 1 期。

的深耕细作，一方面可以以前所未有的速度进行知识积累，提供共享源源不竭的信息；另一方面以技术链接博物馆和受众，在两者相互影响中观察为实现共享所需的技术支援。

三　以创新理念规范博物馆知识共享的管理与评估

近些年来，我国博物馆已经开始逐步重视对知识产权的保护与管理，但仍有一些不足的地方。国内学界也对此进行了深入研究，提出了一些解决对策和思路。但相关研究较为分散，没有从整体上把握博物馆管理与评估的状况，且都未能从知识共享的角度进行分析。譬如，针对博物馆文物保管设备的管理，[①] 也有从藏品本身出发，侧重于数字化[②]的相关管理以及由此引发的特殊管理问题，还有安全[③]和质量管理，[④] 以及从档案管理角度对藏品音频、视频文件进行存档工作，[⑤] 还有从管理外围研究志愿者对博物馆细化管理的影响。[⑥] 上述研究现状说明，我国博物馆管理的完善尚有大量的工作需要去做，而且按照知识共享这一目标来衡量，仍有较大的差距。因此，未来博物馆的管理工作应从以下几个方面进行完善。

第一，精准把握“风险”与“知识共享”两个创新理念，重新定位博物馆的基本功能。所谓“风险”，存在于博物馆管理工作的方方面面，比如，博物馆馆藏资源的保护与开放，古旧建筑物与新型运营系统，日益增多的游客与博物馆容纳接待能力的矛盾和冲突。对于

---

① 其中，参见张阳等《博物馆文物保护装备管理系统设计》，《自动化与仪表》2019年第3期；薄曰燕《博物馆现代消防设备的维护与管理研究》，《科技风》2018年第33期；李强《探究博物馆文物管理中的文物保护措施》，《文物鉴定与鉴赏》2019年第2期。

② 宋爱珍：《博物馆藏品数字化管理研究》，《文化学刊》2018年第12期。

③ 罗松晨：《古建类博物馆安全管理体系建设的思考与实践——以南阳市博物馆为例》，《博物馆研究》2018年第4期。

④ 王瑞：《浅谈提升博物馆藏品管理品质》，《文物世界》2018年第5期。

⑤ 赵思萌：《新时代下博物馆视音频影像管理系统解析——以故宫博物院为例》，《中国信息化》2019年第2期。

⑥ 吴新：《博物馆免费开放条件下的志愿者细化管理研究》，《中国国家博物馆馆刊》2019年第1期。

这个问题，有学者创造性地提出将风险划分为不同等级，以有利于风险管控的4A策略按照风险九度分析模型对突发风险、渐发风险和经营风险等风险的内涵、覆盖、测算和支撑等方面进行了评估，[①] 这一思路值得赞赏和鼓励。另外，博物馆“共享”这个概念并不新鲜，很早以前就有学者分析了博物馆资源共享的必要性，点明资源即财富，博物馆资源是一种特殊的社会财富，只有通过共享才可以将有限资源汇集起来以满足人们无限的精神需求。同时，在藏品标准化编目、跨馆、馆际和立法方面给予共享的必要保障。[②] 从这点可以看出，共享才可以实现博物馆资源的利益最大化。体现在理论依据上，就是博物馆藏品实现价值的扩展规律和藏品的信息属性；[③] 体现在实证方面，则是博物馆按照共享流程设计把博物馆馆藏资源进行信息收集、保存、组织和传播，在完备的设备和技术以及成熟的分编人才队伍的协助下，[④] 博物馆知识共享才具备极大的可行性。

第二，统一博物馆管理标准，合理运营博物馆馆藏资源。如本书第二章对我国现阶段博物馆管理工作的梳理，发现博物馆管理和评价标准各自为政，尤其是藏品登记程序、项目和要求不统一。这就为未来数字化录入、采集、访问和交流埋下了隐患。为此，（1）在现有《博物馆条例》（以下简称《条例》）基础上，推行全国一级（含一级）以上博物馆“《条例》管理贯标”工作，以《条例》为核心，要求上述博物馆核准对照，找问题查问题。在藏品和文物登记程序、项目录入和项目划分方面进行协调统一，汇集成报告上报给相关主管部门。（2）准确定位现代博物馆功能，改变以往管理工作重点，以新型博物馆服务为核心进行重新调整。纠正以往过于侧重展示，忽略文物保管的错误做法。文物和藏品才是博物馆的灵魂，后续的服务也是

---

① 陈安等：《基于改进风险九度分析模型的博物馆风险管理研究》，《西南民族大学学报》（人文社科版）2019年第4期。

② 杨刚：《博物馆资源共享问题的探讨》，《中国博物馆》1990年第2期。

③ 许俊平：《博物馆藏品信息资源共享刍议》，《北方文物》2004年第1期。

④ 王珊：《博物馆藏品资源共享的实证分析》，《北方文物》2008年第2期。

源自于此，因此重展览轻保管是不可取的。（3）打破“单馆建设”局限，一级博物馆之间应率先建立信息资源共享，扩展文物获取方式，加强馆际合作，避免资源展览管理工作耗损严重。（4）明确博物馆发展方向。现有的博物馆官方建设、政府合作模式建设并不成功，实用性较低且不合理。因此，未来除了吸纳更多的社会资金，考虑 PPP 模式引入，还应在国有和非国有博物馆之间建立沟通渠道，相互学习，取长补短。

第三，丰富和完善博物馆评估标准。如前所述，评价标准方面与国际《博物馆职业道德规则》相比缺少关于文物保险、未登记文物、注销文物、文物标识等规定。虽然我国颁布了《全国博物馆评估办法》，但是评估指标设置有瑕疵，社会服务方面评估集中于国际会议、省内奖项方面，对实际开放效果与公众满意度参考不多。另外，博物馆公共服务内容得分情况较差，评估覆盖面较小、标准体系不完善、缺乏第三方与公众评估、评估对实际的影响程度小。况且各省仍采用了不同的评价等级标准，也没有达成统一标准。因此，参照旅游文化的星级标准对博物馆进行评估，未来应做的努力有：（1）统一博物馆评价标准。依据现有规范，不应只要求总分，还应划定各部分分数的及格线。以各个部分的分数总和来评估博物馆管理工作。（2）将博物馆游客评分作为一个重要内容。（3）提高公共服务内容分数占比，设置最低分数要求，倒逼博物馆提高公共服务管理工作的质量。（4）如前所述，最新的博物馆评估报告为 2011 年，如今已显得陈旧落后，因此应加快评选速度。（5）鼓励和提倡行业组织的监督作用，要求博物馆协会充分发挥行业协会的调剂功能，在博物馆内部进行调查和考察，收集整理意见和建议，由各个博物馆成员自愿达成行为约束规则，颁布适应我国国情的《博物馆职业道德守则》，加强博物馆自律。（6）结合现行《保险法》《博物馆条例》和《博物馆管理办法》等规章制度，对文物保险、未登记文物、注销文物和文物标识进行统一协调。总之，在时机成熟时修改《全国博物馆评估办法》，按照上述管理贯标工作思路，要求各地博物馆修改各自不同的评估办法，既可以在博物馆之间形成良好的竞争意识，也可以在公众中进一步培养博物馆品牌形象和口碑。

参考文献

（一）中文著作

北京联合大学、北京数字科普协会：《互联网时代的数字博物馆》，电子工业出版社 2018 年版。

北京市科学技术协会信息中心：《数字博物馆研究与实践：2009》，中国传媒大学出版社 2009 年版。

北京数字科普协会：《数字博物馆发展新趋势》，中国传媒大学出版社 2014 年版。

陈红京、吴勤旻：《数字博物馆资源建设规范与方法》，上海科学技术出版社 2006 年版。

陈宏京：《数字化博物馆的原理与方法》，复旦大学出版社 2002 年版。

刘英、张浩达：《数字博物馆的生命力》，中国传媒大学出版社 2007 年版。

齐越、沈旭昆：《博物馆数字资源的管理与展示（中国大学数字博物馆丛书）》，上海科技出版社 2008 年版。

深圳市关山月美术馆、深圳市金域文化传播有限公司：《跨界与融合：数字美术博物馆的建设与实践》，湖南美术出版社 2014 年版。

宋娴、胡芳、刘哲、庄智一：《新媒体与博物馆发展》，上海科技教育出版社 2014 年版。

王春：《数字博物馆建设与管理》，百花文艺出版社 2011 年版。

王如梅：《智能博物馆体系》，北京燕山出版社 2013 年版。

吴丽华、何书前、冯建平：《网络数字媒体技术在生物多样性数字博物馆中的应用研究》，国防工业出版社 2013 年版。

徐士进、陈红京、董少春：《数字博物馆概论》，上海科学技术出版社 2007 年版。

杨晓飞：《信息技术在文物保护与博物馆中的实践》，科学出版社 2019 年版。

郑霞：《数字博物馆研究》，浙江大学出版社 2016 年版。

（二）中文译著

［美］朱莉·德克尔：《技术与数字化创举——博物馆的创新之道》，余征译，上海科技教育出版社 2016 年版。

［挪］安娜·路易莎·桑切斯·劳斯：《博物馆网站与社交媒体——参与性、可持续性、信任与多元化》，刘哲译，上海科技教育出版社 2016 年版。

［意］皮耶尔乔治·奥迪弗雷迪：《数字博物馆：从零到无穷的故事》，周宇航译，电子工业出版社 2017 年版。

［英］简·基德：《新媒体环境中的博物馆——跨媒体、参与及伦理》，胡芳译，上海科技教育出版社 2017 年版。

（三）中文期刊

白鹏飞、刘宗元：《博物馆数字化建设与博物馆信息传播》，《大众文艺》2014 年第 23 期。

陈刚：《新媒体与博物馆信息传播》，《中国博物馆》2012 年第 1 期。

陈刚：《智慧博物馆——数字博物馆发展新趋势》，《中国博物馆》2013 年第 4 期。

陈军安、王海：《基于 EPON 的博物馆数字化安全防范系统设计及应用》，《计算机与数字工程》2009 年第 7 期。

陈曦：《打破文物与人的距离——浅谈智慧博物馆与文化的传播》，《博物馆研究》2017 年第 3 期。

陈昕：《浅谈“智慧博物馆”概念的博物馆与观众互动》，《科技风》2016 年第 14 期。

仇岩：《大数据时代博物馆动态观众服务体系浅析》，《中国博物馆》2014 年第 4 期。

樊文强：《数字化能给博物馆带来什么？——基于〈地平线报告〉2015 博物馆版的分析》，《自然科学博物馆研究》2016 年第 3 期。

范玉洪：《博物馆的数字化建设与文物管理特点分析》，《科技风》2013 年第 20 期。

顾秋凡：《二维码：科技博物馆的信息化标签》，《上海信息化》2013 年第 10 期。

郝世博、朱学芳：《基于信任管理的图书馆、档案馆、博物馆数字化协作可信监督模型构建》，《情报资料工作》2014 年第 3 期。

纪远新：《博物馆数字化建设》，《科技传播》2010 年第 21 期。

贾晓微：《智慧博物馆体系建设的思考》，《智库时代》2017 年第 12 期。

焦俊一、闵浩：《基于物联网技术的智慧博物馆综合管理系统》，《物联网技术》2014 年第 5 期。

靳文珍：《数字化博物馆建设的实现途径及现实意义阐述》，《大众文艺》2017 年第 15 期。

李静华：《数字化博物馆与博物馆的信息化建设》，《边疆经济与文化》2009 年第 9 期。

李文昌：《发展中的中国数字化博物馆》，《国际博物馆》（中文版）

2008 年第 Z1 期。

李延强：《面向信息化时代，促进博物馆发展——浅谈博物馆信息化建设》，《甘肃科技纵横》2011 年第 1 期。

梁辰浩：《新媒体背景下博物馆数字化技术的应用与革新》，《当代电影》2016 年第 2 期。

刘莉：《新媒体技术在博物馆应用的新趋势——读〈新媒体联盟地平线报告：2011 年博物馆版〉报告》，《中国博物馆》2012 年第 4 期。

刘雯、龚惠玲、田蕊等：《新媒体环境下博物馆的到馆服务及其对实体图书馆发展的影响》，《情报资料工作》2013 年第 4 期。

刘岩波：《数字博物馆展示及博物馆数字化分析》，《黑龙江史志》2013 年第 23 期。

刘宇驰、童茵、黄金娟：《基于 RFID 技术的智慧博物馆藏品管理系统》，《中国科技成果》2015 年第 12 期。

娄方：《“互联网 +”时代下智慧博物馆管理方式探究》，《丝路视野》2017 年第 29 期。

罗超：《技术推动新发展——智慧博物馆正向我们走来》，《中国公共安全》2014 年第 7 期。

骆晓红：《智慧博物馆的发展路径探析》，《东南文化》2016 年第 6 期。

马景艳：《博物馆数字化保护与展示研究》，《农业科技与信息》2008 年第 22 期。

倪聪奇：《数字化博物馆交互技术及发展趋势的研究》，《新闻研究导刊》2016 年第 3 期。

潘志鹏：《对可移动文物普查与博物馆藏品数字化管理工作的思考》，《博物馆研究》2015 年第 3 期。

秦惟跃：《简述智慧博物馆的构想》，《中国民族博览》2017 年第 5 期。

秦新华：《关于博物馆信息化建设的思考》，《文物世界》2009 年第 6 期。

冉平、李倩楠：《对博物馆数字化建设中一些问题的思考》，《科技与创新》2016 年第 24 期。

阮晓东：《寻找智慧博物馆》，《新经济导刊》2015 年第 3 期。

邵小龙：《以互联网思维推进智慧博物馆建设》，《中国博物》2015 年第 3 期。

宋新潮：《关于智慧博物馆体系建设的思考》，《中国博物馆》2015 年第 2 期。

孙辉：《博物馆数字化建设的理性思考》，《科技传播》2014 年第 11 期。

孙其媛：《移动互联网推动智慧博物馆建设的分析》，《中国传媒科技》2016 年第 6 期。

孙逊：《基于文献计量与定性分析法的我国数字博物馆研究进展》，《东南文化》2015 年第 3 期。

汤兆红：《基于现代信息化博物馆的非物质文化遗产保护探折》，《中国博物馆》2008 年第 4 期。

陶兰兰：《移动互联网促进智慧博物馆建设的探讨》，《文物鉴定与鉴赏》2017 年第 12 期。

王博、刘通：《当代博物馆数字化研究》，《长春师范大学学报》2015 年第 10 期。

王红梅：《浅议现代博物馆的数字化建设》，《科技促进发展》2011 年第 S1 期。

王若嘉、黄心渊：《移动终端在博物馆信息展示中的作用探究》，《电子测试》2014 年第 18 期。

王瑛：《大数据时代下的博物馆信息化建设思考》，《信息与电脑》（理论版）2015 年第 15 期。

王勇、肖增超、韦骑峰：《新媒体技术在博物馆中的应用研究》，《中国管理信息化》2016 年第 12 期。

王裕昌:《博物馆信息化的社会效益分析》,《中国校外教育》2010 年第 4 期。

王裕昌:《浅谈博物馆信息化建设中的网络布线智能化管理》,《甘肃科技》2010 年第 9 期。

王裕昌:《浅谈智慧博物馆发展新趋势》,《甘肃科技》2014 年第 16 期。

韦燕桂:《论新媒体在博物馆工作中的运用》,《科学与财富》2017 年第 31 期。

魏敏:《新媒体时代的博物馆展览——基于观众研究的分析与探索》,《东南文化》2013 年第 6 期。

吴志勇、王钰沂:《新媒体视野下地方博物馆的数字化发展趋势研究》,《艺术教育》2018 年第 2 期。

武昭晖:《物联网技术在数字化博物馆建设中的应用研究》,《地球学报》2017 年第 2 期。

谢沫华、陈大元:《民族博物馆信息化建设现状、需求及对策研究》,《文化遗产》2015 年第 2 期。

杨承兴:《数字化博物馆与传统博物馆相比所具备的特点》,《科技创新与应用》2012 年第 10 期。

杨丹:《高校博物馆数字化建设的理性思考》,《黑龙江教育(高教研究与评估)》2009 年第 12 期。

杨杰:《浅谈数字智能化博物馆的发展》,《科技展望》2017 年第 29 期。

杨洁:《新媒体视域下博物馆的传播路径转变》,《新闻传播》2016 年第 23 期。

杨琨:《数字博物馆核心价值体系构建》,《兰台世界》2016 年第 7 期。

于善金:《数字化媒体技术在博物馆中的应用》,《科技经济导刊》

2017 年第 8 期。
张峰：《浅谈博物馆数字化与智慧化建设》，《电脑知识与技术》2015 年第 18 期。
张龈玥：《数字技术在博物馆信息化发展中的应用策略》，《科技传播》2010 年第 13 期。
张江龙：《博物馆数字化展示技术及虚拟展览研究》，《中国博物馆》2017 年第 4 期。
张力平：《穿越时空的智慧博物馆》，《电信快报》2016 年第 3 期。
张韶伟：《智慧博物馆——数字博物馆发展新趋势》，《文化创新比较研究》2017 年第 17 期。
张腾：《浅议当前数字化博物馆建设的实践思考》，《大众文艺》2017 年第 12 期。
张小兰：《对博物馆藏品信息化管理的思考》，《文物世界》2013 年第 4 期。
张小朋、张莅坤：《博物馆信息化标准框架体系概论》，《东南文化》2010 年第 4 期。
张焱：《新形势下数字化博物馆建设的相关问题探讨》，《科技创新导报》2008 年第 17 期。
张扬：《信息时代对博物馆档案数字化管理工作的思考》，《城建档案》2017 年第 2 期。
张永生：《数字化博物馆展览设计新构想探讨》，《东方企业文化》2014 年第 21 期。
张遇、王超：《智慧博物馆，我的博物馆——基于移动应用的博物馆观众体验系统》，《中国博物馆》2012 年第 1 期。
章巍：《博物馆数字化建设的方向和途径》，《博物馆研究》2009 年第 4 期。
赵红：《“互联网 +”时代博物馆如何讲好城市故事——濮阳市博物馆智慧博物馆设计与思考》，《公关世界》2017 年第 15 期。

赵生辉、朱学芳：《我国图书馆、档案馆、博物馆数字化协作框架 D-LAM 研究》，《情报资料工作》2013 年第 4 期。

周坤：《基于“互联网 +”的博物馆公共服务数字化建设》，《文物鉴定与鉴赏》2017 年第 6 期。

周泉：《信息化形势下博物馆的文物保护策略》，《丝绸之路》2015 年第 18 期。

周孙煊、陈凤贵：《国内智慧博物馆研究视角剖析》，《中国信息化》2017 年第 11 期。

周文娟：《新媒体环境下博物馆数字化展示空间的思考》，《兰台世界》2016 年第 21 期。

朱戈：《对博物馆数字化建设面临问题的探讨》，《边疆经济与文化》2010 年第 5 期。

后　记

“公诚勤朴”是西北大学校训，也是每个西大人恪守的座右铭。其中，“勤”字更是勉励本书写作的关键。关于博物馆知识共享相关议题，启动很早，但迟迟未能落笔。究其原因，一来限于资料匮乏，二来也是懒惰所致。借助 2014—2015 年访问英国玛丽王后大学法学院的机会，通过与当地学者和博物馆交流走访，研究范围和深度得到了进一步拓展。从 2017 年初开始撰写书稿，历经 3 年时间最终完成。在本书定稿之际，特向本书写作过程中积极参与资料收集、分析、调研的程昭华同学、肖悦同学（撰写第五章）、刘文杰同学、吴晓敏同学、杜维娜同学、杨夏青同学、张琼同学表示感谢，也非常感谢西北大学和法学院各位领导和同事给予的支持和鼓励，还要感谢我的家人，是他们的默默支持和鼓励使我可以专心进行学术研究和写作。学术之路漫漫，今后本人将继续学习和研究，也欢迎学界同仁和前辈不吝赐教，共同为中国法律制度的完善不懈努力！